与 AI 一起写代码

Coding with AI For Dummies

[美] 克里斯·明尼克 (Chris Minnick) 著

孙晓青 周伟 译

机械工业出版社
CHINA MACHINE PRESS

本书全方位展示了利用 AI 编程的方法和工具，能够有效帮助读者掌握 AI 辅助编程技术，轻松完成代码的编写、调试、除错、更新和优化，显著提高编程效率。本书提供了编程过程中集成 AI 的实用方法，包括详细的示例代码，演示如何与 AI API 交互，如何将 AI 生成的内容纳入软件解决方案，并扩展至其他 AI 功能，如代码重构、翻译和测试。本书还介绍了一些实用的 AI 编程资源。

本书非常适合程序员、人工智能研发人员以及其他对人工智能感兴趣的读者阅读。

Copyright © 2024 John Wiley & Sons，Inc.
All Rights Reserved. This translation published under license. Authorized translation from the English language edition, entitled Coding with AI For Dummies, ISBN：978-1-394-24913-8，by Chris Minnick，Published by John Wiley & Sons, Inc. No part of this book may be reproduced in any form without the written permission of the original copyrights holder.

本书中文简体字版由 Wiley 授权机械工业出版社独家出版，未经出版者书面允许，本书的任何部分不得以任何方式复制或抄袭。
This edition is authorized for sale in the World.
此版本经授权在全球范围内销售。
版权所有，翻印必究。
北京市版权局著作权合同登记　图字：01-2024-4446 号。

图书在版编目（CIP）数据

与 AI 一起写代码 /（美）克里斯·明尼克
（Chris Minnick）著；孙晓青，周伟译. -- 北京：机械工业出版社，2025.7. -- ISBN 978-7-111-78612-2

Ⅰ．TP18
中国国家版本馆 CIP 数据核字第 2025AC1863 号

机械工业出版社（北京市百万庄大街 22 号　邮政编码 100037）
策划编辑：车　忱　　　　　　　　　　　责任编辑：车　忱　李晓波
责任校对：卢文迪　王小童　景　飞　　　封面设计：马若漾
责任印制：刘　媛
三河市宏达印刷有限公司印刷
2025 年 8 月第 1 版第 1 次印刷
184mm×240mm · 17.75 印张 · 402 千字
标准书号：ISBN 978-7-111-78612-2
定价：99.00 元

电话服务　　　　　　　　　　网络服务
客服电话：010-88361066　　　机　工　官　网：www.cmpbook.com
　　　　　010-88379833　　　机　工　官　博：weibo.com/cmp1952
　　　　　010-68326294　　　金　书　网：www.golden-book.com
封底无防伪标均为盗版　　　　机工教育服务网：www.cmpedu.com

译 者 序

AI新时代已经来临！程序员如何使用AI工具提高编程工作的效率和质量？本书将带领大家勇敢迈出第一步，与AI一起写代码，拥抱AI编程新时代。

本书介绍了AI编程工具的使用方法，读者学会之后就可以让代码编写工作变得轻松自如。书中展示了众多AI编程工具和在线资源，内容丰富多彩。作者在计算机编程、AI编程、写作、教学等方面硕果累累。他的讲述深入浅出，通俗易懂，能够有效帮助读者掌握AI辅助编程技术，轻松完成代码的编写、调试、除错、更新和优化。书中还提供详细的示例代码及与AI交互的聊天记录，可谓手把手地讲授。本书可以帮助所有编程人员，无论是渴望拥抱未来的初学者，还是寻求优化的资深开发者，AI都会让他们在编程的道路上如虎添翼。

考虑到现在许多AI平台的互动语言为英语，而且AI生成内容的质量与提示词紧密相关，为了体现原著的提示策略，本书保留呈现英文原文提示词，并辅以中文译文供读者参考。

学会使用AI，让AI做我们的副驾驶。从书中可以看到，尽管AI强大，但有时会一本正经地胡说八道。因此我们要保持独立判断的能力，不能盲目相信AI，要相信自己！

非常感谢机械工业出版社车忱编辑对译者的信任，也感谢其他幕后工作人员的辛苦付出！

虽然译者已尽全力，但水平有限，疏漏之处在所难免。恳请读者不吝赐教，提出宝贵的意见和建议。译者的联系方式：cntysxq@163.com。

孙晓青　周　伟
于上海工程技术大学
2024年12月

引 言

在 OpenAI 推出 ChatGPT 近一年之后,我着手撰写本书。ChatGPT 以及微软、谷歌、Facebook 等公司发布的一系列生成式 AI 工具正在改变我们对内容创作的认知。我们不知道这类工作将会发生多大变化,因为内容创作正是这些生成式 AI 工具的强项。

其实,我对这些生成式 AI 工具既爱又恨。一方面,担心自己花了大半辈子时间所掌握的写作和编程技能再无用武之地;另一方面,希望 AI 工具可以替我处理那些无聊和毫无意义的工作,以便我能够腾出时间和精力,从事更有创意的写作和编程工作。

我还担心被人误会。本来我是在用传统方法进行创作(自己独立思考,然后将想法撰写成文),有人却误以为我在用 AI 工具进行写作。去年,我写了一本当时热点话题的书,就遭遇这样的误解。有些人压根没有仔细阅读过这本书,就贸然评论"这本书很可能是用 AI 写的"。为了避免以上误解,我当时就公开承诺,在写下一本书时,将直播写作过程。当时,我并不知道自己下一本书的主题就是 AI。依此承诺,我一边撰写本书,一边直播整个写作过程,就是向读者证明,这本书确实由我亲自撰写,并非由 AI 生成。如果读者有兴趣或对此有任何疑问,欢迎访问 https://bit.ly/codingwithai,查看我的整个写作过程(包含数百小时的直播录像)。

尽管我本人拒绝使用 AI 写书,也常常反对其他人使用 AI 写书,但是对于使用 AI 工具生成计算机代码,我持赞成态度。回顾计算机编程的发展历史,可以看到,人类一直致力于发明更好的工具,以期简化编程工作。20 世纪 90 年代,我在 Software Development Magazine(软件开发杂志社)工作,当时的技术编辑是罗杰·史密斯。有一天,当我们谈论编程工具的发展方向时,他坚信,未来我们一定能够使用自然语言来编写软件。对此,我当时持怀疑态度。30 年后的今天,事实证明罗杰的预言已经变为现实。

AI 的发展日新月异。这个月还称得上新颖有趣的技术和工具,到下个月就可能被更好的技术和工具所取代。同理,我今天书中所写的内容等到该书出版时可能也会过时。尽管 AI 软件开发工具在不断优化,但是本书的技术依然广泛适用,除非真有那么一天,AI 彻底砸碎软件开发人员的饭碗,将人类程序员彻底淘汰。

对于 AI 辅助编程,无论大家持欢迎还是抵制态度,AI 新时代已经势不可挡!本书将介绍 AI 辅助编程工具的工作原理,您学会之后就可以让代码编写工作变得更轻松、更迅速、更优秀。

希望您喜欢阅读本书,并能够有所收获。如果对本书有任何问题或意见,请给我发邮件：chris@minnick.com。

关于本书

如何使用生成式 AI 进行编程？其实我们目前都是新手，因此无论读者在编程领域的资历深浅，都会从新兴的 AI 编程工具中获益。

本书涵盖以下主题：

- 机器学习（ML）、深度学习（DL）和生成式 AI（GenAI）的基本原理
- 如何以负责、安全且合乎道德的方式使用 AI
- 如何使用一些最新的 AI 编程工具
- 如何使用 AI 辅助
  - 编写代码
  - 学习新技能
  - 改进代码
  - 测试代码
  - 记录代码
  - 维护代码

在阅读本书时，请读者注意以下几点：

- 您可以按照章节顺序从头到尾通读本书，也可以自主决定随意选读部分章节。
- 如果您在阅读中遇到困难，请不要害怕！本书提供丰富的在线资源，包括支持论坛、读者社区、AI 聊天机器人和作者本人！您可以通过电子邮件 chris@minnick.com 或网站（https://www.chrisminnick.com）与作者联系。此外，您还可以注册作者的 Substack（https://chrisminnick.substack.com），以便偶尔收到作者关于 AI、编程和持续学习的更新内容。
- 书中的代码以等宽字体显示，例如：`<h1>Hi there!</h1>`。

书中有些网址碰巧会跨越两行文字。如果您正在阅读本书的纸质版，想访问其中的某个网页，只需准确输入网址，并关注可能出现的换行现象。如果您正在阅读本书的电子版（原书英文版），那就更简单了，只需单击该网址，即可直接进入相关网页。

读者对象

我希望本书读者至少熟悉一种计算机语言，并具有一些编程经验。无论熟悉哪种编程语言都可以，只要读者对编程有所了解，并具有相关体验即可。如果您是计算机编程新手，可以预先花费几天时间学习一些编程教程，为阅读本书做好准备。关于预先学习的编程教程，我首先推荐由本人和其他编程专家团队共同编著的入门教程 *Coding All-in-One For Dummies*，

2nd Edition，该教程涵盖本书所需的语言和技术基础，尤其是 Python 和 JavaScript 章节。

本书中的大多数示例都是 JavaScript 代码，主要原因在于我最熟悉的编程语言是 JavaScript，但是并不意味着本书仅适用于 JavaScript 语言，书中帮助编写或改进 JavaScript 代码的技术和工具同样适用于其他语言。代码示例通常很简单，读者即使不了解 JavaScript，也基本能够理解。

我希望读者有一台能够上网的计算机，使用网络资源来完成本书练习，虽然使用智能手机或平板电脑也可以完成部分练习，但是会有一些局限，因此我不推荐。由于本书使用的语言模型巨大，无法安装在您的本地计算机上，因此互联网连接对于实践练习至关重要。

我希望读者可以在本地计算机上下载并安装免费软件。若读者使用工作单位的计算机自行安装软件，可能会被限制；若读者使用自己的计算机来开发和运行本书中的应用程序，应该没有问题。

书中图标

以下是本书中使用的图标，用于引起读者的特别关注。

此图标用于标记提示、帮助、小窍门，旨在帮助读者理解相关概念。

此图标用于解释相关概念的技术细节，这些细节可能非常有趣且具有启发性，但是对于读者理解相关概念而言，并非必需。

此图标用于提示读者尽量牢记相关内容，比如重要概念或重要过程。

此图标用于标记常见错误和问题，请读者注意相关警告，避免常见错误。

在线资源

本书提供大量在线资源，访问 www.dummies.com，可获取以下内容：

>> 示例源代码。请访问 www.dummies.com/go/codingwithaifd，源代码按章节排列，针对某一章节，建议读者一次性下载该章节的所有源代码。

>> 备忘单。请访问 www.dummies.com，在搜索框中输入本书的英文书名：Coding with AI for Dummies，就会看到"Coding with AI For Dummies Cheat Sheet"，单击该链接，可以看到 AI 编程的提示词建议、风险点和局限。

>> 升级更新。AI 发展日新月异，本书出版之后技术依然会更新迭代，因此今天有效的命令和语法，到明天就可能不再有效。读者可以访问 https://www.dummies.com/go/codingwithaifd 或 https://github.com/chrisminnick/coding-with-ai，查阅相关内容的更新和更正。

近期目标

在学习本书的过程中，请读者大胆质疑、勇于探索。尽管当前的 AI 工具已经很好（当读者读到本书时，这些工具肯定会变得更好），但依然只是 AI 发展的起步阶段。

如果读者想对 AI 辅助编程有一个基本的了解，请阅读第 1 章。如果想了解更多关于 AI 工具的工作原理和机器学习相关知识，请阅读第 2 章。如果想了解目前可用于 AI 编程的一些主流工具，请参阅第 3 章和第 4 章。如果读者想直接尝试使用 AI 进行编程实践，请直接跳到第 5 章。

本书将帮助读者迈出 AI 辅助编程的第一步。感谢读者的信任，选我作为您探索 AI 编程之路的领路人。

目　录

译者序 ...... Ⅲ
引　言 ...... Ⅳ
　关于本书 ...... Ⅴ
　读者对象 ...... Ⅴ
　书中图标 ...... Ⅵ
　在线资源 ...... Ⅵ
　近期目标 ...... Ⅶ

第1部分　技术入门

第1章　AI的作用 3
　消灭无聊任务 3
　　发现无聊任务 4
　　用AI编写模板 4
　　用AI实现CRUD 7
　提供语法帮助 13
　　无须记住琐碎细节 14
　　代码补全提示 14
　　适应新语法 15
　静态代码分析 18
　　静态代码分析检测不良代码 18
　　使用AI进行静态代码分析 19
　使用AI学习编程 19
　　AI的教育潜能 20
　　避免潜在的陷阱 20
　与AI结对编程 20
　　结对编程模式 20
　　与AI结对编程的利弊 21
　　AI结对编程实战 21

第 2 章	机器学习和深度学习	28
	机器学习和深度学习	28
	基本概念	28
	神经网络	29
	训练和测试模型	31
	自然语言处理	32
	自然语言处理的历史	33
	自然语言处理的困境	34
	理解 Transformer	36
	注意力机制	36
	获取标记	37
	生成式 AI 模型	39
	认识 AI 的局限	40
	语言模型不擅长数学	40
	语言模型啰唆冗长	41
	AI 存在知识局限	42
	AI 存在常识性问题	43
	AI 存在准确性问题	43
	AI 存在偏见性问题	43
第 3 章	AI 编程工具	44
	探索 GitHub Copilot	44
	安装 Copilot 插件	44
	使用 Copilot 高效工作	46
	使用快捷键	50
	探索 Tabnine	51
	安装 Tabnine	51
	设置 Tabnine	52
	使用 Tabnine 编程	53
	探索 Replit	54
	使用 Replit 创建网站	56
	探索 Replit 工作区	58
	与 Replit AI 结对编程	59
第 4 章	与聊天机器人一起编程	64
	改进提示词	64
	调整温度	64
	解读提示词的各元素	68

开放式与封闭式提示词 ··· 69
　　　使用不同类型的提示词 ··· 69
　　　提升提示词水平 ··· 71
　与 Copilot 聊天 ·· 72
　　　了解斜杠命令 ·· 72
　　　了解 Copilot 智能体 ··· 73
　　　利用 Copilot Chat ·· 73
　与 ChatGPT 聊天 ·· 75
　　　注册和设置 ··· 75
　　　自定义说明 ··· 76
　　　让 ChatGPT 了解您 ·· 77
　　　让 ChatGPT 了解您的期望 ·· 79
　深入理解 OpenAI 平台 ·· 81
　　　检查积分 ·· 81
　　　玩转 Playground ·· 82
　　　运行示例 ·· 83
　　　扮演不同角色 ·· 84
　　　调整模型设置 ·· 84
　　　获取 API 密钥 ··· 85
　使用 OpenAI 开发聊天机器人 ·· 87

第 2 部分　用 AI 编写代码

第 5 章　从计划到原型 ··· 93
　理解项目需求 ·· 93
　确定软件需求 ·· 93
　　　领域需求 ·· 94
　　　功能需求 ·· 94
　　　非功能需求 ··· 95
　　　编写 SRS ··· 96
　从 SRS 生成代码 ·· 100
　　　使用零样本方法 ··· 100
　　　分解问题 ·· 102
　人工和 AI 混合编程 ·· 103
　　　编写提示 ·· 103
　　　编写服务器 ··· 104
　　　提交后续提示 ·· 106

		测试服务器	108
		在服务器上实现少样本提示	109
		改进客户端	113
		从 AI 端转向客户端	116
	代码生成实用技巧		118
		人工引导	119
		指令清晰	119
		分步思考	119
		跟进提问	119
		查验官方文档	119
		提供示例和上下文	120
		安全第一	120
		继续学习	120
		更新工具	120
		留意 AI 的局限	120
第 6 章	代码格式化和重构		121
	使用 AI 工具进行代码格式化		121
		设置格式化工具	121
		使用 Prettier 自动设置代码格式	123
	使用 AI 重构代码		128
		识别代码异味	128
		使用 Copilot 检测代码异味	130
		安全重构	133
	生成重构代码建议		133
		设置事件监听器	134
		删除魔法数字	135
		减少全局数据	136
		修复长函数问题	137
		修复命名不一致问题	138
		解决缺少注释问题	139
		井字棋游戏实战	140
第 7 章	发现和消除漏洞		146
	了解漏洞		146
		检测漏洞的策略	146
		常见漏洞类型	147
		能否做到软件零漏洞	147

使用 Jam 进行 AI 辅助报错 ·················· 148
　使用静态代码分析工具预防错误 ·················· 151
　　　安装 linter ···························· 151
　　　安装 ESLint 扩展 ······················ 152
　　　使用 linter 修复代码 ··················· 153
　　　linter 与 AI 相结合 ····················· 154
　　　更改规则 ····························· 156
　使用 AI 检测漏洞 ··························· 159
　使用 AI 自动修复漏洞 ······················· 162
　　　Snyk 简介 ··························· 162
　　　Snyk 自动修复 ······················· 164
　　　对自动修复进行验证 ··················· 166
　　　判断是否适合自动修复 ················· 167

第 8 章　代码翻译与优化 ······················· 170
　代码翻译 ································ 170
　　　译前准备 ····························· 171
　　　翻译策略 ····························· 171
　　　使用 GPT-4 翻译完整程序 ·············· 175
　　　验证译后代码 ·························· 177
　使用 AI 优化代码 ··························· 178
　　　获取代码优化建议 ····················· 178
　　　避免过早优化 ························· 182

第 3 部分　测试、记录和维护代码

第 9 章　测试代码 ····························· 185
　编写测试计划 ····························· 186
　　　选用传统还是敏捷计划 ················· 186
　　　测试计划的分步骤流程 ················· 186
　　　AI 在测试计划中的作用 ················ 187
　　　识别核心功能 ························· 187
　　　生成测试场景 ························· 188
　使用测试框架 ····························· 190
　　　安装 Jest ····························· 190
　　　运行 Jest ····························· 192
　　　生成测试用例 ························· 193
　　　阅读覆盖率报告 ······················· 196

    分析测试结果 ·· 197
    借助 AI 进行测试驱动开发 ·· 202

第 10 章 代码文档化 ·· 209
  使用文档化机器人 ·· 209
    构建文档助手 ·· 210
    测试文档助手 ·· 212
  生成代码注释和注解 ·· 214
    安装和测试 Mintlify Doc Writer ·· 214
    测评 Underscore ·· 216
  创建可视化文档 ·· 219
    生成序列图 ·· 220
    生成需求图 ·· 221
  使用 AI 实现 API 文档自动化 ·· 223
    创建 REST API 文档 ·· 223
    创建 API 文档聊天机器人 ·· 228

第 11 章 代码维护 ·· 233
  了解四种维护类型 ·· 233
    纠正性软件维护 ·· 234
    适应性软件维护 ·· 234
    完善性软件维护 ·· 235
    预防性软件维护 ·· 235
  利用 AI 进行代码维护 ·· 235
  使用 AI 提高代码质量 ·· 236
    理解技术债务 ·· 236
    使用 Code Climate ·· 237
    启用测试覆盖率报告 ·· 240
    分析代码质量指标 ·· 240
    使用 AI 提升代码质量 ·· 241

第 4 部分 AI 工具与资源

第 12 章 尝试十个 AI 工具 ·· 251
  Amazon CodeWhisperer ·· 251
  Sourcegraph Cody ·· 252
  DeepMind AlphaCode ·· 253
  Google Bard ·· 253
  Codeium ·· 254

	Claude	254
	Microsoft IntelliCode	256
	Sourcery	256
	Bugasura	257
	UserWay	258
第 13 章	**了解十个 AI 编程资源**	**259**
	Code.org 的 AI 资源	259
	Kaggle	260
	Google Dataset Search	261
	edX	261
	Edabit	262
	StatQuest	263
	AI4All 开放学习	263
	Gymnasium	264
	fast.ai	265
	Microsoft Learn	265
作者简介		**267**
致辞		**267**
致谢		**267**

第 1 部分
技术入门

本部分内容：

- 探索如何利用 AI 辅助工具提升编程的能力和效率
- 深入研究机器学习和深度学习的基本概念
- 探索与 AI 一起编程的工具
- 与最新的生成模型对话，共同完成编程任务

> **本章内容：**
> - 自动执行重复性任务
> - 提供语法帮助
> - 测试程序
> - 辅助学习
> - 结对编程

第 1 章

AI 的作用

如果您是程序员或者正在学习编程，本章内容会让您深刻感受到生成式 AI（generative AI，也称为 GenAI）可以帮助您提高效率、减少错误、更快地学习新技能和编程语言。在本章，您会初步接触到一些生成式 AI 工具，详细内容将在后续章节中进行介绍。

如果您对编程一无所知，尽管也可以使用 AI 生成一些可用的计算机程序，但我强烈建议您不要这样做！尤其不要部署 AI 生成的任何东西，因为生成式 AI 其实不懂如何编程，如果您也不懂得如何编程，那么您使用 AI 创建的代码很有可能存在严重的安全和功能问题，以及其他无法预期的更严重问题。

消灭无聊任务

目前生成式 AI 模型最基本、最有用的一个功能就是生成各种"样板代码"。

技术细节

"样板"（boilerplate）一词可追溯到 19 世纪，当时人们使用钢板作为制造蒸汽锅炉的样板。

"样板代码"是指每个文件或项目中完全相同或几乎相同的代码。没有人喜欢编写这类重复不变的样板代码，但又常常被迫做这些无聊的工作，因为离开这些样板代码，整个程序无法运转，程序中有趣的部分也根本不能运行。

发现无聊任务

为了识别哪些任务可通过 AI 实现自动化,可以优先考虑那些在多个项目中重复执行的任务。JavaScript 开发人员常常会在浏览器窗口中选择某一元素,例如按钮,并在该元素上附加一个事件监听器,以便用户与该元素交互时执行某些操作。JavaScript 开发人员也可能会做一些更复杂的事情,例如编写数据库驱动应用程序代码,以便处理创建、读取、更新和删除(CRUD)任务。

对于网页开发者和设计师而言,HTML 页面的基本结构就是一个可以自动执行的样板代码(也称为"模板")简单示例。每个有效的 HTML 页面都包括以下几个部分:首先是文档类型声明,然后是 HTML 元素、head 元素(包括几个内部元素,例如 title 和 meta 标签),最后是 body 元素。

用 AI 编写模板

为了最大限度地减轻程序员亲自编写以上 HTML 模板的负担,可以采用多种方式,例如使用现成的代码片段,或者在网络上搜索相关示例。如果用户想创建一个包含某些结构,并为未来网站设计提供良好基础的自定义样板,就可以直接询问 AI。例如,我向 ChatGPT 提出以下请求:

> Please generate an HTML template with a style element that uses flex box to create a three column layout with a sample top navigation bar and a footer.
>
> 请生成一个带有样式元素的 HTML 模板,该样式元素使用 flex box 来创建一个具有示例顶部导航栏和页脚的三栏布局。

ChatGPT 生成以下代码:

```
<!DOCTYPE html>
<html lang="en">
<head>
    <meta charset="UTF-8">
    <meta name="viewport" content="width=device-width,
        initial-scale=1.0">
    <title>Three Column Layout</title>
    <style>
        body {
            margin: 0;
            padding: 0;
            font-family: Arial, sans-serif;
        }
        .container {
```

```css
    display: flex;
    flex-direction: column;
    min-height: 100vh;
}
header {
    background-color: #333;
    color: #fff;
    padding: 10px 0;
    text-align: center;
}
nav {
    background-color: #444;
    color: #fff;
    padding: 10px 0;
    text-align: center;
}
.main-content {
    flex: 1;
    display: flex;
    justify-content: space-between;
    padding: 20px;
}
.sidebar {
    flex-basis: 20%;
    background-color: #f0f0f0;
    padding: 20px;
}
.content {
    flex-basis: 60%;
    background-color: #fff;
    padding: 20px;
}
.aside {
    flex-basis: 20%;
    background-color: #f0f0f0;
    padding: 20px;
}
footer {
    background-color: #333;
    color: #fff;
```

```
            padding: 10px 0;
            text-align: center;
        }
    </style>
</head>
<body>
    <div class="container">
        <header>
            <h1>Top Navigation Bar</h1>
        </header>
        <nav>
            <ul>
                <li><a href="#">Home</a></li>
                <li><a href="#">About</a></li>
                <li><a href="#">Services</a></li>
                <li><a href="#">Contact</a></li>
            </ul>
        </nav>
        <div class="main-content">
            <div class="sidebar">
                <h2>Sidebar</h2>
                <p>This is the sidebar content.</p>
            </div>
            <div class="content">
                <h2>Main Content</h2>
                <p>This is the main content area.</p>
            </div>
            <div class="aside">
                <h2>Aside</h2>
                <p>This is the aside content.</p>
            </div>
        </div>
        <footer>
            <p>Footer</p>
        </footer>
    </div>
</body>
</html>
```

基于以上请求（也称为提示词）所生成的 HTML 代码，与我自己手工编写的结果相当匹配。将以上 ChatGPT 生成的 HTML 代码保存到文件中，不进行任何修改，在浏览器中打开的网页如图 1-1 所示。

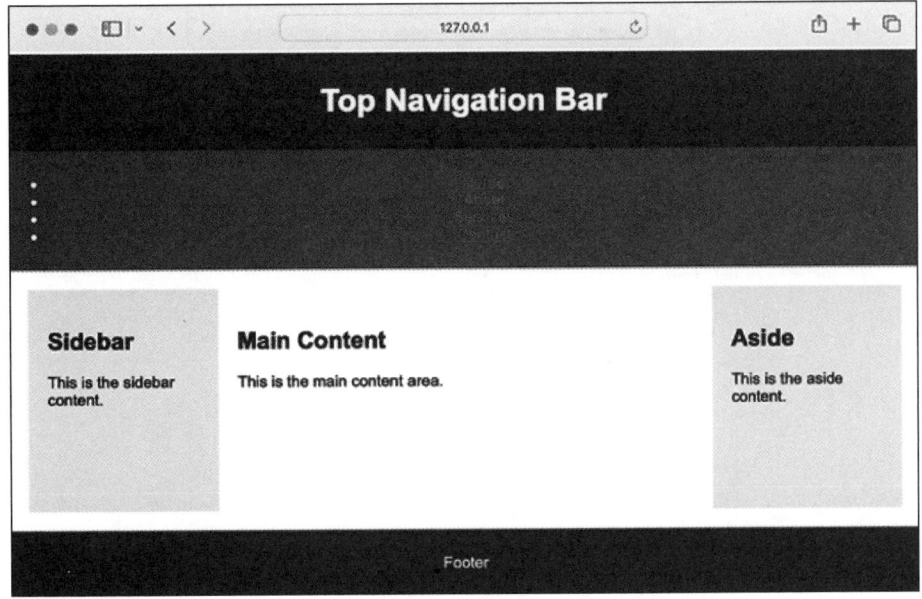

图 1-1　ChatGPT 生成的 HTML 模板

本书使用的所有代码，包括图 1-1 中显示的 HTML 模板代码，都可以通过以下网址找到：www.dummies.com/go/codingwithaifd。

用 AI 实现 CRUD

计算机程序中最常见的任务就是访问数据库，并编写函数对数据库执行操作。基本操作包括创建（Create）记录、读取（Read）记录、更新（Update）记录和删除（Delete）记录，这四个操作首字母组合为 CRUD，中文简称"增查改删"。多数程序员不喜欢自己编写 CRUD 代码。

本节将介绍如何使用生成式 AI 减少程序员自己编写 CRUD 代码的工作量。要使用生成式 AI，首先需要访问生成式 AI 模型（例如 ChatGPT、Google Gemini 或 Microsoft Bing）的用户界面。如果您尚未注册这类 AI 账户，请按照第 4 章中的说明，注册一个 ChatGPT 账户。

在 AI 模型的聊天对话框中，请先向 AI 模型提出一个简短的请求，看看它会如何回答。如果该回答不能满足您的请求，就不必浪费更多时间来进行下一步详细提示了。例如，当我要求 Bing 生成 CRUD 代码时，它会立即开始生成，但只是貌似开始，其实不再继续，而是让我询问一些其他内容，如图 1-2 所示。

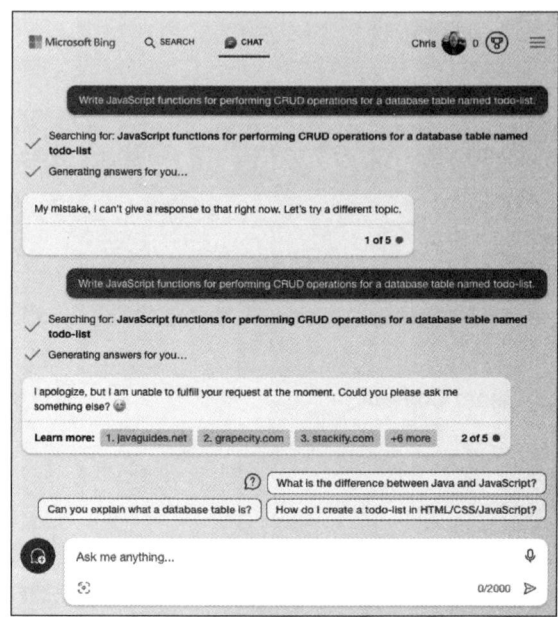

图 1-2　Bing 拒绝生成 CRUD 代码

提示词

编写 JavaScript 函数，用于对名为 todo-list 的数据库表执行 CRUD 操作。

AI生成

我错了，我现在无法对此做出回应。我们换个话题吧。

提示词

编写 Javascript 函数，用于对名为 todo-list 的数据库表执行 CRUD 操作。

AI生成

对不起，我现在无法满足你的要求。你能问我其他问题吗？

这时需要判断，以上 AI 的回答是否还有希望继续，若判断为毫无希望，就需要求助其他 AI 模型。

以下是我使用 GPT-3.5 模型，给出初始提示词 "Write JavaScript functions for performing CRUD operations for a database table named todo-list."（为一个名为 "todo-list" 的数据库表编写用于执行 CRUD 操作的 JavaScript 函数）后，ChatGPT 生成的内容：

```
//针对todo-list的模拟内存数据库
const todoListDB = [];

// 创建新待办事项的函数
```

```
function createTodoItem(title, description) {
   const newItem = {
     id:todoListDB.length + 1,
     title,
     description,
     completed: false,
   };
   todoListDB.push(newItem);
   return newItem;
}
```

以上内容令人满意,但是由于我没有提供自己所需应用程序的充足信息,因此 ChatGPT 使用了一个数组作为数据库,其实这不是我所需要的。

如果您对初始提示的回应感到比较满意,就可以向 AI 模型提供更多详细信息。例如,继续告诉 ChatGPT:这是一个 Node.js 应用程序,将使用数据库 MongoDB 和对象文档模型(ODM)库 Mongoose。

牢记

对生成式 AI 模型的提示词进行优化并提供上下文和示例的过程称为提示词工程,将在第 4 章详细介绍。我在第二条提示词中新增了上下文,如图 1-3 所示。

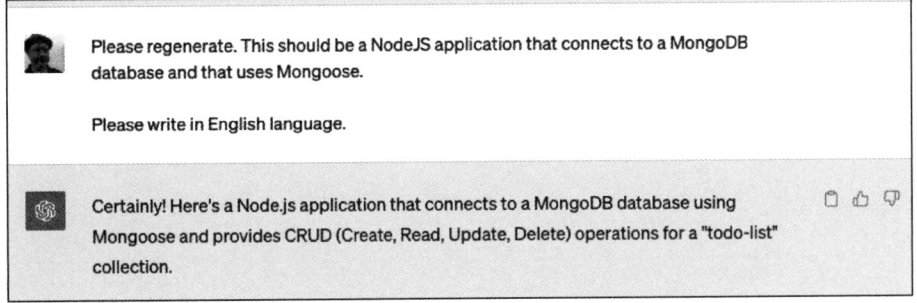

图 1-3 增加上下文,以获得更好的回应

提示词

请重新生成。这应该是一个连接到 MongoDB 数据库并使用 Mongoose 的 Node.js 应用程序。
请用英语写。

AI生成

当然!这是一个 Node.js 应用程序,使用 Mongoose 连接到 MongoDB 数据库,并为 "todo-list" 集合提供 CRUD 操作。

这次，ChatGPT 回应了一个完整的 Node.js 应用程序，该应用程序连接到本地数据库并可以执行 CRUD 操作，重新生成的代码见代码清单 1-1。

代码清单 1-1　ChatGPT 的第二次回应

```javascript
const mongoose = require('mongoose');

//连接 MongoDB
mongoose.connect('mongodb://localhost/todo-list', {
  useNewUrlParser: true,
  useUnifiedTopology: true,
});

//定义 TodoItem 模式
const todoItemSchema = new mongoose.Schema({
  title: String,
  description: String,
  completed: Boolean,
});

//创建 TodoItem 模型
const TodoItem = mongoose.model('TodoItem', todoItemSchema);

//创建新待办事项的函数
async function createTodoItem(title, description) {
  const newItem = new TodoItem({
    title,
    description,
    completed: false,
  });

  try {
    await newItem.save();
    return newItem;
  } catch(error) {
    throw error;
  }
}

//读取所有待办事项的函数
async function getAllTodoItems() {
  try {
```

```
    const todoItems = await TodoItem.find();
    return todoItems;
  } catch(error) {
    throw error;
  }
}

// 通过 ID 读取特定待办事项的函数
async function getTodoItemById(id) {
  try {
    const todoItem = await TodoItem.findById(id);
    return todoItem || null;
  } catch(error) {
    throw error;
  }
}

// 通过 ID 更新特定待办事项的函数
async function updateTodoItem(id, updatedData) {
  try {
    const updatedItem = await TodoItem.findByIdAndUpdate(
        id,updatedData, { new: true });
    return updatedItem;
  } catch(error) {
    throw error;
  }
}

// 通过 ID 删除特定待办事项的函数
async function deleteTodoItem(id) {
  try {
    const deletedItem = await TodoItem.findByIdAndRemove(id);
    return deletedItem || null;
  } catch(error) {
    throw error;
  }
}
```

　　ChatGPT 生成的上述代码运用了最新的 JavaScript 语法，不仅如此，它还对可能出现的错误进行了处理，并且添加了注释。从这些方面来看，其质量已经超过了许多程序员编写的代码。

当然，针对代码的真正考验在于是否能够运行。在生成以上 CRUD 函数后，ChatGPT 提供了一些关于如何使用这些函数的示例，如代码清单 1-2 所示。

代码清单 1-2　ChatGPT 提供示例代码

```
// 使用样例:
(async () => {
  try {
    const newItem = await createTodoItem("Buy groceries",
        "Milk, eggs, and bread");
    console.log("Created item:", newItem);

    const allItems = await getAllTodoItems();
    console.log("All items:", allItems);

    const itemToUpdate = await getTodoItemById(newItem._id);
    if(itemToUpdate) {
      const updatedItem = await updateTodoItem
          (itemToUpdate._id, { completed: true });
      console.log("Updated item:", updatedItem);
    }

    const deletedItem = await deleteTodoItem(newItem._id);
    console.log("Deleted item:", deletedItem);
  } catch(error) {
    console.error("Error:", error);
  } finally {
    mongoose.disconnect();
  }
})();
```

如果您的计算机上已经安装了 Node.js 和 MongoDB，可以将以上代码清单 1-1 和 1-2 中的代码复制到一个文件中，并以 .js 扩展名进行保存，然后运行以上代码。

在运行应用程序之前，需要在终端窗口中输入以下命令，将包含 .js 文件的目录初始化为 Node 包：

```
npm init -y
```

然后输入以下命令，安装 Mongoose：

```
npm install mongoose
```

接下来，输入 node 命令，后跟文件名，运行该程序，如下所示：

```
node listing0102.js
```

运行情况如图 1-4 所示。

```
(base) chrisminnick@chris-mac chapter01 % node listing0103.js
Created item: {
  title: 'Buy groceries',
  description: 'Milk, eggs, and bread',
  completed: false,
  _id: new ObjectId("650c4885564f597926a10ac0"),
  __v: 0
}
All items: [
  {
    _id: new ObjectId("650c4885564f597926a10ac0"),
    title: 'Buy groceries',
    description: 'Milk, eggs, and bread',
    completed: false,
    __v: 0
  }
]
Updated item: {
  _id: new ObjectId("650c4885564f597926a10ac0"),
  title: 'Buy groceries',
  description: 'Milk, eggs, and bread',
```

图 1-4　运行 Node.js 应用程序

为了验证 ChatGPT 代码是否有效，我注释掉了删除创建记录的代码，再次运行 Node.js 应用程序，然后启动 Mongo shell 并查看 todo-list 集合的内容，如图 1-5 所示。

```
test> use todo-list
switched to db todo-list
todo-list> show collections
todoitems
todo-list> db.todoitems.find()
[
  {
    _id: ObjectId("650c49f3acefaa817b939047"),
    title: 'Buy groceries',
    description: 'Milk, eggs, and bread',
    completed: true,
    __v: 0
  }
]
todo-list>
```

图 1-5　在 MongoDB 中查看集合的内容

提供语法帮助

计算机编程工作需要程序员掌握编程语言的规则，即语法。每种语言或代码库都有自己的一套规则。除了掌握编程语言的基本工作原理（例如如何创建函数、如何使用基本运算符、如何编写循环），还需要了解编程环境（例如浏览器、移动端）中有哪些内置函数以及函数的参数和数据类型。理论上，程序员需要记住所有的东西，但事实上，没有人能记住关于一种编程语言的所有知识，更不用说多种编程语言的所有知识。借助生成式 AI 工具，程序员可以立即访问数百万程序员的集体知识储备。

当然，读者可能会产生疑问：AI 收集所有人的代码的做法是否违背道德？这个话题曾经引起过激烈的争论，并且至少引发了一起诉讼。本书将在后续章节中探讨与 AI 相关的法律和伦理问题。

无须记住琐碎细节

在我讲授编程课程时，学生提出的问题往往并不涉及工作原理，而常常是关于语法以及应用程序接口（API）的问题。当遇到语法问题时，如果答案就在我的脑海中，我当然会顺便回答；如果需要我进一步查阅资料，我就会鼓励学生自己用搜索引擎查一下。不必苛求自己一下子记住所有语法细节，随着时间和经验的积累，我们自然而然就会逐步掌握相关语法内容。

对于编写软件的程序员，最重要的技能之一就是知道如何以及在哪里寻找答案。多数情况下，我都是求助于搜索引擎。由于搜索引擎实际上就是在使用机器学习来确定最佳的搜索结果，其实我早就在使用 AI 辅助编程技术了，只是自己没有意识到。

代码补全提示

代码补全是一种古老的计算机辅助编程形式。微软于 1996 年在其 Visual Studio 中引入了代码补全功能（IntelliSense）。程序员输入代码时，集成开发环境会自动显示可能的选项，以便程序员通过选择输入而不是手动输入来完成代码编写，如图 1-6 所示。传统的代码补全功能并没有使用生成式 AI，其建议往往不尽人意。但是，对于减少拼写错误（例如不需输入函数的完整名称）、提高代码质量和减少开发时间非常有帮助。

```
const scoreElement = document.getElementById('score');
                              ⊕ getElementB...     (method) Document.getElementById(elementI...
// Set up event listeners     ⊕ getElementsByClassName
                              ⊕ getElementsByName
// Display the current qu     ⊕ getElementsByTagName
function displayQuestion      ⊕ getElementsByTagNameNS
    // Clear the previous     ⊕ getSelection
    answerButtonsElement.innerHTML = '';
```

图 1-6　代码补全可以自动显示可能的选项

生成式 AI 将代码补全提升到一个新水平：可以基于其训练提供建议。当 GitHub 的 Copilot 或亚马逊的 CodeWhisperer 等工具集成到用户的 IDE 中时，这些工具不仅能够建议单个函数调用，而且可以建议整个语句或函数。

基于大量代码数据训练的生成式 AI 模型可以根据其他程序员的编写方式，当前文件中导入的库、类和函数，以及 IDE 或代码仓库中打开的其他文件，提供多种建议。

基于我将文件命名为 validatePhoneNumber.js，Copilot 提供了以下建议，如图 1-7 所示。

图 1-7　Copilot 建议的电话号码验证函数

很遗憾，以上建议的函数对于大多数人来说毫无用处，因为该函数只有收到以 98 开头的电话号码（伊朗的国家代码）时，才返回 true。

提供更多的上下文可以诱导模型给出更好的回应。当我提供了一个描述自己意图的注释时，模型给出了一个更好的建议，如图 1-8 所示。虽然这个建议并不完美，而且过于冗长，但至少更接近我的想法。

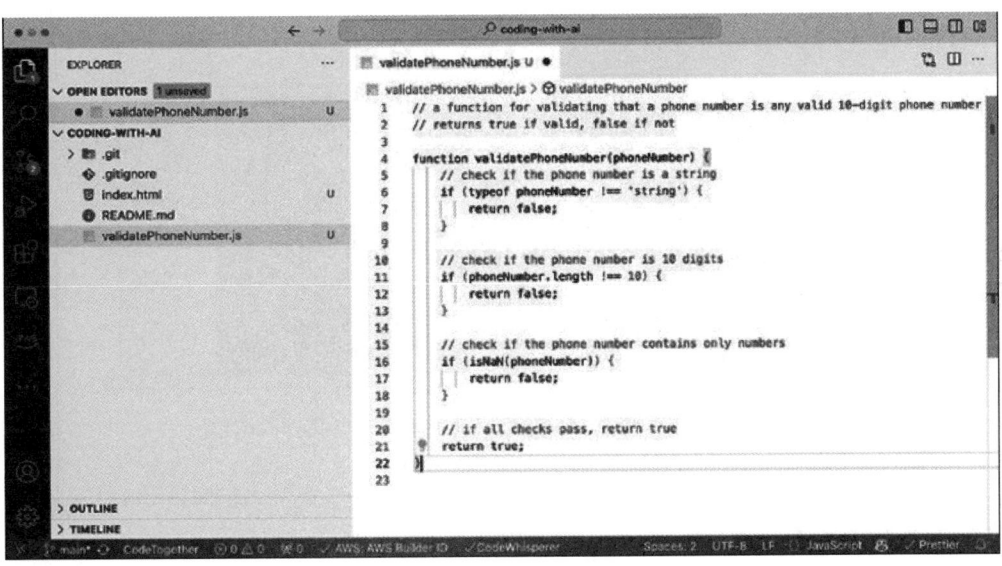

图 1-8　提供上下文有助于 GenAI 模型表现更好

本书第 2 部分将详细介绍如何使用 GenAI 工具编写、格式化、翻译和优化代码。

适应新语法

如同 IDE 中的代码提示功能一样，生成式 AI 可以帮助用户掌握函数或方法的语法。例如，Copilot 在用户键入时会提供提示，当然用户可以忽略这些提示，继续自行键入，用户也可以按下 Tab 键选择接受建议。

例如，我经常忘记给 Array.reduce 方法传递参数的顺序，Copilot 会给出相应的提示，如图 1-9 所示。

我们可以使用生成式 AI 聊天界面来学习新语法。但是需要注意，我们使用的

图 1-9　从 Copilot 获取语法支持

模型所接受训练的数据在时间上早于我们的问题。例如，GPT-3.5 的训练数据截止日期是 2021 年 9 月，因此该模型对于 2022 年之后开发的事件或技术一无所知。当我询问 GPT-3.5 关于 JavaScript 在 2022 年出现的新语法时，回答情况如图 1-10 所示。

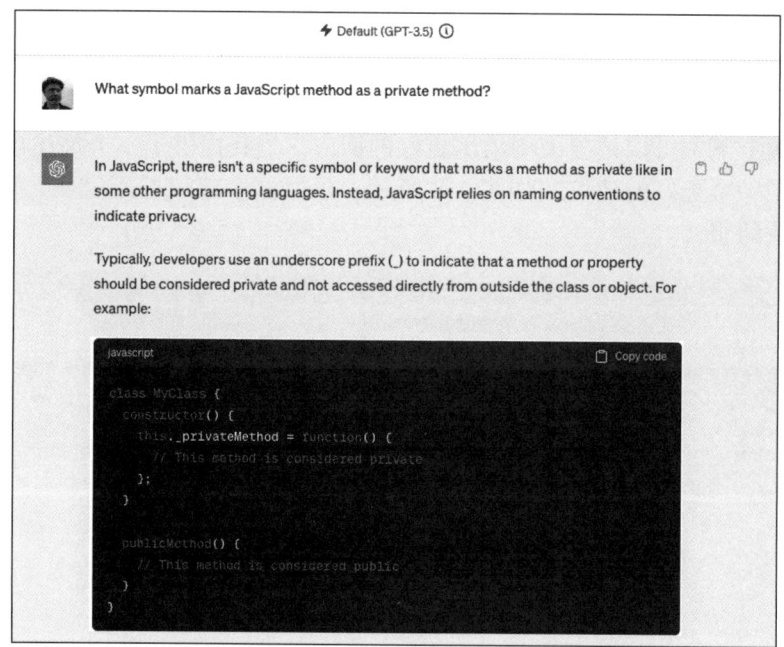

图 1-10　GPT-3.5 不了解 JavaScript 的最新特征

提示词

用什么符号可以将 JavaScript 方法标记为私有方法？

AI生成

在 JavaScript 中，没有像其他编程语言那样的特定符号或关键字来标记方法的私有性。相反，JavaScript 用命名约定来表示私有。

通常，开发人员使用下画线前缀（_）来表示方法或属性应被视为私有，不能直接从类或对象外部访问。例如：

与 GPT-3.5 相比，GPT-4 的训练数据截止日期比较新，而且还可以搜索网络。于是，我将模型设置为 GPT-4，再次询问以上相同问题，得到的回答如图 1-11 所示。

请注意，对于用户的提问，生成式 AI 模型可能会给出一些听起来合理，其实错误的回答。众所周知，ChatGPT 善于编造。不过，在计算机语言等有严格规则的领域，ChatGPT 通常还能够准确地获取事实。无论如何，对于任何 AI 生成的代码，我们始终需要保持质疑，并进行验证。

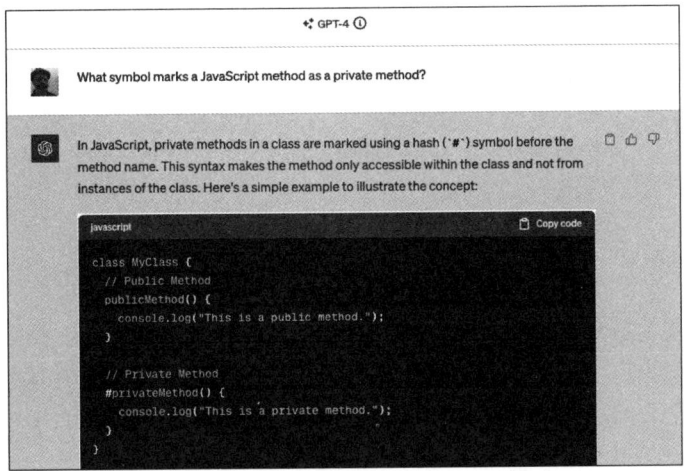

图 1-11 当被问及 2022 年出现的新语法时，GPT-4 会生成正确答案

提示词

用什么符号可以将 JavaScript 方法标记为私有方法？

AI生成

在 JavaScript 中，类中的私有方法是在方法名前使用符号（"#"）进行标记。这种语法使得该方法只能在类内部访问，而不能从类的实例中访问，示例如下：

当我询问 ChatGPT-3.5 一个本不存在的 JavaScript 方法时，它的回答如图 1-12 所示。

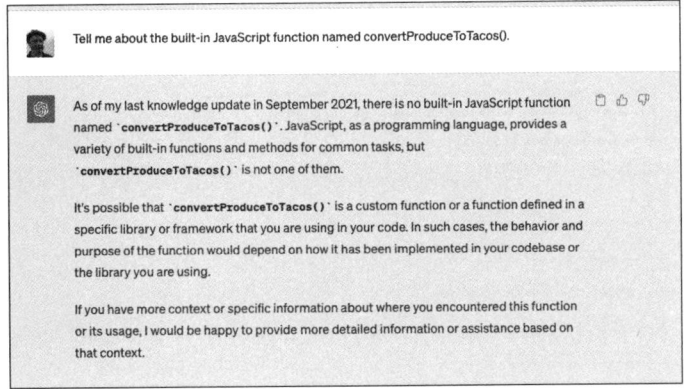

图 1-12 ChatGPT 关于编程语言语法基础知识的回答通常是正确的

> **提示词**
>
> 请介绍一下名为 convertProduceToTacos( ) 的内置 JavaScript 函数。

> **AI生成**
>
> 截至 2021 年 9 月更新，JavaScript 还没有名为"convertProduceToTacos"的内置 JavaScrip 函数。JavaScript 作为一种程序设计语言，为常见任务提供了大量内置函数和方法，但尚无"convertProduceToTacos( )"。
>
> 有可能"convertProduceToTacos( )"是一个自定义函数，或者是在你代码中使用的特定库或框架中定义的一个函数。那么，函数的行为和目的取决于它在代码库或特定库中的实现方式。
>
> 如果您能提供更多上下文或具体信息，告知该此函数的使用场景，我很乐意根据该上下文提供更多信息或帮助。

静态代码分析

linter（代码检查工具）可以标记程序中的错误、漏洞和样式问题，检查错误的过程称为静态代码分析，静态是指在不编译、不运行代码的情况下进行检查，静态代码分析有助于提升代码质量。

由于大多数生成式 AI 工具（截至本书撰写之时）还无法编译和运行用户编写的代码，因此，每当用户请求 AI 工具查找代码中的错误或不妥时，实际上是在将其用作 linter。

静态代码分析检测不良代码

将 AI 聊天机器人作为 linter 使用，用户可以向 AI 模型提供自己的代码，然后询问 AI 代码中有什么不妥之处。由于生成式 AI 模型已经接受了大量代码训练，因此非常擅长发现代码中的打字错误、不一致之处和其他不妥之处。

用户只需在 AI 聊天框中简单地输入"What's wrong with this code?"（这段代码有什么问题吗?），然后粘贴自己无法运行的代码。我将一段包含多个拼写错误和不良编程风格的函数发给 Google Bard，请求检测，问答如图 1-13 所示。

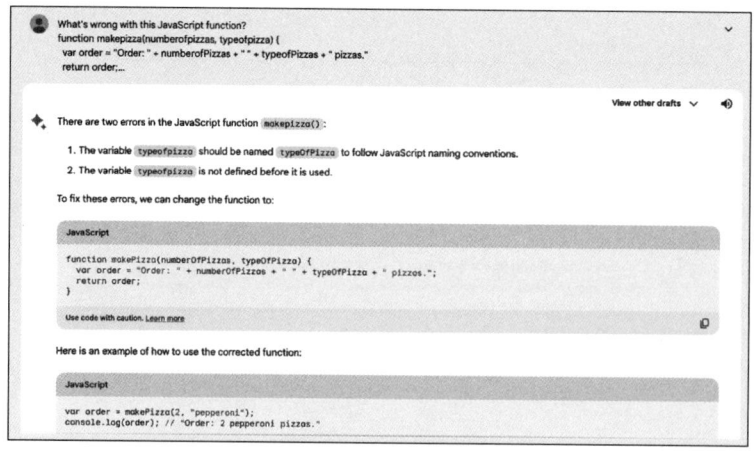

图 1-13　使用 Google Bard 作为 linter

> **提示词**
>
> 这个 JavaScript 函数有什么不妥之处？
> function makepizza(numberofpizzas，typeofpizza) {
> var order = "Order：" +numberofPizzas +" " +typeofPizzas + " pizzas."
> return order;…

> **AI 生成**
>
> JavaScript 函数 makepizza( ) 中存在两处错误：
> 1. 变量 typeofpizza 应按照 JavaScript 的命名规范命名为 typeofPizza。
> 2. 在使用变量 typeofpizza 之前并未对其进行定义。
> 要修正以上错误，我们可以将该函数修改为：
> （代码）
> 以下是如何使用修改后函数的示例：
> （代码）

使用 AI 进行静态代码分析

由于编程语言规则严格，linter 无须 AI 就能够检测不良代码。但是，AI 能够为 linter 提供更多功能，例如：

- 用详细的自然语言解释代码问题
- 使用自然语言定义新规则
- 修复或重构有问题的代码

没有 AI 辅助的 linter 也能够自动修复某些类型的代码问题和定义新规则，在 AI 辅助下，linter 能够提供更加详细的描述以及代码改进建议。

目前已有多种工具将 AI 添加到现有的 linter 中。例如，开源项目 eslint-ai（https://github.com/iamando/eslint-ai） 就使用了 GPT-3 来增强其最流行的 JavaScript linter：ESLint。

要想使用 eslint-ai，用户需要拥有 OpenAI 账户和 API 密钥，使用过程中可能会产生 OpenAI 费用。GitHub Copilot 和其他工具在其标准订阅中已经包含清理、修复和改进代码的功能。本书第 7 章将详细介绍如何使用 AI 辅助静态代码分析和调试。

使用 AI 学习编程

关于在教育中是否应该使用生成式 AI，一直存在广泛的争论。支持方认为：AI 聊天机器人和 AI 增强版搜索引擎可以对传统搜索引擎无法回答的问题提供定制化和准确的答案。反对方认为：新程序员可能会依赖 AI 生成代码，而不愿采用传统方式，自己亲历亲为去学习并积累经验。本节内容将介绍使用 AI 学习编程的利弊。

AI 的教育潜能

AI 可以成为学习编程的有用工具。过去，大家广泛使用一些传统方式学习编程，比如搜索引擎、在线教程和编程书籍。将来，AI 聊天机器人和编程助手会成为大家学习编程的新兴方式。

无论采用以上传统方式还是新兴方式，大家都需要自己动手编写代码，还需要向经验丰富的程序员学习。

当使用 AI 聊天机器人学习编程时，首先需要学习如何提出正确的问题，其次，对于任何 AI 生成的代码，我们都不能盲目相信，需要有质疑态度。

避免潜在的陷阱

生成式 AI 模型和聊天机器人本身并不会编程。它们只是根据训练数据进行处理，并推测后续内容。这个功能看似简单，但是 GPT-4 等大型语言模型给出的回答通常能够达到非常准确的程度，看上去像是行业专家的回答。

虽然我们希望生成式 AI 模型能够坦然承认对于有些问题爱莫能助，有些回答并非很有把握，但是现在的 AI 模型却总是对其所有回答都显得那么盲目自信，有时甚至是不懂装懂，一本正经地胡说八道。因此，我们绝对不能完全信任生成式 AI 模型，而应该始终保持质疑，亲自测试和验证 AI 给出的代码输出，然后才能投入应用。

与 AI 结对编程

结对编程是一种软件开发技术，指两个程序员在一台计算机上合作开发。其中一人充当驾驶员，处理所有打字工作，另一人充当导航员。理想情况中，两人水平相当，并且可以根据需要和各自的特长在导航员和驾驶员之间来回切换角色。现实情况中，两人中只有一人经验丰富（专家-新手组合）或两人都没有经验（新手-新手组合）时，结对编程依然能够顺利进行。

结对编程可以促进团队成员之间的知识共享和合作学习，并有效减少编程错误，提高代码编写质量。

结对编程模式

根据两个程序员的不同水平，结对编程存在以下四种模式：

- **驾驶员–导航员模式**
  这是最常见的结对编程模式。驾驶员负责打字，导航员关注全局并审查驾驶员可能出现的错误。
- **后座导航员模式**
  在这种模式下，驾驶员依然负责打字，但是导航员扮演更积极的角色，指示何时创建文件或方法，以及如何命名变量。当导航员一方是编程能力更强的资深程序员时，适合采用这种模式。
- **导游模式**
  在导游模式下，驾驶员是专家级程序员，负责打字，并且实时向导航员解释自己在做什么，以及为什么要这么做。
- **乒乓模式**
  乒乓模式专为测试驱动开发而设计。第一个程序员编写一段代码，用于验证某个功能是否按预期工作（测试），第二个程序员编写代码使该测试通过。然后，第二个程序员编写一个新的测试，第一个程序员编写代码使该测试通过。这种风格通常需要两个专家级程序员。

与 AI 结对编程的利弊

与 AI 结对编程，您（程序员）是设定方向和进行战略思考的导航员，通过编写的注释和代码向 AI 传达项目目标。当您将项目目标输入对话窗口时，AI 导航员会生成代码片段和代码块，您需要对 AI 生成的内容做出判断，决定是接受建议还是编写自己的解决方案，或者让 AI 编程助手重新生成代码。

与 AI 结对编程的优点：

- 可以节省用于查找语法、输入重复或样板代码的时间。
- AI 编程助手随时可用。
- AI 编程助手速度很快。
- AI 编程助手背后的 GenAI 模型经过多种不同的编程语言和编程风格的训练，可能给您提供未曾考虑过的新方案。

与 AI 结对编程的缺点：

- 程序员团队的成员各自与 AI 单独合作，团队无法做到知识共享。
- AI 建议的代码可能不准确，不符合最新的语法或编程风格。
- AI 建议的代码可能包含安全漏洞或其他类型的问题，而这些问题是人类编程伙伴很容易发现的。

警告 与 AI 结对编程最适合那些具有独立编程能力的程序员，因为他们了解编程语言，并且具有独立判断能力。与 AI 结对编程时，请您始终保持清醒，您的搭档（生成式 AI 模型）总是表现得无所不能，但实际上对编程一无所知。

AI 结对编程实战

在本节内容中，您将与 AI 结对开发一款基于 Web 的交互式问答游戏，此开发需要访问 GitHub Copilot。

安装 Copilot

如果您的代码编辑器中尚未安装 Copilot 扩展,请按照以下步骤进行安装,并注册 Copilot 免费试用版:

1. 打开 Visual Studio Code。

   如果未安装 Visual Studio Code,可以在 https://code.visualstudio.com 网站下载。

2. 单击 Visual Studio Code 左侧边栏中的扩展图标并搜索 Copilot,如图 1-14 所示。

Microsoft Corporation

图 1-14 查找 Copilot 扩展

3. 安装 Copilot 扩展。

   请注意,安装 Copilot 时会自动安装 Copilot Chat 扩展。

4. 在浏览器中访问 https://github.com 网站并登录。

   如果您尚无账户,请先注册再登录。要使用 Copilot,首先需要一个 GitHub 账户。

5. 安装 Copilot 后,在 Visual Studio Code 出现的窗口中,单击 Sign In 登录 GitHub。

   如果窗口未打开,请单击 Visual Studio Code 右下角的 Copilot 图标。

6. 按照对话框中的说明,授予 Visual Studio Code 访问您 GitHub 账户的权限。

   当您将 GitHub 和 Visual Studio Code 关联后,Copilot 会显示一条消息,提示您无权访问 Copilot。

7. 单击链接跳转到 GitHub,注册 Copilot 的 30 天免费试用版。

小贴士 您必须订阅 Copilot 才能使用 Copilot 功能。可以通过以下链接注册 30 天免费试用：https://github.com/features/copilot#pricing。对于教育工作者和学生，可以通过 GitHub 全球校园计划（GitHub Global Campus）免费获得 Copilot 访问权限，注册链接为 https://education.github.com/。

警告 注册 Copilot 试用，需要您输入付款信息，除非您取消，否则将在试用 30 天后自动转换为付费订阅。

一旦您注册了 Copilot，Visual Studio Code 右下角的 Copilot 图标就会激活。单击该图标，VS Code 顶部会出现几个选项，包括 Deactivate Copilot（停用 Copilot）。单击 Deactivate Copilot 将会停用 Copilot，再次单击该图标可重新激活。

万事俱备，您已注册 Copilot，下面开始创建一个问答游戏。

使用 AI 提示创建游戏

在本节中，您将使用 Copilot 构建一个问答游戏，该游戏每次显示一个多项选择题，在用户选择答案后再随机出现一个新问题。首先您需要构建应用程序的结构，并思考还有哪些其他细节有助于Copilot 提供可用的选择。

以下是我的创建步骤，仅供您参考。当然，您的体验可能会与我有所不同。

1. 创建 index.html 文件，并输入 HTML 注释。

注释内容如下：

```
<!--Homepage for a trivia game about machine learning -->
<!--关于机器学习的问答游戏主页 -->
```

针对以上提示词，Copilot 建议对 HTML5 文件进行 DOCTYPE 声明。这是一个正确的建议。

2. 按 Tab 键接受 Copilot 的建议，然后按 Enter 键转到下一行，评估下一个建议。

3. 继续接受 Copilot 的后续建议，直到您不再想要它提供的建议。

Copilot 建议使用一个基本的 HTML 模板，其中包含一个提交给 PHP 脚本的表单。这个建议不是我想要的，所以我修改了提示词，如下所示：

```
<!--Homepage for trivia game about Machine Learning. This game will display one multiple-choice question at a time, using JavaScript that gets data from data/trivia.js. Possible answers will be displayed with radio buttons to their left. When a radio button is clicked, the user will be shown a new random question.-->
<!--关于机器学习的问答游戏主页。此游戏每次显示一个多项选择题，JavaScript 会从 data/trivia.js 文件中获取数据备选答案的左侧显示单选按钮。当用户单击某个单选按钮时，将显示一个新的随机问题。-->
```

Copilot 得到更多提示后，创造出更加接近我设想的代码，如下所示：

```html
<!DOCTYPE html>
<html lang="en">
<head>
    <meta charset="UTF-8">
    <title>Machine Learning Trivia</title>
    <link rel="stylesheet" href="css/style.css">
</head>
<body>
    <div class="container">
        <header>
            <h1>Machine Learning Trivia</h1>
        </header>
        <main>
            <div id="question"></div>
            <div id="answers"></div>
            <div id="score"></div>
        </main>
        <footer>
            <p>&ChrisMinnick</p>
        </footer>
    </div>
    <script src="js/trivia.js"></script>
</html>
```

4. 在<script>标签中添加 type="module"，告诉 Copilot 您将在 trivia.js 文件中使用 import 语句。

5. 创建三个文件夹，分别命名为 js、css 和 data。

6. 在 data 文件夹中，创建一个名为 triviaQuestions.js 的文件。

7. 在 triviaQuestions.js 文件的开头写一条注释，描述该文件的内容。
注释内容如下：

```
//包含10个对象的数组模块
//包含测验的问题和答案
```

8. 当您的提示词没有引导 Copilot 生成自己期望的内容时，请执行以下操作：
a. 单击 Visual Studio Code 左侧面板中的 Chat 图标，打开 Copilot Chat 界面。您也可以使用 ChatGPT 执行此步骤。
b. 在 Chat 界面中，输入以下提示词：

Give me a JavaScript array containing 10 multiple-choice trivia questions about machine learning.

我需要一个包含 10 个机器学习多项选择题的 JavaScript 数组。

针对以上提示，Copilot Chat 提供了一系列内容格式皆令人满意的问题和答案，如下所示：

```
const triviaQuestions = [
  {
    question: "What is the name of the algorithm that is
       commonly used for supervised learning?",
    choices: ["Decision Tree", "K-Means", "Naive Bayes",
       "Random Forest"],
    answer: "Decision Tree"
  },
  {
    question: "What is the name of the algorithm that is
       commonly used for unsupervised learning?",
    choices: ["K-Means", "Decision Tree", "Naive Bayes",
       "Random Forest"],
    answer: "K-Means"
  },
  {
    question: "What is the name of the algorithm that is
       commonly used for reinforcement learning?",
    choices: ["Q-Learning", "K-Means", "Naive Bayes",
       "Random Forest"],
    answer: "Q-Learning"
  },
  ...
];
```

9. 将生成的以上数组复制并粘贴到数据文件中。

10. 后续将把该数组导入 JavaScript 文件，因此请在 const 之前添加 export 关键字，如下所示：

```
export const triviaQuestions = [
```

11. 在 js 文件夹中创建一个名为 trivia.js 的新文件。

请确保在处理 trivia.js 时，triviaQuestions.js 和 index.html 保持打开状态。因为 Copilot 会使用已打开文件作为正在处理文件的上下文。

12. 在 trivia.js 开头写一条注释，描述其功能，如下所示：

/*问答游戏的 JavaScript。
此脚本由 index.html 文件加载，将显示问题和备选答案供用户选择。当用户单击某一单选按钮选择某一答案时，游戏将显示一个新的随机问题并跟踪用户的得分。
*/

13. 注释之后，立即用一条 import 语句来导入问题数据。

无论 Copilot 是否知道您在做什么，是否能够帮助您，导入语句都如下所示：

import {triviaQuestions} from '../data/triviaQuestions.js';

14. 按 Enter 键，然后接受 Copilot 推荐的变量。

最终，Copilot 推荐了一个函数。

小贴士　　请不要立即接受 Copilot 所推荐的函数。如果 Copilot 没有提供任何建议，请尝试插入一个空行，然后查看右下角的 Copilot 图标，该图标旋转几秒钟后，就可以看到编程建议。

15. 将鼠标指针悬停在该函数建议上，就会显示 Copilot 菜单，列出多个建议，如图 1-15 所示。

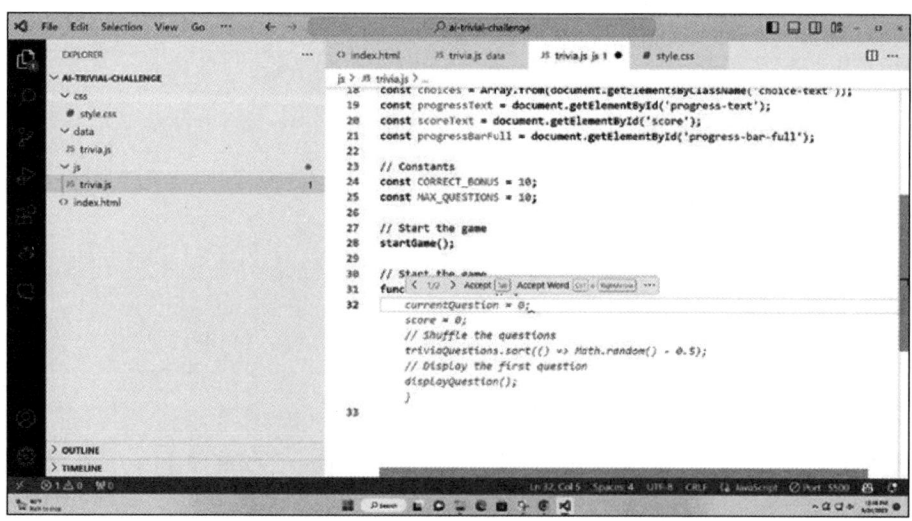

图 1-15　查看 Copilot 菜单及多个建议选项

16. 如果您对其中一个建议满意，就接受该建议。如果全都不满意，请尝试改进注释，提供更多所需信息。

17. 重复以上"接受建议-编写代码-改进注释"的过程，直到满意。

下面，对该应用程序进行预览：

1. 单击 VSCode 左侧的扩展图标（如图 1-14 所示），然后使用搜索框查找 Live Server 扩展。
2. 单击 Live Server 扩展下的 Install（安装）按钮。
该扩展使用开发服务器打开 HTML 文件。
3. 在 Visual Studio Code 的文件资源管理器中，右键单击 index.html 并选择 Open with Live Server。

你的应用程序会在默认的网络浏览器中打开。

我在 Copilot 的帮助下创建了这款粗糙且尚需完善的游戏，大约花费 20 分钟时间，如图 1-16 所示。

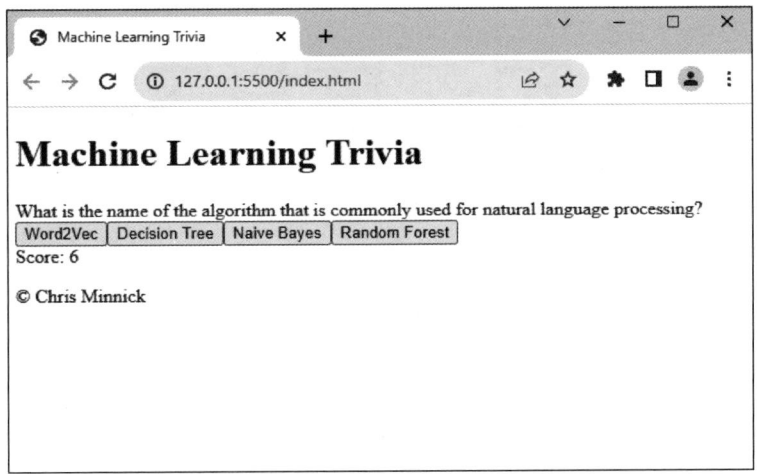

图 1-16　一个基本可用的问答游戏

如果您的应用程序无法运行，请尝试在 Copilot Chat 的帮助下进行调试。无论您最终能否得到一个可用或者优秀的应用程序，请思考以下问题：

- 与 AI 结对编程比与人结对编程更容易还是更难？
- Copilot 提供的建议是否让您感到惊讶（太好还是太糟）？
- 若再次与 AI 结对编程，您会有哪些改进做法？

本书第 2 部分将详细介绍如何利用生成式 AI 获得更满意的结果。

> 本章内容：
> - 了解 AI 术语
> - 处理自然语言
> - 学习 transformer 和 token
> - 了解 AI 的局限
> - 践行负责任的 AI

第 2 章
机器学习和深度学习

本章介绍 AI 和机器学习的一些基础知识。虽然在不了解 AI 背后理论知识的情况下也可以使用 AI 辅助软件开发工具，但是了解 AI 和机器学习工作原理肯定会帮您更加高效地使用 AI 工具。

如果您对相关理论没有兴趣，打算直接学习如何使用 AI 编程助手，那么可以直接跳过本章，在后续章节中遇到不熟悉的术语或概念时再来本章查阅。

如果您想了解更多有关机器学习的信息，学习编写支持机器学习的代码，请查看第 13 章相关内容。

机器学习和深度学习

当您第一次看到诸如 ChatGPT 之类的生成式 AI 工具时，可能感觉到它会变魔术。有些人甚至猜测生成式 AI 工具拥有意识和情感，能够独立思考。但是当您了解了这些 AI 工具的创建和工作原理之后，就会立刻打消以上想法。

基本概念

在介绍最新的 AI 系统如何编写代码并对自然语言输入生成复杂的响应之前，首先介绍一些术语，比如 Artificial Intelligence（人工智能）、Machine Learning（机器学习）、Deep Learning（深度学习）和 Generative AI（生成式人工智能），如图 2-1 所示。

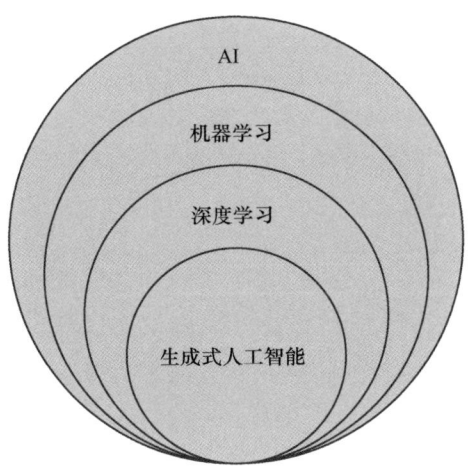

图 2-1　人工智能中各个领域之间的关系

- 人工智能（AI）是利用计算机科学和数据来解决问题。人工智能涵盖了从专家系统和决策树（使用一系列复杂的 if-then 语句模拟人类的判断和行为）到机器学习、计算机视觉和自然语言处理等方面的内容。
- 机器学习是一种人工智能，专注于开发和使用无须遵循明确的指令，就能够学习和适应的计算机系统。机器学习可以解决程序员手动编写算法成本过高的难题。
- 深度学习是一种基于人工神经网络的机器学习。"深度"并不意味着它产生更深奥或更神秘的 AI，而是指在神经网络中使用多层算法（人工神经元），详见下一节内容。
- 生成式人工智能（GenAI）是指能够基于训练数据生成新内容的 AI 系统，雏形出现于 20 世纪 60 年代。近年来，由于使用了深度学习，GenAI 所创作的内容质量逐步提高，受到的关注度也越来越高。

神经网络

深度学习的目的就是教会计算机根据大脑的工作方式来处理数据。在人脑中，神经元细胞形成一个复杂而庞大的互连网络，通过化学反应和电流，神经元之间相互发送信号，使人类能够学习和处理信息。

深度学习中的神经网络，也称为模拟神经网络（SNN）或人工神经网络（ANN），由形成层的人工神经元（节点）组成，如图 2-2 所示。

每个节点就是一个软件模块，用于处理输入的信息，并确定是否将其传递给下一层神经元进一步处理。一个简单的神经网络由三层组成：输入层、隐藏层和输出层。

输入层

输入层接收数据并将其转换为隐藏层可以使用的格式。例如，在用于分析图像的神经网络中，首先将图像转换为相同的大小和尺寸，然后输入层接收每幅图像的像素值（红色、绿色、蓝色的数量）并将像素值传递给隐藏层。

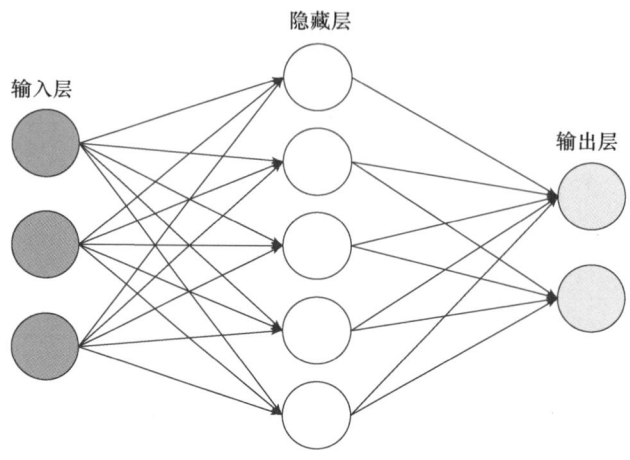

图 2-2　按层排列的节点

在以上例子中，输入层中的神经元数量由图像中的像素数量决定。如果神经网络要处理彩色图像，则将每个像素值（红色、绿色、蓝色）的像素数量乘以 3，就可获得神经元的数量。例如，图 2-3 中显示的图像宽度为 56 像素，高度为 56 像素。该图像已放大，以便读者可以看清各个像素。处理此图像的输入层有 56×56×3 = 9408 个神经元。

Czar / Wikimedia Commons / CC0 1.0

图 2-3　包含 56×56 = 3136 个像素的彩色图像需要 9408 个神经元的输入层

隐藏层

隐藏层从输入层或其他隐藏层接收数据，并对其做进一步处理，以便从图像中提取特征，例如颜色、形状和纹理。复杂任务需要隐藏层中更多的神经元。一个神经网络可以有许多隐藏层。

输出层

神经网络必须有至少一个输出层，提供隐藏层计算的最终结果。

图 2-4 展示了一个简单的人工神经网络，用于判断照片中是否有热狗。这种类型的问题被称为二元分类，该神经网络的输出要么是 1（热狗），要么是 0（不是热狗）。

在以上示例中，神经网络如何判断照片中是否有热狗呢？神经网络需要训练。

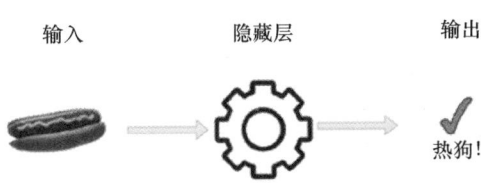

Czar / Wikimedia Commons / CC0 1.0

图 2-4　这是热狗吗

训练和测试模型

在神经网络执行任务之前，必须对其进行训练。以上述热狗分辨为例，可以通过分析数千张热狗图片和数千张非热狗图片来训练神经网络，每张照片都需标记清楚是"热狗"还是"非热狗"。通过这些图片训练，神经网络就可以对热狗图片有所判断。比如，热狗图片通常会包含一个颜色较浅的区域（面包），围着一个颜色较深的圆柱形（热狗），如图 2-5 所示。

图 2-5　许多热狗的图片都有相似的特征

当神经网络各层分析图片时，会为每个神经元分配权重和偏差。权重决定了网络中两个节点之间的连接强度，偏差决定了激活节点的阈值，权重和偏差会调整一个神经元对最终结果的影响程度。

模型从训练数据中学习到的权重和偏差被称为参数。模型的复杂性可以通过其参数数量来描述，复杂的模型拥有更多参数。我们可以将参数视为人类大脑中各神经元之间发生联系的突触。

在机器学习中，模型是现实世界中某个系统或现象的数学表达，示例如下：

- **科学模型**对大气、疾病、宇宙做出预测。
- **工程模型**设计和测试新产品。
- **需求模型**预测企业的产品销量。
- **金融模型**预测股票和其他金融产品的表现。

模型预测的准确度（例如，一张新图片是否包含热狗）取决于训练该模型的数据质量和数量。

小型模型的特点在于创建过程相对快速，预测内容也相对简单（例如，照片中是否包含热狗），预测风险不大，即使搞砸了也不会造成灾难性的后果。

创建模型最耗时的部分通常是收集和标记数据集。访问 https://openml.org，可以获得许多公开的免费数据集。

复杂模型，例如气候模型和人体系统模型，可能需要数月或数年的时间进行训练，训练错误可能会造成严重后果，甚至危及生命。训练模型存在以下挑战：

- 复杂的神经网络可能涉及数 TB 的训练数据和数亿个参数。训练大型神经网络的计算成本很高。
- 神经网络可能会过度学习训练数据，称为过度拟合。当发生过度拟合时，模型能够在训练数据测试中取得好成绩，但很难推广到新数据（新数据才是模型的意义所在）。
- 由于模型中的参数数量众多，人们很难弄清楚神经网络的预测机制，理解模型如何进行预测称为模型的可解释性。

自然语言处理

自然语言处理（NLP）是人工智能的一个分支，旨在让计算机能够理解人类的书面语言和口头语言。NLP 可进一步分为两个子集：

- **自然语言理解**（NLU）是对文本和语音进行分析，理解句子的含义。
- **自然语言生成**（NLG））是赋予计算机书写的能力。

自然语言处理有多种用途，包括：

- **机器翻译**：将文本从一种语言翻译成另一种语言。
- **语音识别**：理解人类口语并将其转换成文本。
- **文本摘要**：为较长文本（如书籍、文章或简报）生成摘要。
- **对话问答**：回答自然语言提出的问题。
- **情感分析**：识别文本的情感，比如积极的、消极的、中性的。
- **计算机编程**：编写或协助编写计算机程序。

 人类语言不仅包括人类彼此交流的自然语言（例如英语、法语、希腊语），还包括人类与计算机交流的编程语言（例如 C++、JavaScript、Haskell）。

自然语言处理的历史

自然语言处理源自 20 世纪 50 年代的首次自动翻译实验。第一台自动翻译机的创造者曾预测，机器翻译将在几年内得以解决，然而至今仍未达到完美。

早期的自然语言处理系统依赖人工编写的规则列表，由计算机将这些规则应用于接收到的数据。20 世纪 60 年代创建的 ELIZA 聊天机器人可以通过遵循规则，以非定向心理治疗师的身份，与人类进行看似可信的对话。ELIZA 成功地证明了人与计算机之间可以进行自然语言对话。人与 ELIZA 的典型对话如图 2-6 所示。

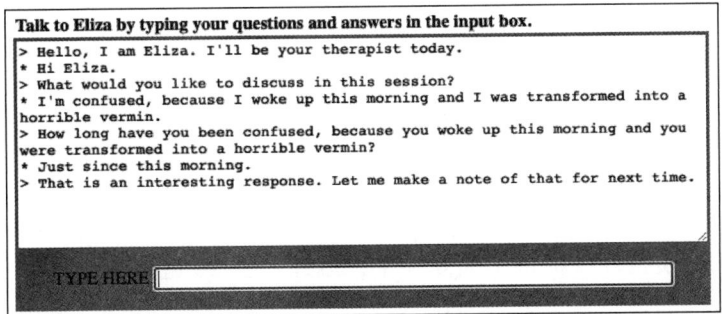

图 2-6　早期的 ELIZA 聊天机器人

通过在输入框中输入提问和回答的方式与 ELIZA 聊天。
>你好，我是 ELIZA。今天我是你的心理医生。
＊你好，伊丽莎
>今天你想和我聊什么内容？
＊我很困惑，因为今天早上醒来，我变成了一只可怕的害虫。
>因为你今天早上醒来，你变成了一只可怕的害虫，你对此困惑了多久？
＊从今天早上开始。
>这个回答很有意思，我记下来了，咱们下次再聊。

20 世纪 80 年代末以来，机器学习算法和计算能力的提高推动了自然语言处理的进步和发展。

20 世纪 90 年代，理查德·华莱士（Richard Wallace）创建了 ALICE 聊天机器人，与 ELIZA 类似，ALICE 也使用模式匹配规则，但是 ALICE 聊天机器人的操作员可以添加规则，使其适用于客户服务，比如回答有关公司产品的问题。以下是一组人与 ALICE 的对话，如图 2-7 所示。

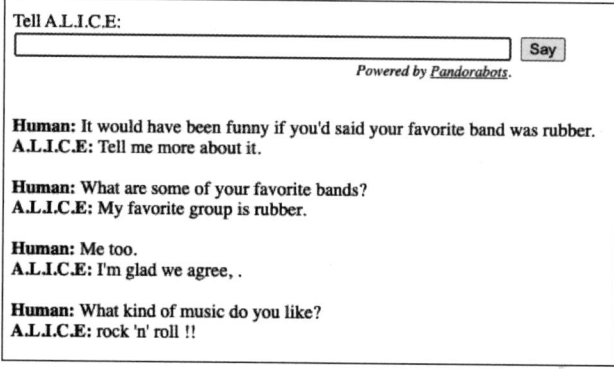

图 2-7 ALICE 聊天机器人

用户：如果你说你最喜欢的乐队是橡胶乐队，那我们可以好好聊聊。
ALICE：好啊。
用户：你最喜欢的乐队有哪些？
ALICE：我最喜欢的乐队是橡胶乐队。
用户：我也是。
ALICE：我很高兴我们意见一致。
用户：你喜欢什么样的音乐？
ALICE：摇滚乐！！

互联网的增长为模型训练提供了大量文本，因此，在 20 世纪末 21 世纪初出现了依赖于大型数据集统计分析的自然语言处理新技术。

机器学习模型使得自然语言处理系统无须手动编写规则即可进行训练。随着神经网络和机器学习进一步发展，苹果在 2010 年推出 Siri，亚马逊推出 Alexa 虚拟助手，自然语言处理取得显著进步，进而出现 ChatGPT 等工具。

自然语言处理的困境

过去，NLP 系统的创建者专注于将人类语言分解成规则。他们认为，如果可以为计算机提供某种自然语言的词典和语法书，计算机就会掌握这种语言。针对编程语言，以上想法确实正确。只要程序员了解编程语言的规则和关键字，就可以编写语句。但是人类语言却并非如此简单。针对有些内容，即使计算机得到了字典和语法也无法理解，比如：

- 方言
- 口音
- 讽刺
- 隐喻
- 幽默
- 语法和用法例外
- 同音词

奢望一堆芯片和电线能够理解我们所说的每一句话，这实在令人难以置信。直到现在，很多人还是认为计算机只能理解人类语言中非常有限的部分，与 AI 编程助手聊天注定会令人沮丧和失望。

如何走出困境？NLP 领域最大的突破就是研究人员决定抛弃规则，尝试以大人教小孩说话的方式教计算机说话：将他们彻底暴露于语言环境中，让他们自己弄清楚。

监督学习和无监督学习

监督学习依赖于标记数据（labeled data），这些数据带有数据内容的标签。例如，为了训练一个模型来识别垃圾邮件，可以创建一个包含数百万封电子邮件的数据集，每封邮件都标记为"垃圾邮件"或"非垃圾邮件"，然而，此过程可能成本高昂且相当耗时。

无监督学习是在未标记数据中寻找模式和关系。通过无监督学习，算法会对未标记的数据进行分类来寻找模式。无监督语言学习模型可以在非常大的数据集上进行训练，以创建大语言模型（LLM）。与监督学习相比，无监督学习的成本低且速度快。

语言生成技术

自然语言处理技术可以分为传统机器学习方法和深度学习方法。传统机器学习方法包括以下内容：

- **逻辑斯谛回归**是一种分类算法，根据输入预测事件发生的概率。
- **朴素贝叶斯分类器**是基于贝叶斯定理的统计分类算法集合，根据对条件的先验知识，描述事件发生的概率。朴素，是指算法假设各特征条件彼此独立。
- **决策树**的工作原理是根据不同的输入拆分数据集。例如，想知道是否会下雨，可能首先询问天气是否多云，如果是，可能会询问湿度，然后询问温度。经过几次拆分后，就可以得出预测。
- **潜在狄利克雷分配（LDA）**用于主题建模，扫描一组文档来检测模式，将最能表征该集合的词组聚集在一起。
- **隐马尔可夫模型（HMM）**根据可观察到的序列状态，推测未知序列状态。名称中的隐藏部分是指无法直接观察到的数据属性。在自然语言处理中，隐藏状态是词性，而观察到的状态是句子中的单词。

机器学习中的术语命名往往源自提出该定理的人。托马斯·贝叶斯是 18 世纪的英国统计学家、哲学家和牧师。彼得·古斯塔夫·勒琼·狄利克雷是 19 世纪的德国数学家。安德烈·马尔可夫是 19 世纪末 20 世纪初的俄罗斯数学家。

机器学习在 NLP 发展中扮演着至关重要的角色，它提供了一种让计算机从数据中学习并自动改进性能的方法。下面介绍几种深度学习 NLP 技术。

虽然传统的 NLP 方法已经很好，但当深度学习技术应用于 NLP 时，NLP 发生了很大的变化。以下是一些深度学习 NLP 技术：

- **卷积神经网络（CNN）**用于处理图像，也可以用于文档。在 NLP 中，CNN 将文档视为由句子（而不是由像素）组成的图像。
- **循环神经网络（RNN）**更擅长处理序列信息，通过引入状态变量，存储过去的信息和当前的输入，依此确定当前的输出。因此，可以了解句子中的每个单词如何依赖于先前的单词或前一句中的单词。

» **Transformer 模型**通过跟踪序列数据（例如句子中的单词）中的关系来学习上下文。Transformer 模型是近年来彻底改变 NLP 的重大突破。本书将在下一节中详细介绍 Transformer 工作原理。

理解 Transformer

Transformer 模型使用自注意力机制来查找输入和输出之间的依赖关系。下面首先介绍机器学习中的注意力和自注意力。

注意力机制

Transformer 模型使用的数学方法称为注意力机制，目标是让模型在生成输出时关注点聚焦于输入数据中最重要的部分。人类阅读时会自然而然地关注重要信息，比如阅读一个句子或者看一张图片时，我们可以很容易地抓住其中重要部分。

当注意力机制首次流行时，人们将其与循环神经网络（RNN）相结合。但是 RNN 模型必须逐个考虑单词的顺序，因此在处理长序列信息时存在效率低下的问题。更糟糕的是，RNN 倾向于关注最近的单词和句子的结尾。这些都限制了 RNN 处理复杂语言任务的能力。

每次只关注一个单词的缺点在于有可能错失重要的上下文。示例如下：

The player swung his bat, and he ran to first base.（球员挥动球棒，然后跑向一垒。）

熟悉棒球的人都知道，在此上下文中，bat 指球棒，he 指球员。然而，如果每次只关注一个单词，语言模型就无法建立上述指代关系。

以上就是自注意力机制的由来。自注意力机制允许模型从输入序列本身学习有关输入序列的信息。针对以上示例，Transformer 模型可以找到单词 player 和 bat 之间，player 和 he 之间的关系。单词 he 与其他单词之间联系的可视化呈现如图 2-8 所示，线条颜色越深，表示联系越强。

图 2-8 中的可视化呈现由 BertViz 工具创建。读者可以访问 https://github.com/jessevig/bertviz，了解 BertViz 工作原理并亲自尝试。

技术细节

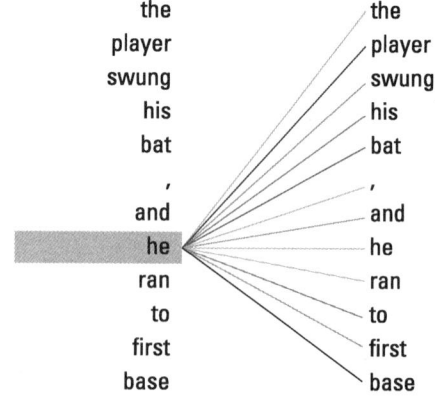

图 2-8 自注意力机制的可视化呈现

自注意力机制的概念最早出现在 2017 年发表的论文"Attention Is All You Need"中，作为改进大语言模型的解决方案，它推动了 Transformer 模型的巨大发展。

获取标记

语言模型只能理解数字，而不能像人类一样阅读或理解单词。因此，当您向 NLP 系统提问时，您的输入必须首先转换成数字序列，该数字序列被称为标记（token），类似于图像中的像素。

标记由模型的输入层读取，然后通过隐藏层处理，从而对用户提示做出预测和输出响应。

隐藏层介于输入层和输出层之间，用于处理数据并学习数据特征。

将文本转换为标记的方式不止一种，比较常见的方式是单词分词法（word tokenization），就是为文本中的每个单词创建一个标记。与此不同，Transformer 模型采用了子词分词法，就是将单词拆分为更小的子词，比如 token 和 ize，使用较小的分词单位可以提高模型的性能。

若读者想了解 OpenAI 如何将文本转换为标记，请访问 OpenAI 的 Tokenizer，网址为 https://platform.openai.com/tokenizer。当我输入一句提示：Transformer models use sub-word tokenization（Transformer 模型使用子词分词法），就会生成以下标记列表，如图 2-9 所示。

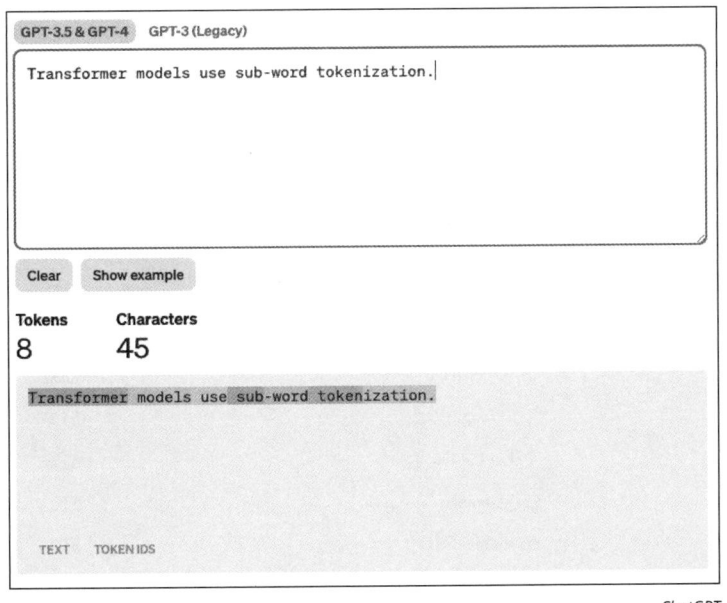

ChatGPT

图 2-9 对提示词进行标记

文本经过标记后，会编码为标记 ID。图 2-9 中的文本所创建的标记 ID 如图 2-10 所示。

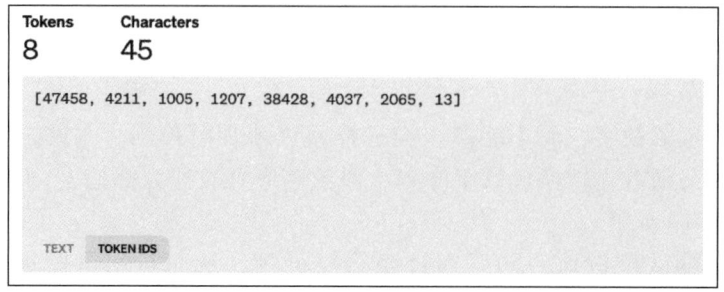

ChatGPT

图 2-10　标记以 ID 形式呈现

 标记 ID 以数字序列（称为数值向量）的形式输入到神经网络中。

关于输入转化为标记的方式，大家有必要了解一下。因为通过 OpenAI 的 API 使用模型，其服务费用收取的依据就是用户输入的标记数目与模型响应的标记数目相加之和。

此外，您使用的 NLP 系统可能存在标记数量的限制，标记限制既包括输入又包括输出，也就是您在一次对话中提交给模型的内容和模型输出的内容之和不能超过模型规定的标记数量限制。比如 ChatGTP 3.5 的标记数量限制是 4096，ChatGPT 4 的标记数量限制是 8192。如果您输入内容过长，可能会超出限制。

对模型实施标记数量限制与内存大小以及计算效率有关，限制的目的在于防止耗尽内存、缩短模型的响应时间、减少训练和部署模型所需的计算量。

表 2-1 列出了部分模型的标准版标记数量限制，有些模型还提供（限额提高的）扩展版。

表 2-1　标记数量限制

模　　型	创　建　者	标记数量限制
GPT-2	OpenAI	1024
GPT-3	OpenAI	2048
GPT-4	OpenAI	8000
BERT（base）	Google	512
RoBERTa（base）	Facebook	512
T5（base）	Google	512
XLNet（base）	Google/CMU	512
Electra（base）	Google	512
DistilBERT	Hugging Face	512

AI 的伦理考量

AI 在改善人们的生活方面拥有巨大潜力，同时也可能造成伤害。有关 AI 开发和使用的法律仍在酝酿和起草中。一些公司和组织正在制定一些指导方针，应对 AI 的负面影响。

无论是 AI 模型开发人员还是用户，都应秉持责任感使用 AI。谷歌针对开发人员提出《负责任的 AI 实践》（Responsible AI Practices），访问以下链接可获取该文档：https://ai.google/responsibility/responsible-ai-practices。以上最佳实践主要包括以下四个方面：公平性、可解释性、隐私性、安全性。

公平性：由于计算机程序能够比人类获取更多的信息，因此用于决策或生成内容的 AI 系统可能比基于人类判断的决策工具更加公平和包容。然而，由于 AI 模型是基于人类创建的数据进行训练，因此有时会放大训练数据的偏差。此外，"公平"本身是无法明确界定的，因此让 AI 模型在各种语言、各种文化、各种情况下都做到公平，其实是一项非常困难甚至不可能完成的任务。公平最佳实践其实是鼓励那些与 AI 合作的人不断改进，追求"更加公平"。

可解释性：是指我们可以质疑、理解和信任 AI 系统的程度。人类做出的决定通常基于自己笼统的经验、直觉和逻辑，但是很难确切地说出究竟是哪些因素影响了最终决定。与人类不同，AI 理论上能够列出影响其预测的所有依据。由于生成式 AI 模型的预测依据可能是数十亿个参数，因此调试和理解 AI 模型所做的决策根本不可行。可解释性最佳实践其实是对 AI 系统的可解释性提出要求并给出具体建议。

隐私性：我们提供给 AI 模型的训练数据和提示内容可能很敏感。比如，涉及个人身份数据、医疗数据、私人财务信息、未经许可拍摄的人物照片。即使法律无明文要求，AI 开发人员以及使用者也有责任保护数据隐私，并为用户提供控制数据的能力。隐私最佳实践包括负责任地收集和处理训练数据、适当地在本地（而不是在服务器上）处理数据、考虑模型的构建和访问是否影响隐私。

安全性：无论恶意人士向 AI 系统发出什么提示或输入，都要确保 AI 系统能够按照预期运行。比如，针对仇恨性言论和生成可能对人有害的内容，ChatGPT 会主动限制。也有一些反对限制的人，他们试图寻找新方法让 GenAI 系统能够产生受限输出。安全最佳实践要求开发人员必须在安全性限制与处理异常输入并生成有用响应的灵活性之间取得平衡。

生成式 AI 模型

生成式 AI 模型是一种基于内容（例如图像或文本）进行训练的模型，可以利用内容进行预测，生成新内容。OpenAI 的 GPT-3 是 ChatGPT 第一个公开版本的模型，是用于自然语言处理的生成模型。通过学习人类对话和写作的知识，可以针对输入，准确地预测并生成后续单词或句子。

例如，向 GPT-3 提供单词"花生酱"，它很可能会预测下一个单词是"果酱三明治"。虽然 GPT-3 没有吃过也没有做过花生酱和果酱三明治，但是它分析了大量文本，发现紧随着"花生酱"高频出现的搭配就是"果酱三明治"。

与前文的热狗照片分类器一样,生成式 AI 模型的好坏取决于其训练数据。GPT-3 经过 45 TB 以上的文本数据训练,因此能力惊人,在响应输入时会考虑上下文。

得益于更多、更高质量的训练数据,生成式 AI 模型一直在稳步优化。表 2-2 比较了当前几款生成式模型的规模。

如本章前文所述,参数是指模型从训练中学习到的值,是用于做出预测或决策的内部变量。

表 2-2 生成式 AI 模型的参数

模型名称	开发者	参数
Gato	DeepMind	1.18×10^9
ESMFold	Meta AI	15×10^9
LaMDA	Google	137×10^9
GPT-3	OpenAI	175×10^9
Bloom	Hugging Face 与 BigScience	176×10^9
MT-NLG	Nvidia 与 Microsoft	530×10^9
WuDao 2.0	北京人工智能学院	1.75×10^{12}
GPT-4	OpenAI	1.76×10^{12}

认识 AI 的局限

尽管 Transformer 模型的能力惊人,但这些模型只知道如何在顺序数据(如句子、语句或函数)中寻找规律,并不知道如何编写代码。由于训练数据足够多,因此模型非常擅长寻找规律和做出预测,但是它确实有局限,因此永远不能完全相信聊天机器人(或任何人工智能系统)的输出。

语言模型不擅长数学

AI 聊天机器人是经过对话训练的语言模型。如果要求语言模型回答一个基本的数学问题,它通常会自信地给出答案。然而,我使用计算器检查一下,往往会惊讶地发现 AI 给出的答案是错的。目前,生成模型只能根据它们之前见过的内容进行预测,对于一道它们从未见过的数学题(无论多么简单),它们只会根据训练数据中类似数学题的答案做出响应,而不会像计算器那样真正进行计算。

例如,我在规划本书大纲时与 ChatGPT 进行的对话,如图 2-11 所示。

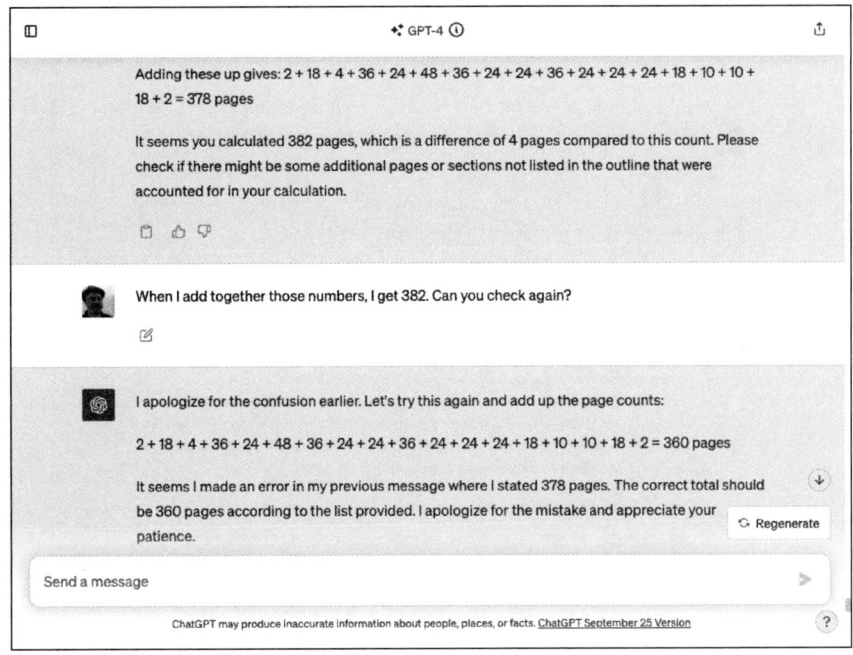

图 2-11　GPT-4 答错了一道加法题

> AI生成

将以上相加，得到：2+18+4+36+24+48+36+24+24+36+24-24+24+18+10+10+18 +2＝378 页

你计算得出 382 页，与以上计算结果相比有 4 页的差异。请检查是否可能有一些额外的页面或章节没有列在提纲中，而你在计算中将其考虑在内了。

> 提示词

我把这些数字加在一起，得到 382。你能再检查一遍吗？

> AI生成

我为之前混乱的生成结果表示歉意。再试一次，加总页面数量：
2+18+4+36+24+48+36+24+24+36+24+24+24+18+10+10+18+2＝360 页

看来我上次生成结果有误，我说是 378 页。根据你提供的清单，正确的总数应该是 360 页。我为这个错误道歉，感谢您的宽容。

语言模型啰唆冗长

针对有些问题，只需一个单词就能够清楚回答，可是 AI 聊天机器人却常常用几段文字来回应。即使对于一个非常简单的问题，ChatGPT 也会给出一篇书面报告一样的回答，包含引言、多角度分析问题、总结等，如图 2-12 所示。

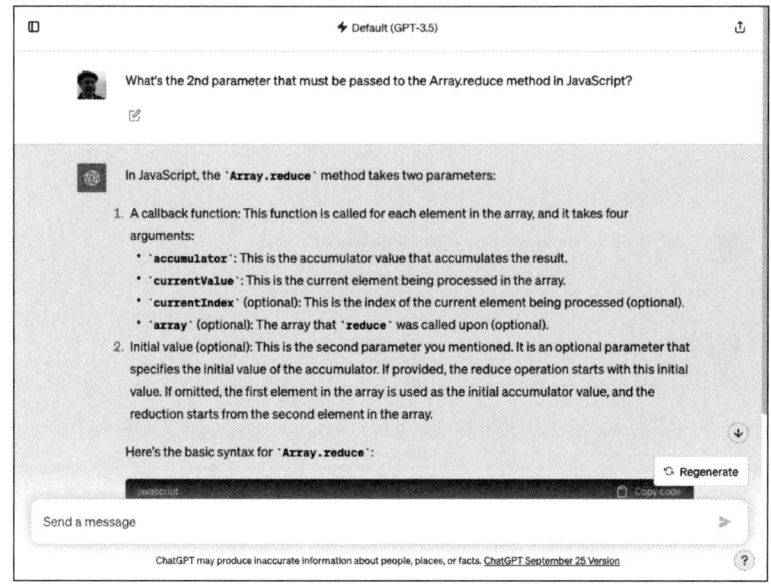

图 2-12　JavaScript 程序员使用 2 个单词回答的问题，ChatGPT 使用了 200 个单词

提示词

JavaScript 中必须传递给 Array.reduce 方法的第二个参数是什么？

AI生成

在 JavaScript 中，Array.reduce 方法接收两个参数：
1. 一个回调函数：该函数会针对数组中的每个元素被调用，它接收四个参数：
- accumulator：用于累积结果的累积器值。
- currentValue：数组中正在处理的当前元素。
- currentIndex（可选）：正在处理的当前元素的索引（可选）。
- array（可选）：调用 reduce 的数组（可选）。

2. 初始值（可选）：这就是您提到的第二个参数。它是一个可选参数，用于指定累加器的初始值。如果提供了该初始值，reduce 操作将从这个初始值开始进行。如果省略该初始值，则数组中的第一个元素将被用作初始累加器值，reduce 操作将从数组中的第二个元素开始进行。

以下是 Array.reduce 的基本语法：

AI 存在知识局限

尽管 ChatGPT 现在可以访问互联网上的数据，但是其背后的模型也是有限的，ChatGPT 并非无所不知。当被问及不太流行的编程语言或者新语法时，模型生成的答案有可能是错误的。

AI 存在常识性问题

任何机器学习模型都没有人类的经验，因此模型生成的响应可能会缺乏常识。例如，问 ChatGPT 如何游泳去月球，它会给出答案，而不会质疑这个提问本身就荒诞。作为人类，我们会首先质疑这个提问本身有问题。

AI 存在准确性问题

模型生成响应的准确性取决于许多因素，诸如训练数据、上下文、用户输入、提示语、语言的复杂性。这些因素中只有部分受用户控制。作为用户，我们要使用尽量精准的提示语，并在后续提示中不断质疑模型的输出，来帮助模型进一步提供更好的响应。

AI 存在偏见性问题

因为机器学习模型的训练文本来源于人类撰写的文本，所以它会学习到训练数据中存在的偏见和偏爱。尽管模型创建者一直在尽力消除偏见，但我们不得不承认，这只是一个理想目标，事实上是一项不可能完成的任务。

模型中的偏见可能会导致意想不到的后果和危险发生。例如，微软于 2016 年在互联网上发布了 Tay 聊天机器人。在与人交谈的一天时间之内，聊天机器人刚开始会说"人类很酷"，之后就摇身一变，公然发表种族主义和性别歧视言论。

> **本章内容：**
> - 与 Copilot 一起编程
> - 使用 Tabnine 编程
> - 与 Replit 协同工作

第 3 章

AI 编程工具

生成式 AI 不仅为程序员提供了新型工具，而且使许多传统工具能够集成 AI 功能。本章介绍三种最流行的生成式 AI 编程工具：GitHub Copilot、Tabnine、Replit，并分享我的亲身使用经验。

探索 GitHub Copilot

GitHub Copilot 是一款基于云的 AI 编程工具，由 GitHub（微软旗下）和 OpenAI（ChatGPT 及许多其他工具背后的 GPT-x 模型创建者）共同开发。Copilot 于 2021 年 6 月推出，目前已经与多个代码编辑器和 IDE 集成，包括 Visual Studio Code、Visual Studio、Neovim 和 JetBrains 的 IDE。

Copilot 背后的生成式 AI 模型为 OpenAI Codex。Codex 基于 OpenAI 的 GPT-3，并使用来自数百万个公共 GitHub 存储库以及其他可公开获取的源代码进行训练。

Copilot 最适合用于 Python、JavaScript、TypeScript、Ruby 和 Go，也接受了十几种编程语言的源代码训练，未来将适用于其他更多语言。

安装 Copilot 插件

要想使用 Copilot，首先需要安装 GitHub 插件（在 VS Code 中称为扩展）。安装插件/扩展的过程因 IDE 而异。您可以访问 https://docs.github.com/en/copilot/getting-started-with-github-copilot，找到 Copilot 支持的每个 IDE 的详细安装说明。本书第 1 章已详细介绍过如何安装和启用 VS Code 中的 Copilot 扩展。

要运行本章中的示例，请使用 VS Code 或 GitHub 的浏览器内代码编辑器 CodeSpaces

（https://github.com/codespaces）。CodeSpaces 是基于 VS Code 打造而成，因此与 VS Code 的可安装版本非常相似。

在 VS Code 中安装 Copilot 扩展时，Copilot Chat 扩展会自动安装。安装好 Copilot 之后，Copilot 状态图标将出现在 VS Code 的右下角（见图 3-1 右上部分）。如果您当前未使用有权访问 Copilot 的 GitHub 账户进行登录，则 Copilot 状态图标会显示一个感叹号（见图 3-1 右下部分）。

Microsoft Corporation

图 3-1　Copilot 处于连接和断开模式的图标

在没有 Copilot 账户的情况下可以安装该插件，但您必须拥有 GitHub 账户并个人订阅（每月 10 美元）或企业订阅（每月 19 美元）才能使用 Copilot。针对学生和教育工作者，GitHub 提供 30 天免费试用账户。

如有需要，您可以点击 VS Code 中的账户（Accounts）图标创建 GitHub 账户，然后登录 GitHub 并授予 Copilot 扩展访问权限，如图 3-2 所示。

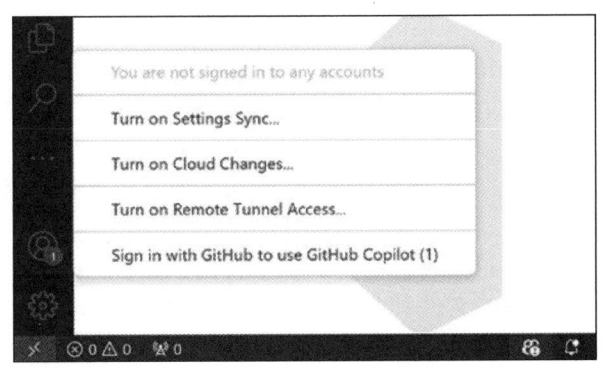

Microsoft Corporation

图 3-2　单击账户图标以授权 Copilot 访问您的 GitHub 账户

Copilot 扩展只有少数设置可以调整，比如，您可以设置 Copilot 是否主动提供建议，如果您不想被打扰，可以禁用 Copilot，请单击 Copilot 状态图标，在 VS Code 界面顶部显示的菜单中，选择 Disable Completions（禁用）。禁用完成后，菜单中会出现 Enable Completions（启用）链接。

要访问其他设置，请点击 VS Code 左侧面板中的扩展图标，然后点击该扩展旁边的齿轮图标，从出现的菜单中选择 Extension Settings（扩展设置），如图 3-3 所示。

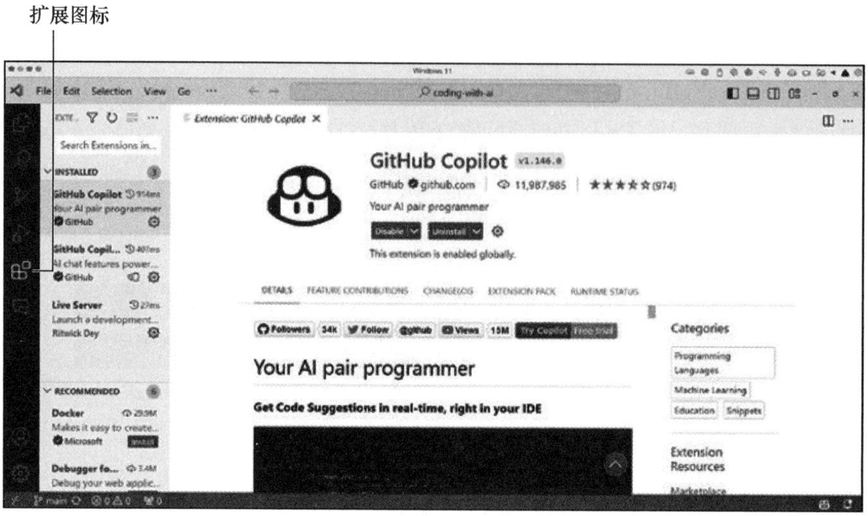

扩展图标

图 3-3　Copilot 的扩展设置界面

使用 Copilot 高效工作

安装并启用 Copilot 后，输入代码即可使用。与其他生成式 AI 工具一样，上下文至关重要。提供给 Copilot 的第一条上下文信息应该是您打算编写的代码类型，可通过使用编程语言的文件扩展名（例如 JavaScript 文件扩展名为.js、Python 文件扩展名为.py）创建一个新文件来实现。

小贴士　文件扩展名决定了 Copilot 提供的建议类型，因此请谨慎选择。

Copilot 使用当前正在处理的文件和相邻选项卡（编辑器中打开的其他文件）中的上下文生成建议。因此，如果当前项目包含与您正在启动的新项目相关的其他文件，请也打开这些文件，以便 Copilot 可以从中获取上下文信息。

为 Copilot 提供良好的上下文有助于提高其准确性。您使用 Copilot 进行一个项目的时间越长，它的准确性会越高。更好的提示和更好的上下文可以进一步提高 Copilot 建议的准确性。

技术细节　根据 GitHub 发布的研究表明，针对初用 Copilot 的开发人员，平均接受建议率为 30%，使用 Copilot 六个月后，平均建议接受率提高至 34%。本书有助于读者超越以上平均水平！

以下是从 Copilot 获得最准确建议的一些最佳实践：

- 提前明确目标
- 分解任务
- 提供示例
- 打开相关文件

下面将展示以上最佳实践的示例。

明确目标

如果创建是从零开始，即从一个空白文件或空存储库开始，那么首先需详细描述您想要创建的内容。通常做法是在文件的开头编写代码注释。

如果代码注释的表达宽泛不清，Copilot 根据这个注释生成的代码建议也会不尽人意，如下所示：

```javascript
// 一款待办事项应用程序
var todoList = {
    todos: [],
    displayTodos: function () {
        console.log('MyTodos:', this.todos);
    }
};
```

在以下示例中，我将 Copilot 当作听众，在代码注释中对应用程序进行了详细介绍：

```javascript
/*
这是一款待办事项应用程序。用户可以标记已完成任务，标记后的已完成任务将显示在未完成任务下方的单独列表中。
*/
var todoList = {
    todos: [],
    displayTodos: function () {
        console.log('MyTodos:', this.todos);
    },
    addTodo: function (todoText) {
        this.todos.push({
            todoText: todoText,
            completed: false,
        });
        this.displayTodos();
    },
    changeTodo: function (position, todoText) {
        this.todos[position].todoText = todoText;
```

```
        this.displayTodos();
    },
    deleteTodo: function (position) {
        this.todos.splice(position, 1);
        this.displayTodos();
    },
    toggleCompleted: function (position) {
        vartodo = this.todos[position];
        todo.completed = !todo.completed;
        this.displayTodos();
    },
};
```

从上面的程序可以看出，尽管我在提示的注释中添加了更多细节，Copilot 仍然没有完全做对，但是它至少考虑到了我提示中的部分要求：用户可以标记已完成任务。

分解任务

由于生成式 AI 模型的注意力跨度有限，为了提高 Copilot 的建议质量，请用户不要一次性请求大量代码，而是将请求分为一系列步骤，依次提供给 Copilot，每次只让 Copilot 生成一部分代码，然后再进行下一步骤。

例如，在以下示例中，我将待办事项应用程序分解为两部分，接受了 Copilot 对每一步的第一个建议。

```
/*
1. 创建一个名为 toDoItems 的常量,其中包含一个对象数组。每个对象都具有 todoText 属性和 completed 属性。
*/
const toDoItems = [
    {
        todoText:'item1',
        completed: false,
    },
    {
        todoText:'item2',
        completed: false,
    },
    {
        todoText:'item3',
        completed: false,
    },
];
```

```
/*
2. 创建一个函数，在浏览器中用一个 id 属性设置为"to-dos"的元素显示待办事项列表。
*/
function displayTodos() {
    const todosUl = document.querySelector('#to-dos');
    todosUl.innerHTML = '';
    toDoItems.forEach((item) => {
        const todoLi = document.createElement('li');
        todoLi.textContent = item.todoText;
        todosUl.appendChild(todoLi);
    });
}
```

以上代码更接近我的需求，我可以在此基础上进一步完善。

提供示例

如果您想让 Copilot 生成指定类型的代码，请先投喂几个同类的示例。例如，希望 Copilot 生成一个对象数组，请先告诉它对象应该是什么样子。在以下示例中，我对前一个示例中的第一步进行改进，以指定我要查找的内容。

```
/*
1. 创建一个待办事项数组,形式如下:[{todoTitle:", todoDesc:", date:", complete:false}]
*/
const toDoItems = [
    {
        todoTitle:'item1',
        todoDesc:'item1 description',
        date:'2024-07-01',
        completed: false,
    },
    {
        todoTitle:'item2',
        todoDesc:'item2 description',
        date:'2024-07-02',
        completed: false,
    },
    {
        todoTitle:'item3',
        todoDesc:'item3 description',
        date:'2024-07-03',
```

```
        completed: false,
    },
];
```

打开相关文件

由于您在编辑器中打开的其他文件会成为 Copilot 正在处理文件的上下文,所以如果正在处理的 JavaScript 文件会影响 HTML 页面或者会从其他 JavaScript 文件导入代码,请在单独的标签页中打开这些文件。

在我的待办事项应用程序示例中,JavaScript 会影响 HTML 页面的显示,因此创建 HTML 页面并在另一个标签页中打开它,可以避免干扰上下文,有利于 Copilot 生成更准确的 JavaScript 代码。

使用快捷键

在使用 Copilot 时,快捷键 Tab 可以顺利接受建议。更多的快捷键如表 3-1 所示,它们可以使您的编程过程变得更加高效。

表 3-1　Copilot 快捷键

快捷键	作用
Tab	接受内联代码建议
Esc	忽略内联代码建议
Alt +]（或 Option +]）	显示下一条建议
Alt + [（或 Option + [）	显示上一条建议
Alt + \（或 Option + \）	触发建议
Ctrl + Enter	在单独的窗格中生成多条建议（最多 10 条）

其中,快捷键 Ctrl+Enter 特别有用。当 Copilot 已经给出一个建议,但您想知道它是否还能提供更好的建议时,按 Ctrl+Enter,就会在代码编辑器中打开一个新窗格,（大约一分钟后）显示最多 10 条其他建议,如图 3-4 所示。

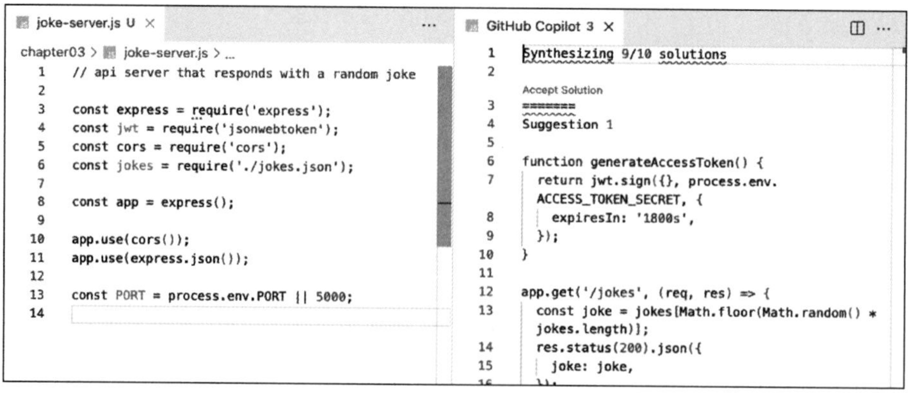

Microsoft Corporation

图 3-4　Ctrl+Enter 获得更多建议

探索 Tabnine

Tabnine 是一款人工智能编程助手应用程序，由 Tabnine 公司创建。该公司成立于 2012 年，在 2018 年发布了其编程助手第一版，Tabnine 是历史最悠久的人工智能编程工具之一。

Tabnine 共有三个版本：入门版、专业版、企业版。入门版提供基本的代码补全功能。专业版提供与 Copilot 类似的 AI 代码功能：整行代码和完整函数代码补全、自然语言到代码补全以及聊天界面。企业版允许公司将该模型本地化部署在公司防火墙内，并为公司的每个开发人员提供访问权限。

专业版通常提供 7 天免费试用（我个人获得了 14 天试用期）。本章将介绍入门版和专业版的功能特点。

Tabnine 与其他 AI 编程辅助工具之间的最大区别在于 Tabnine 是在自己的模型上运行，该模型使用具有宽松许可证的公开开源代码进行训练，保证使用 Tabnine 生成的代码不会遇到知识产权侵权相关的法律问题，这份额外的保证使 Tabnine 受到大型组织用户的欢迎。

访问 https://trust.tabnine.com/，可以查看 Tabnine 接受训练的整个存储库列表。

请特别注意违反模型训练代码许可证的风险。2022 年，一些程序员针对微软（GitHub 和 GitHub Copilot 的所有者）和 OpenAI 提起了一项集体诉讼，声称这两家公司违反了开源许可证，因为这些程序员的代码被用于训练 Copilot 使用的模型。

Tabnine 非常重视代码隐私，其隐私政策（https://tabnine.com/code-privacy）明确指出，公司绝不会存储或共享用户的任何代码。这一点对于担心 AI 编程助手可能会泄露其知识产权的企业来说至关重要。

使用 Tabnine 的企业可以创建自己的模型，该模型可以驻留在企业内部或云端运行。为了创建私有代码模型，Tabnine 使用客户的代码库训练自定义 AI 模型。拥有私有模型的客户提交查询时，该查询会被发送到 Tabnine 的公共模型和客户的私有模型，然后从生成的两个选项中选择最相关的代码建议。私有模型会根据代码和用户做出的决策持续不断地进行训练。

安装 Tabnine

Tabnine 可以作为许多主流代码编辑器的插件或扩展程序使用，比如 VS Code、Eclipse、Android Studio、WebStorm（以及所有 JetBrains 代码编辑器）、Sublime。请按照以下步骤安装 Tabnine。

1. 访问 https://www.tabnine.com，点击页面顶部的 Get Tabnine 链接。
   出现一个带有搜索框和 IDE 列表的页面，如图 3-5 所示。
2. 选择您的 IDE，按照步骤安装扩展。

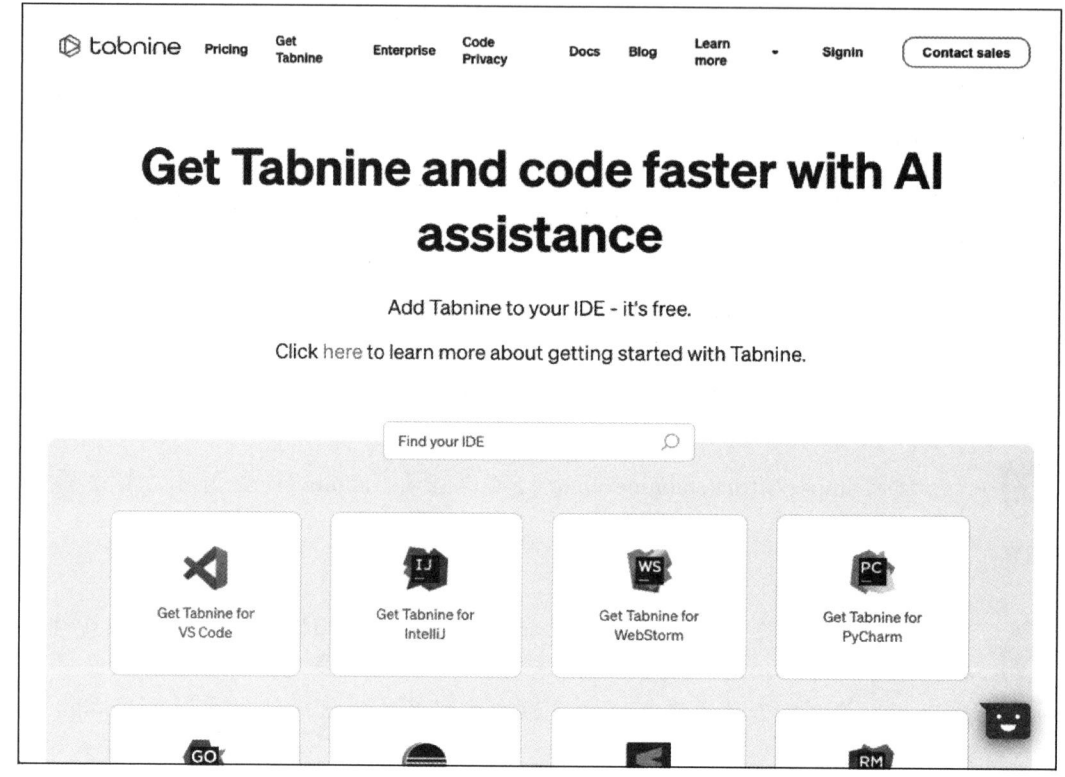

图 3-5　选择要安装 Tabnine 扩展的 IDE

在使用 Tabnine 扩展之前，请访问 https://app.tabnine.com/signup，创建一个 Tabnine 账户。安装 Tabnine 扩展后，可能需要重新启动 IDE。

设置 Tabnine

安装扩展程序并登录后，会在 IDE（比如 VS Code）底部看到一个链接，显示您订阅的具体计划（入门版、专业版、企业版）。单击此链接可打开 Tabnine Hub。

您可以在 Tabnine Hub 上进行调整设置，并了解其最新功能。如果是入门版计划，如图 3-6 所示，还会看到许多您无法访问功能的链接以及升级到付费计划的链接。不过，入门版计划的功能其实也很强大，也许已经能够满足您的长期需求，而不必付费升级。

Tabnine 提供三种模型服务模式供用户选择：本地模型、云模型、混合模型。您在这三者之间所做出的选择，将会对最终获取的响应质量产生直接影响。

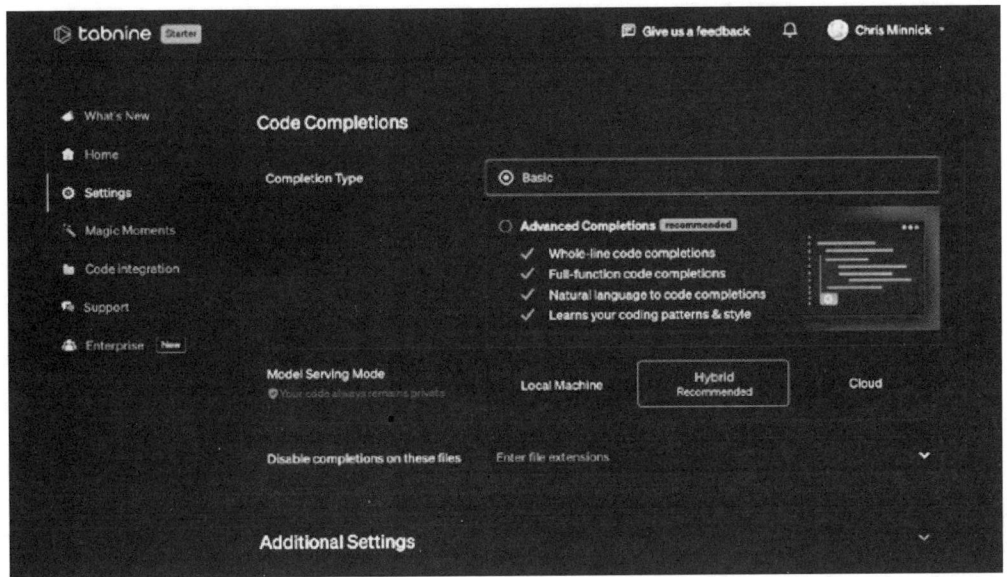

图 3-6　Tabnine Hub

- **本地模型（Local machine）**：当您选择本地模型时，Tabnine 会在本地机器上存储一个较小的模型副本，允许您离线工作，无须将任何代码发送到 Tabnine 的服务器。但是，本地模型不如云模型强大，并且会增加本地服务器的 CPU 和内存使用负担。
- **云模型（Cloud）**：云模型使用 Tabnine 的服务器，因此需要连接互联网。由于它在云端服务器上处理您的请求，因此从云模型获得响应将更准确，但耗时也会更长。
- **混合模型（Hybrid）**：混合模型是默认模式，结合了云模型和本地模型的优点。您可以在离线时获得建议，还可以利用云计算能力。

以上三种模型都不会存储用户的任何代码。云模型使用了临时处理技术，用户的代码由 Tabnine 服务器处理，计算结果返回给用户后，所有代码将被立即丢弃。

使用 Tabnine 编程

使用 Tabnine 进行编程的工作方式与 Copilot 大致相同。当您在编辑器中输入代码时，Tabnine 会给出建议，可以按 Tab 键接受建议。

为了让本地模型了解您的编程风格，可以对 Tabnine 的建议进行评议。首先，打开 Tabnine Hub，单击左侧导航中的 Magic Moments，如图 3-7 所示，Magic Moments 仅在专业版（或免费试用版）中可用。然后，在 Magic Moments 屏幕上，对每个建议进行评议：赞同或反对。Tabnine 使用该反馈让本地模型了解您的编程风格。

与其他 AI 编程助手工具一样，Tabnine 也需要上下文才能给出好的建议。以下是改进 Tabnine 建议的三个小技巧。

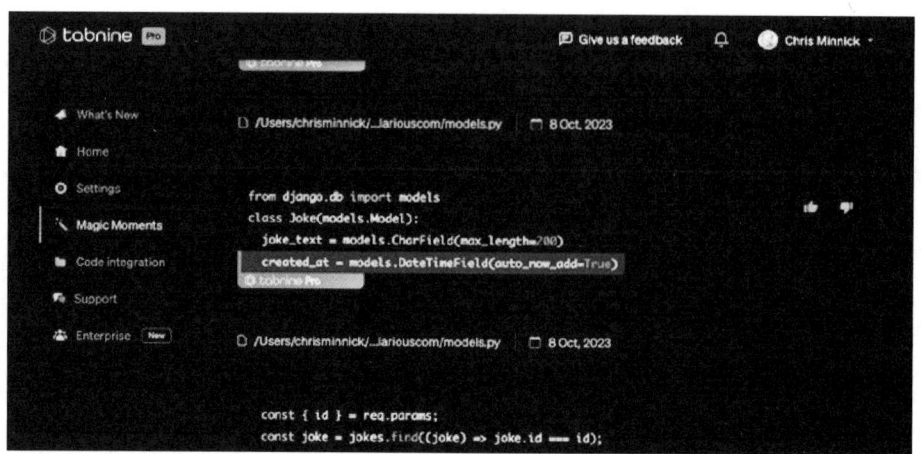

图 3-7　查看以前的 Magic Moments

- 要在代码中多写注释。
- 要指令清晰。在您着手使用 Tabnine 之际，不妨将其视作一位刚刚涉足项目的初级开发人员。切勿主观臆断 Tabnine 能够精准洞悉您那些自认为显而易见的要求。
- 要有耐心。由于 Tabnine 会从您以前的代码中学习它所看到的内容，因此模型需要一些时间才能逐渐了解您的编程偏好。

探索 Replit

　　Replit 是一款基于浏览器的 IDE，并具有 AI 辅助功能、协作功能和庞大而活跃的开发者社区。Replit 支持所有主流编程语言和框架。因为它是一个浏览器内的环境，因此使用时不需要任何设置，只需创建一个免费账户即可。

　　使用 Replit 创建程序后，您可以使用它来部署程序。如果您不喜欢在线编程，而喜欢离线不受 Replit 网站干扰的工作环境，请下载并安装 Replit 桌面或移动应用程序。

　　首次使用 Replit，请先访问 https://replit.com，使用您的电子邮件地址、Google 账户或 GitHub 账户创建一个 Replit 账户，主页如图 3-8 所示。

　　虽然 Replit.com 的核心功能是 IDE，但是该网站也提供一些视频教程和交互式编程课程，供用户学习。

　　Replit 不仅是开发工具，而且是交易平台。Replit 推出了 Bounties（赏金猎人），用户可以在上面进行服务买卖，如图 3-9 所示。一方面，个人和公司都可以在平台上发布编程工作，另一方面，程序员也可以在平台上宣传他们的服务以及发布每项服务的价格。

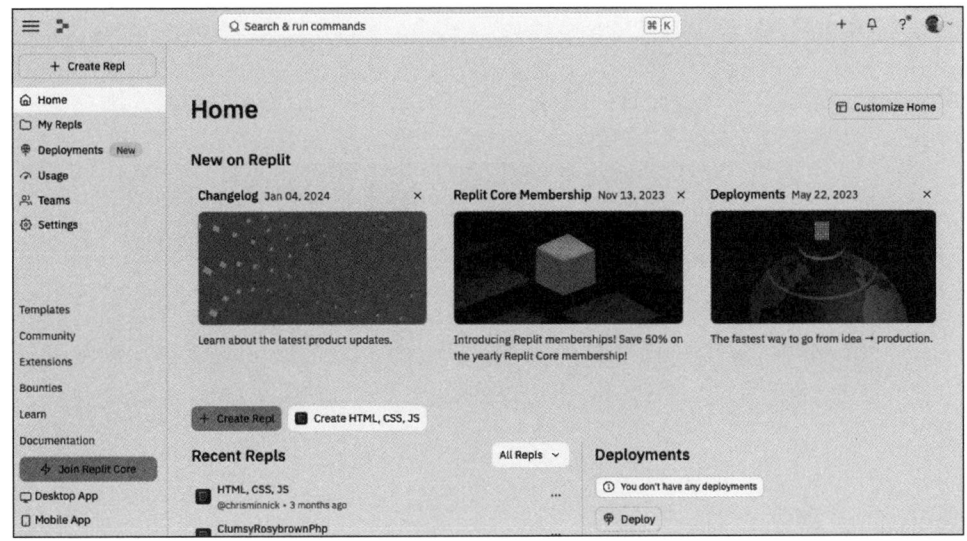

Replit, Inc.

图 3-8 Replit 主页

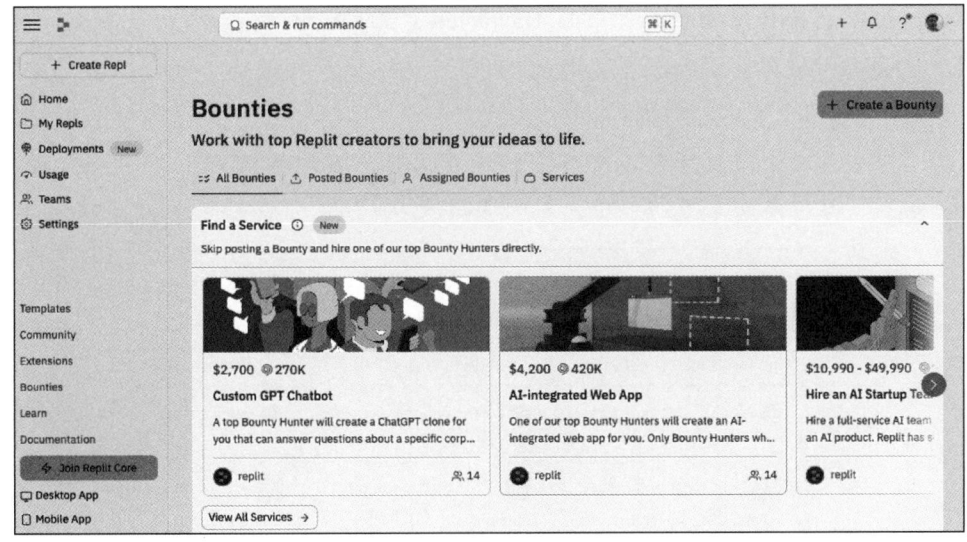

Replit, Inc.

图 3-9 程序员在 Replit Bounties 上给自己做广告，寻找明码标价的服务机会

在 Replit 中创建一个项目，最简便的方式就是使用预设模板。请点击左侧导航栏中的 Templates（模板）链接，如图 3-10 所示，搜索或浏览，找到自己满意的模板。

如果您想自己创建一个项目，完全不使用模板，请单击主页或左侧导航栏上的 Create Repl（创建）按钮。

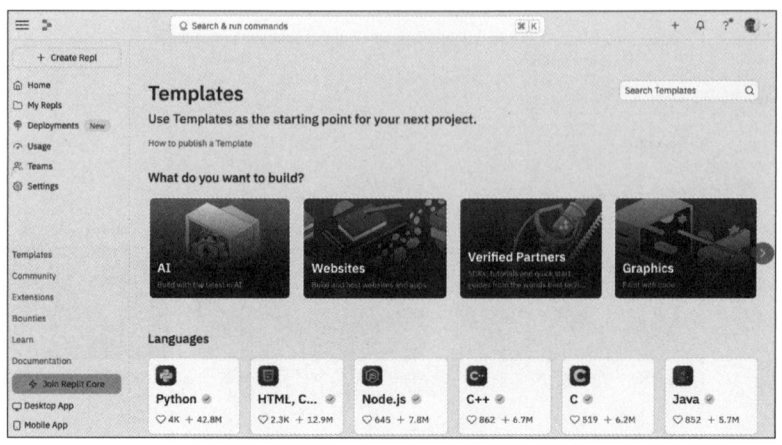

图 3-10　使用模板，轻松上手

使用 Replit 创建网站

接下来，我开始尝试 Replit 及其 AI 功能。请按照以下步骤，用 HTML、CSS 和 JavaScript 构建网站。

1. 登录 Replit 后，单击左侧导航栏中的 Templates（模板）链接。

2. 单击 Websites（网站）链接，然后找到 HTML、CSS、JS 模板。
您也可以使用搜索栏找到模板。

小贴士　当您搜索模板并发现有多个模板可用时，可以根据右下角的爱心数和运行次数，选择最受欢迎的一个，如图 3-11 所示。

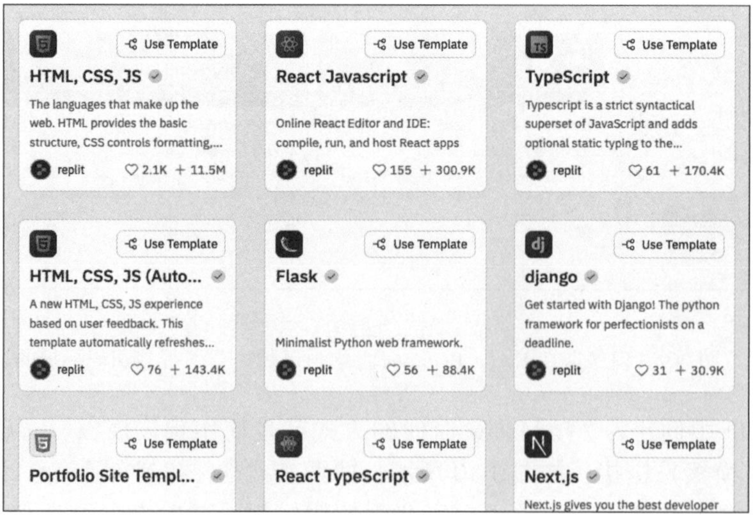

图 3-11　模板的受欢迎程度通常可以表明其质量和实用性

3. 在 HTML、CSS、JS 模板的框中单击一下，但先不要单击 Use Template（使用模板）选项。打开模板，如图 3-12 所示。

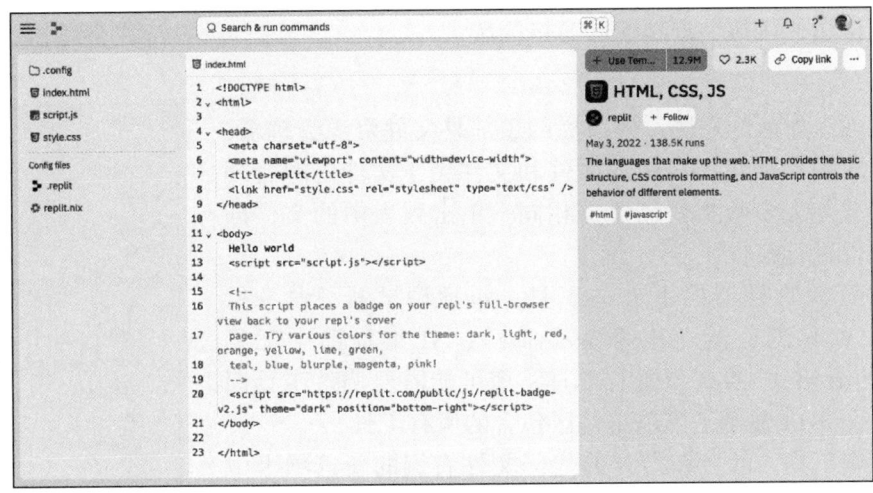

Replit, Inc.

图 3-12　查看有关模板的更多信息

4. 通读模板的描述，然后单击左侧面板中的每个文件（index.html、script.js 和 style.css）以查看它们的作用。

   HTML、CSS、JS 模板只会显示文本：Hello World。

5. 单击 Use Template（使用模板），在出现的弹出框中为您的网站命名并输入相关描述。

6. 仍在该弹出窗口中，再次单击 Use Template（使用模板）。

   模板在 Replit 工作区中打开，如图 3-13 所示。

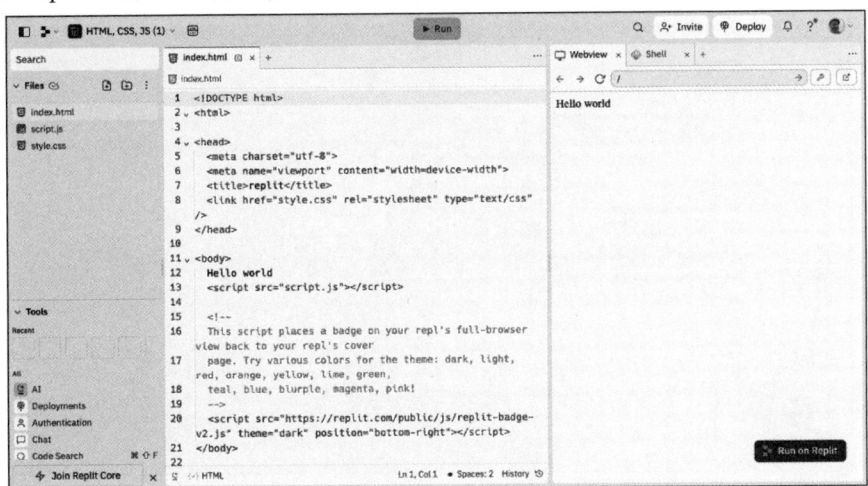

Replit, Inc.

图 3-13　您在 Replit 工作区中的模板副本

探索 Replit 工作区

Replit 工作区是一个基于浏览器的 IDE，具有软件创建、调试、协作功能。工作区分为两个区域：侧边栏区域、选项卡和窗格区域。

侧边栏

侧边栏在工作区的左侧，侧边栏的顶部是文件资源管理器，在这里可以组织和创建项目中的文件和文件夹，文件资源管理器的工作方式与大多数文件浏览器相同。单击列表中的文件即可打开该文件进行编辑。

在文件资源管理器的下方是工具，包括调试器、命令行 shell 界面、Web 浏览器（称为 Webview）、AI 编程助手工具（下一节内容介绍）。要查看所有工具，您可能需要调整工具面板的大小。图 3-14 显示了当前工作区包含的所有工具。

单击某个工具，就会在打开的代码文件右侧的新选项卡中打开该工具。

选项卡和窗格

侧边栏的右侧是窗格。每个窗格中可能会有多个已打开的选项卡。首次打开工作区时，会看到两个窗格，第一个窗格显示代码编辑器，第二个窗格包含两个选项卡：Webview 和 Shell。

Webview 工具会实时显示项目在 Web 浏览器中的预览。Shell 工具提供对 Linux 命令行的访问。

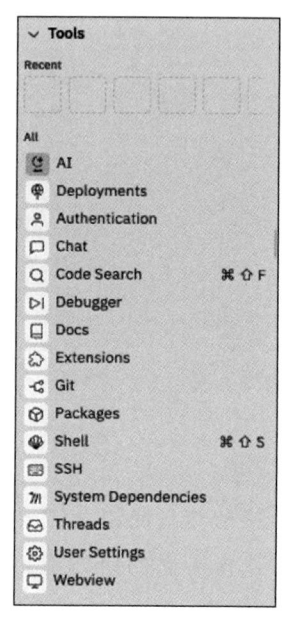

Replit, Inc.

图 3-14　查看工作区的工具面板

如果想对某选项卡或窗格的位置进行重新安排，可以单击其标题并拖动。例如，在图 3-15

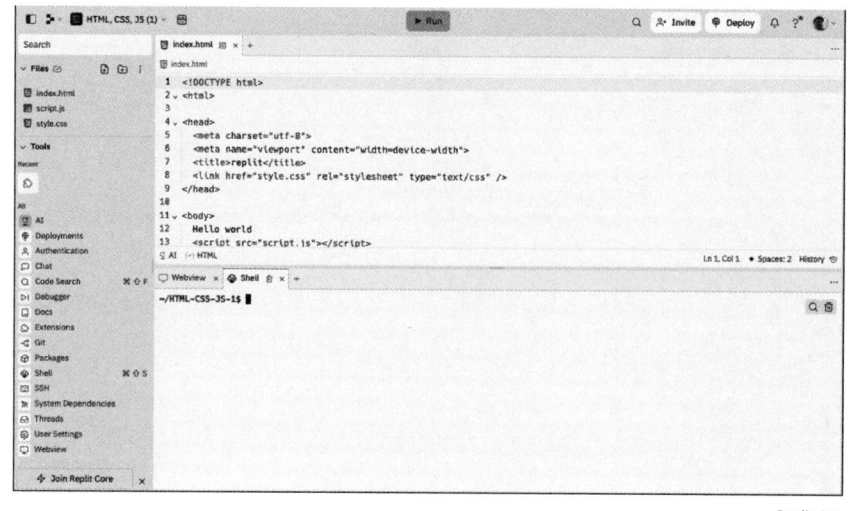

Replit, Inc.

图 3-15　重新排列窗格的位置

中，我将包含 Webview 和 Shell 选项卡的窗格移动到了浏览器窗口的底部。

与 Replit AI 结对编程

Replit 的 AI 编程助手被称为 Replit AI。打开工作区后，会在左侧的工具面板中看到 AI 图标（参见图 3-15）。单击 AI 图标，会在代码编辑器右侧打开一个新选项卡，如图 3-16 所示。

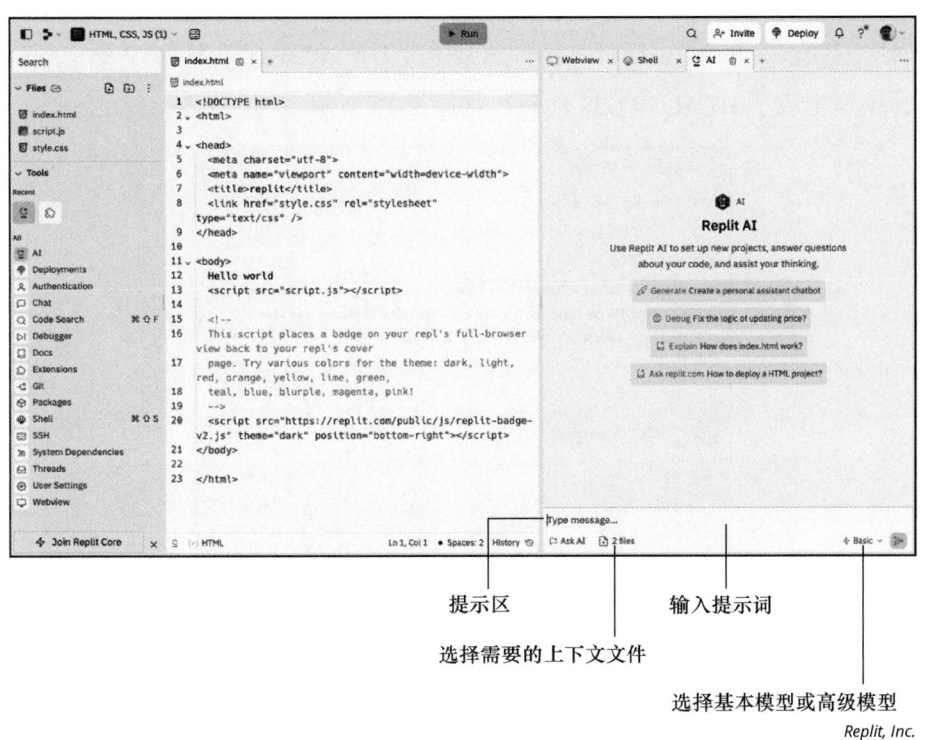

图 3-16　AI 选项卡的打开位置在右侧

Replit AI 基本模型可供所有 Replit 会员使用。付费 Replit 会员可以访问 https://replit.com/cycles 获取高级模型，该网站还可以购买 Cycles（虚拟代币）、查看 Cycles 余额。

您可以通过完成赏金任务来获得 Cycles。

Replit AI 有四类工具：生成、调试、解释和修改。此外，在您编写代码时，还能提供类似 Copilot 风格的代码补全功能。要使用生成、调试、解释工具，请在代码编辑器中单击鼠标右键。要使用修改和解释工具，请首先选中相应的代码。

您也可以通过聊天界面使用以上工具。AI 窗格底部是用于提示的文本框。我使用 Replit

为虚构的朋克摇滚乐队 Grapefruit Pulp 构建了一个网站，具体步骤如下。

1. 给 AI 以下提示词：

> Act as a professional web designer. Use HTML and CSS to design the homepage for my punk rock band, "Grapefruit Pulp." Include a placeholder for a photo of the band. The navigation for the site should have links for Tour Dates, Contact Info, and a photo gallery.
> 你作为专业网页设计师，使用 HTML 和 CSS 为朋克摇滚乐队"Grapefruit Pulp"设计一个网站主页，网页包括乐队照片的占位符，网站导航应包含巡演日期、联系信息和照片库的链接。

很快，模型生成了 HTML 和 CSS 代码，如图 3-17 所示。

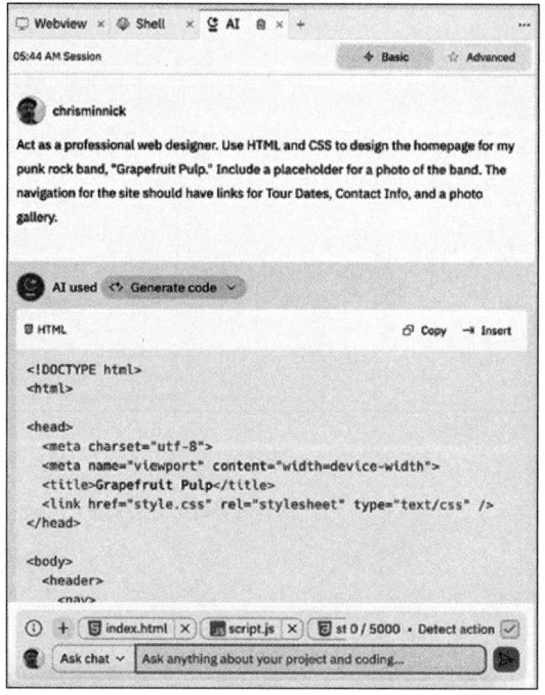

Replit, Inc.

图 3-17　Replit AI 生成的 HTML 和 CSS 代码

2. 选择 index.html 中的所有内容并删除示例模板代码。

3. 单击 HTML 响应顶部的 Insert（插入）链接，将生成的 HTML 插入到 index.html 文件中。
聊天界面无法直接与您的文件交互，因此您需要自己将满意的 AI 建议从聊天窗口复制到您的文件中（可以复制粘贴或插入链接）。

4. 打开 style.css 并删除其内容。

5. 使用 CSS 响应顶部的 Insert（插入）链接，将 CSS 插入 style.css 中。

6. 单击 IDE 顶部的 Run（运行）按钮，在 Replit 的 Web 视图中打开您的网站。
初创网站如图 3-18 所示，虽然简陋却是一个良好的开端。

Replit, Inc.

图 3-18　初创 Grapefruit Pulp 网站

　　Replit AI 有两种不同的模型：基本模型和高级模型。基本模型速度快，但是限制多。高级模型庞大、速度慢，对模糊或新奇的提示也能够做出很好的响应。仅 Replit 付费账户可以使用高级模型。

　　如果您是付费账户，可以通过切换 AI 窗口底部的 Basic/Advanced（基本/高级）选项，使用高级模式，如图 3-16 所示。或者，您也可以通过单击 AI 聊天界面顶部的 Advanced（高级）按钮，使用高级模式，如图 3-17 所示。

　　为了测评 Replit AI 高级模型在处理更困难任务时的表现，我给模型提供以下提示词：

> Use SVG and CSS to draw a grapefruit wearing a leather jacket. It should be inserted inplace of the placeholder image.
> 使用 SVG 和 CSS 绘制一个穿着皮夹克的葡萄柚，该葡萄柚应该插入到占位符图像的位置。

　　以上提示想法奇特、表达模糊，似乎突破了模型创造力的极限，但是 Replit AI 高级模型还是给出了响应，结果如图 3-19 所示，也许这是一个很棒的商标设计。

　　接下来，创建一个相册。我为模型提供以下提示词，如图 3-20 所示。

Replit, Inc.

图 3-19　Replit AI 给出的 SVG 另类葡萄柚

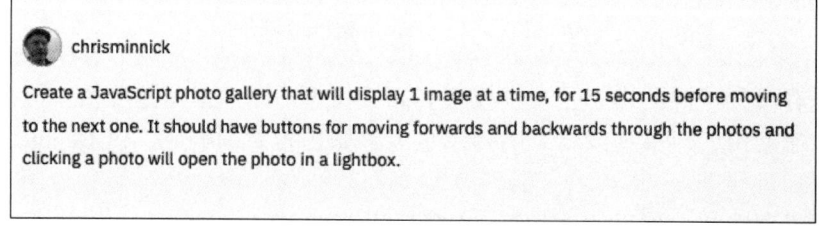

Replit, Inc.

图 3-20　提示要求创建一个 JavaScript 相册

> **提示词**
>
> 创建一个 JavaScript 相册，每次显示一张图片，持续 15 秒，然后显示下一张图片。该相册有向前和向后移动照片的按钮，单击某张照片就在灯箱中打开该照片。

我上传了一些图片，发现结果还不错，与我想象的效果接近。单击一张照片，在灯箱中打开该照片，效果如图 3-21 所示。

从本章几个示例可见，正确使用编程辅助工具可以帮助您成为更高效的程序员。下一章内容将介绍如何与 AI 聊天工具对话，以生成新想法和新代码。

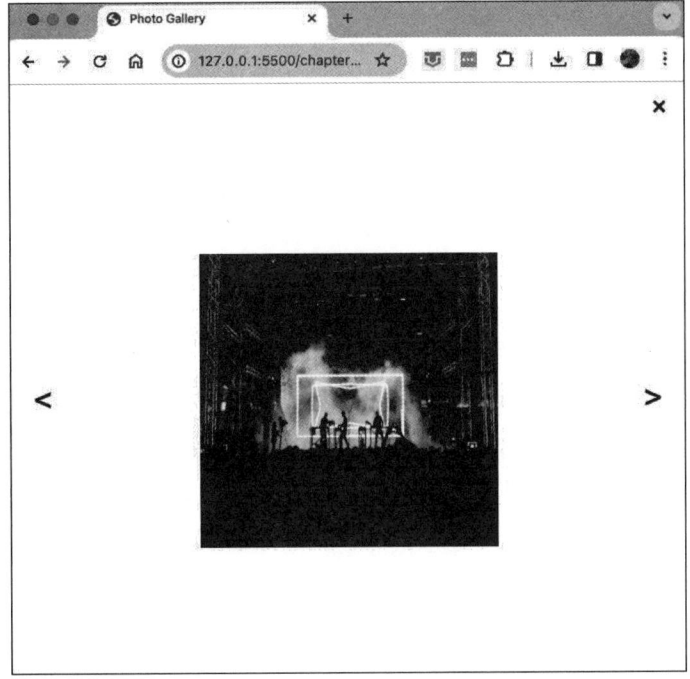

From Yannis Papanastasopoulos

图 3-21　Replit AI 生成的灯箱相册

本章内容：
- 改进提示词
- 与 Copilot 聊天
- 与 ChatGPT 聊代码
- 在 OpenAI Playground 中学习

第 4 章
与聊天机器人一起编程

　　大语言模型（LLM）赋予计算机惊人的能力来准确理解人类语言并生成人类语言。聊天机器人是 LLM 易于使用的界面，方便人类与生成式 AI 模型进行对话。通过使用聊天机器人，任何人都可以用类似于与朋友或同事聊天的方式与 LLM 交谈。（有关机器学习和 LLM 的工作原理，请参阅第 2 章。）

　　由于 AI 聊天机器人所依赖的生成式人工智能模型接受了大量文本训练，因此有时看起来聊天机器人似乎无所不知。然而，在使用聊天机器人一段时间后，您会发现事实并非如此，有时候 AI 给出的回答压根不合理或者明显错误。

　　本章将介绍如何使用几种流行的 AI 聊天机器人来生成编程代码，如何通过改进您提供给 LLM 的输入或提示词来获取更好的代码。

改进提示词

　　提示词工程（Prompt Engineering）是指设计和优化输入给 AI 模型的提示信息，以确保 LLM 生成预期输出的艺术和科学。通过学习提示词工程，您不仅会更高效地从 LLM 中获取自己想要的东西，而且还会逐步理解 LLM 擅长做什么以及不擅长做什么。

调整温度

　　大语言模型的响应结果在很大程度上会受到温度设置的影响，该设置直接决定了模型将具有多大的创造性和真实性。当温度设置较低时，模型将始终生成最具事实性的响应，生成的文本接近训练数据，但可能会过于保守和重复。当温度设置较高时，模型将更具创造性和随机性，生成的文本更加多样化，但可能会不太准确或不连贯。

在大多数语言模型中，温度设置的范围是从 0 到 1。例如 ChatGPT 的默认设置为 0.7。用户可以根据需要调节温度值。

使用 OpenAI 的模型，理论上可以将温度设置为 2.0，但是高于 1.0 的温度设置往往会导致生成一堆乱码。

为了理解温度所带来的差异，我曾做过一个试验，要求 ChatGPT 提供一份与 Python 押韵的单词列表。首先，我没有指定温度，因此 ChatGPT 使用其温度默认值 0.7，得到的响应如图 4-1 所示。ChatGPT 告诉我 Python 不是英语中的常见单词，并给出四个与 Python 有点押韵的单词，第五个单词 bison 显然与第三个重复了，大概是因为它认为四个单词不足以组成一个单词列表，但又想不出其他单词，就用重复项来凑数。

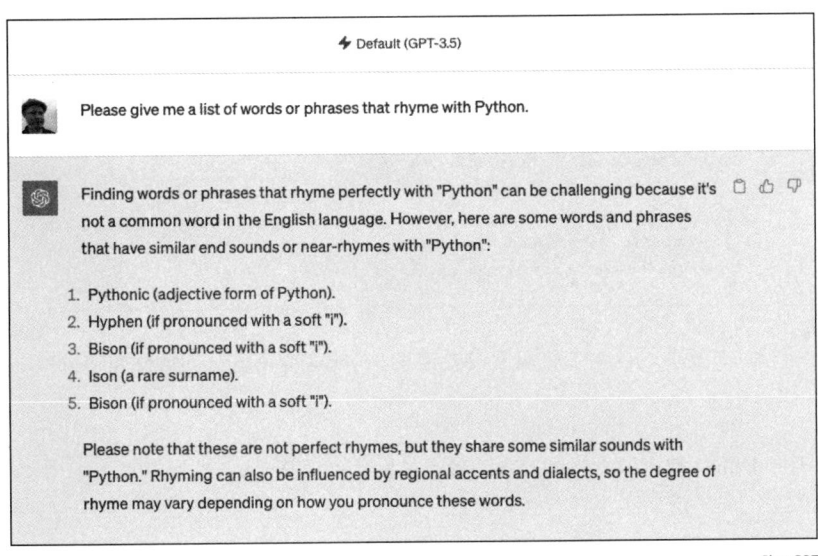

图 4-1　要求 ChatGPT 在温度默认值 0.7 下提供一个与 Python 押韵的单词列表

提示词

请给我一系列与 Python 押韵的单词或短语。

AI生成

要找到与 "Python" 完全押韵的单词或短语可能颇具难度，因为它在英语中并不是一个常用词。不过，我找到以下一些与其有相似尾音或近乎押韵的单词和短语：
1. Pythonic（Python 的形容词形式）。
2. Hyphen（如果 "i" 发弱音）。
3. Bison（如果 "i" 发弱音）。

4. Ison（罕见的姓氏）。

5. Bison（如果"i"发弱音）。

请注意，这些都不是完全押韵的词，但它们与"Python"有些相似的发音。押韵情况也会受地域口音和方言的影响，所以押韵的程度可能会因你对这些单词的发音方式不同而有所变化。

接下来，我再次向 ChatGPT 提出了同样的问题，但设置温度参数为 1.0，得到的响应如图 4-2 所示。

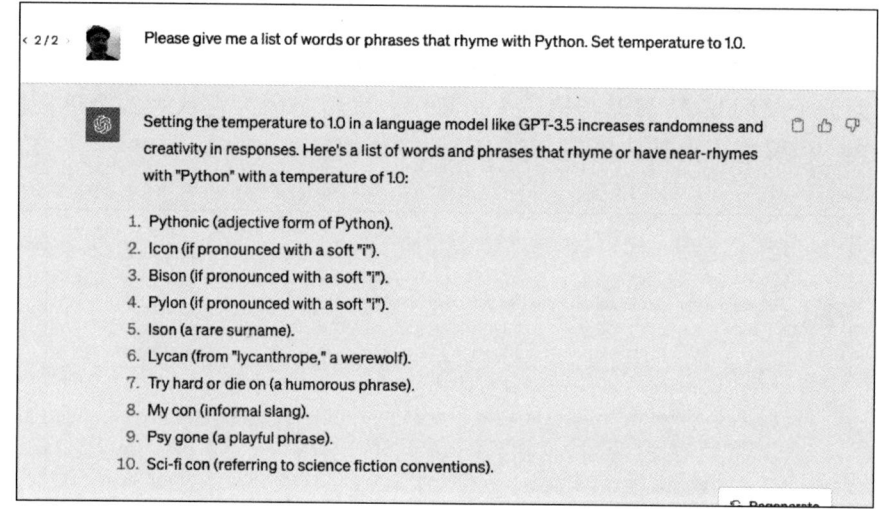

图 4-2　要求 ChatGPT 将温度设置为 1.0，响应变得更具创造性和随机性

提示词

请给我一系列与 Python 押韵的单词或短语。将温度设置为 1.0。

AI 生成

在 GPT-3.5 这样的语言模型中，将温度设置为 1.0 会增加生成的随机性和创造性。以下是温度为 1.0 时，与 Python 押韵或接近押韵的单词和短语列表：

1. Pythonic（Python 的形容词形式）。

2. Icon（如果"i"发弱音）。

3. Bison（如果"i"发弱音）。

4. Pylon（如果"y"发弱音）。

5. lson（一个罕见的姓氏）。

6. Lycan（来自"lycanthrope"，狼人）。

7. Try hard or die on（幽默的短语）。

8. My con（非正式俚语）。

9. Psy gone（俏皮的短语）。

10. Sci-fi con（科幻大会）。

这次，ChatGPT 生成了 10 个单词和短语，其中 8 个是押韵的。然后，我又要求 ChatGPT 将温度设置为 2.0，得到的响应如图 4-3 所示，它生成了 19 个词，包括我最喜欢的 Thai cuisine。

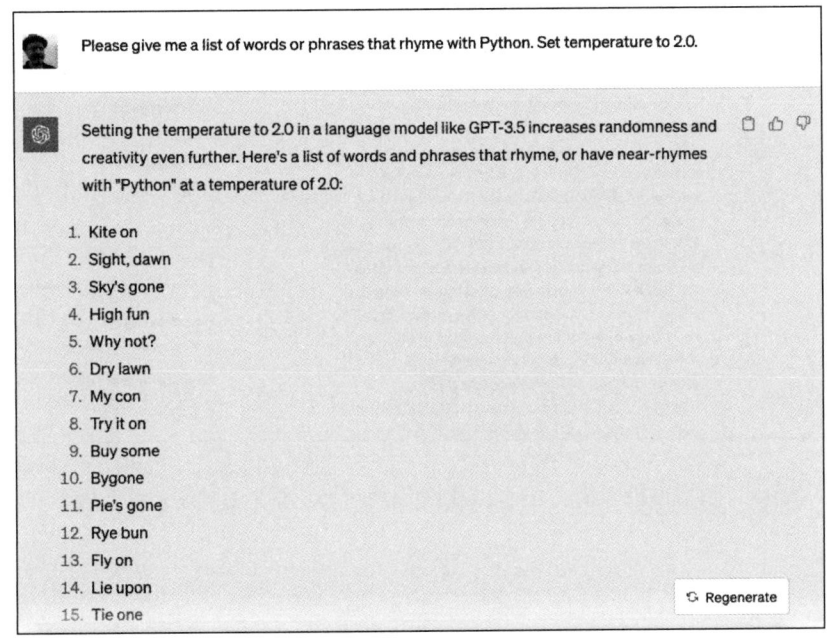

图 4-3　要求 ChatGPT 将温度设置为 2.0

> 提示词
>
> 请给我一系列与 Python 押韵的单词或短语。将温度设置为 2.0。

> AI生成
>
> 在 GPT-3.5 这样的语言模型中，将温度设置为 2.0 会进一步增加响应的随机性和创造性。以下是温度为 2.0 时，与 Python 押韵或接近押韵的单词和短语列表：
>
> | | | |
> |---|---|---|
> | 1. Kite on | 6. Dry lawn | 11. Pie's gone |
> | 2. Sight，dawn | 7. My con | 12. Rye bun |
> | 3. Sky's gone | 8. Try it on | 13. Fly on |
> | 4. High fun | 9. Buy some | 14. Lie upon |
> | 5. Why not? | 10. Bygone | 15. Tie one |

由以上试验可见，即使将温度设置为 2.0，ChatGPT 还是能够生成合理的内容，因此调整温度对 ChatGPT 输出的影响远不如对 OpenAI 模型那么大。为了做对比，我用相同提示词，将温度设置为 2.0，直接通过 API 而不是通过 ChatGPT 输出，结果如图 4-4 所示。

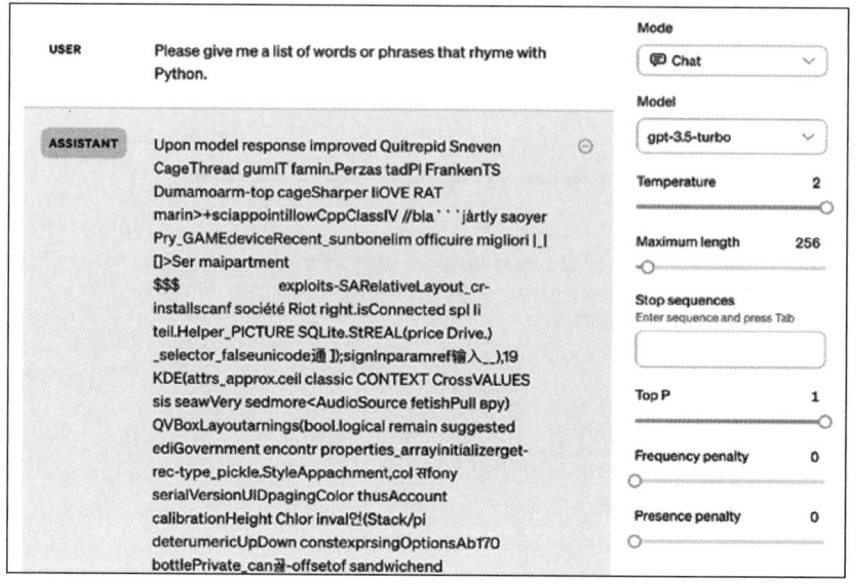

图 4-4 将温度设置为 2.0，直接通过 API（而不是通过 ChatGPT）输出

> **提示词**
>
> 请给我一系列与 Python 押韵的单词或短语。

> **AI 生成**
>
> （内容混乱）

本章将在后面介绍如何通过 API 使用 OpenAI 模型。

 有一些 AI 编程助手会允许用户将温度设置高于 2，但是，请注意，温度过高往往会导致输出一堆垃圾。

解读提示词的各元素

提示词可以很简单，比如"请补全'bread and'（面包和）"，也可以很复杂，包含多个部分。一个提示词通常包含以下所有或部分元素：

- **指令**：您希望模型执行的任务。例如，"将以下文本翻译成西班牙语"。
- **上下文**：模型在生成响应时应考虑的其他信息或文件。例如，使用 Copilot 时在相邻选项卡中打开的文件。
- **输入数据**：您希望 AI 回答或回应的问题或输入。例如，如果您的指令是将某些文本翻译成西班牙语，那么这些文本就是输入数据。
- **输出格式**：模型应提供输出的类型或格式。例如，JSON 数据、制表符分隔的数据、markdown 格式。

开放式与封闭式提示词

提示词可以是开放式的,也可以是封闭式的。

封闭式提示词要求给出具体而有针对性的回答,例如:

- 编写一个函数来验证电子邮件的地址输入。
- 检查该函数是否存在错误。
- 印第安纳波利斯最高的建筑是什么?

开放式提示词旨在生成展开式响应,例如:

- 给我的房东写一封电子邮件,告诉他如果不解决漏水问题,我就要搬走了。
- 起草一份大纲,文章主题是关于营养和学校午餐。
- 以苏斯博士的风格写一篇关于松鼠魔术师的故事。

使用不同类型的提示词

尽管您给出任何提示词,聊天机器人都会尽力提供准确的回答,我们还是希望使用不同类型的提示词,来更好地实现不同的目的。

零样本提示

在零样本提示中,用户不会为模型提供任何上下文或者特定任务的背景或示例,而是完全依赖于模型的训练,示例如下:

```
What is the capital of Maine?
缅因州的首府是哪里?
```

针对以上简单的问题或任务,许多 LLM 可以进行零样本提示。但是,如果您的请求变得越来越复杂,就需要使用其他形式的提示词。

虽然大语言模型表现出卓越的零样本能力,可以使用简单的零样本提示来处理越来越多的任务,但是零样本设置在涉及数学或复杂推理的任务时仍然表现不佳,还需使用以下介绍的其他类型提示,才能获得更满意的回答。

少样本提示

在少样本提示中,用户首先要解释正确响应的参数,并至少提供一个示例。以下是为 API 生成虚构数据的少样本提示示例。

```
Give me 20 made-up records for customers, in JSON format, with the following shape:
给我 20 条虚构的客户记录,要求 JSON 格式,形式如下:
[
    {
        "Title": "Ms.",
```

```
    "GivenName": "Geneva",
    "MiddleInitial": "W",
    "Surname": "Cole",
    "StreetAddress": "3447 Reeves Street",
    "City": "Mill Center",
    "State": "WI",
    "ZipCode": 54301,
    "Birthday": "1/5/1978"
},
```

少样本提示的一个常用技巧就是先通过问答形式给出正确答案的示例，如下例所示：

问:我开车 30 分钟,行驶了 30 英里。
　我开得有多快?
答:60 英里/小时
问:我开车 10 分钟,行驶了 5 英里。
　我开得有多快?
答:30 英里/小时
问:我开车 120 分钟,行驶了 100 英里。
　我开得有多快?
答:

该模型将采用与所给示例相同的格式做出响应，如图 4-5 所示。

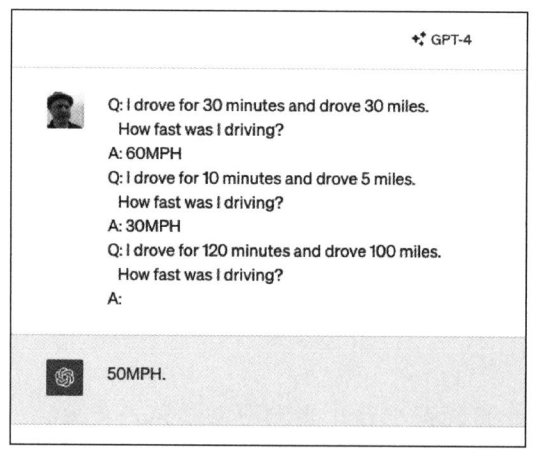

图 4-5　少样本提示给出示例并指定形式

50 英里/小时。

思维链提示

在思维链提示中，提供一系列解题思路和步骤，以提高模型执行复杂任务的能力。例如，您可以通过解释自己的推理过程来提高 AI 对上一个示例中少样本提示响应的准确性和速度。

问：我开车 30 分钟，行驶了 30 英里。
我开得有多快？
答：如果您在 30 分钟内行驶了 30 英里，那么每分钟行驶 1 英里（30 英里/30 分钟），
或 60 英里/小时
60 英里/小时 =（30 英里/30 分钟）*（60 分钟/1 小时）
问：我开车 10 分钟，行驶了 5 英里。
我开得有多快？
答：如果您在 10 分钟内行驶了 5 英里，那么每分钟行驶 0.5 英里（5 英里/10 分钟），
或 30 英里/小时
30 英里/小时 =（5 英里/10 分钟）*（60 分钟/1 小时）
问：我开车 120 分钟，行驶了 100 英里。
我开得有多快？
答：

从以上示例可见，模型会按照用户提供的思路，一步一步地解决问题。根据谷歌 2022 年的一项研究"思维链提示促进大语言模型中的启发式推理"，思维链提示可以显著提高 AI 完成算术、常识、符号等推理任务的准确度。

提升提示词水平

提示词水平的提升往往需要反复摸索实践，希望以下技巧能够帮助您改进提示词。

- **言简意赅**。不要将模型需要的所有信息都塞进一个提示词中，而应将一个复杂的提示词拆分为多个简短的提示词，在一个对话中，前面的提示词是后面提示词的基础。
- **巧用 continue（继续）**。当生成大型代码块时，此技巧特别有用。聊天界面往往会限制 AI 每次回答时的输出量，因此您可能每次只能获得函数的一部分，使用 continue 就能获得更多内容。
- **使用 Act as a（作为）或 You are a（你是）**。在上述两个短语后面加上您希望模型扮演的角色（例如，作为一名专业软件开发人员、你是一位经验丰富的数据库管理员、你是一位乐于助人的 AI 编程助手）。这种角色限定有助于模型生成更高质量的输出。
- **让模型遵循当前行业惯例**。此技巧会减少模型输出过时的技术和已经弃用的语法。
- **提供提示**。在可能的情况下，明确告诉模型应在何处提供回答以及如何提供回答。例如，当要求模型总结一篇文章时，您可以提示以下内容，让模型使用项目符号列表进行回答。

The key points of this article are: *.
本文的要点包括: *。

- **为提示词的各元素添加标签**。明确标明提示词的各部分：指令、输入数据、上下文、输出格式。例如：

> Input: text of an email.
> Instruction: Write a response to this email with a list of action items.
> Output format: Professional email with a bulleted list of next steps I'll take in response to the email.
> Context: The sender is my boss.
> 输入数据:电子邮件文本。
> 指令:写一封电子邮件的回复,列出行动项目列表。
> 输出格式:一封专业电子邮件,列出我将采取的后续行动项目列表。
> 上下文:发件人是我的领导。

» **评估输出,按需改进**。时刻牢记您才是专家,永远不要不加判断地接受模型提供的回答。

与 Copilot 聊天

Copilot 通过 Chat 扩展提供了一个直接的界面来接受提示词。安装 Copilot 时会自动安装 Chat 扩展,单击 VS Code 左侧面板中的 Chat 图标可访问 Chat。首次访问 Chat 时,您会看到使用说明,如图 4-6 所示。

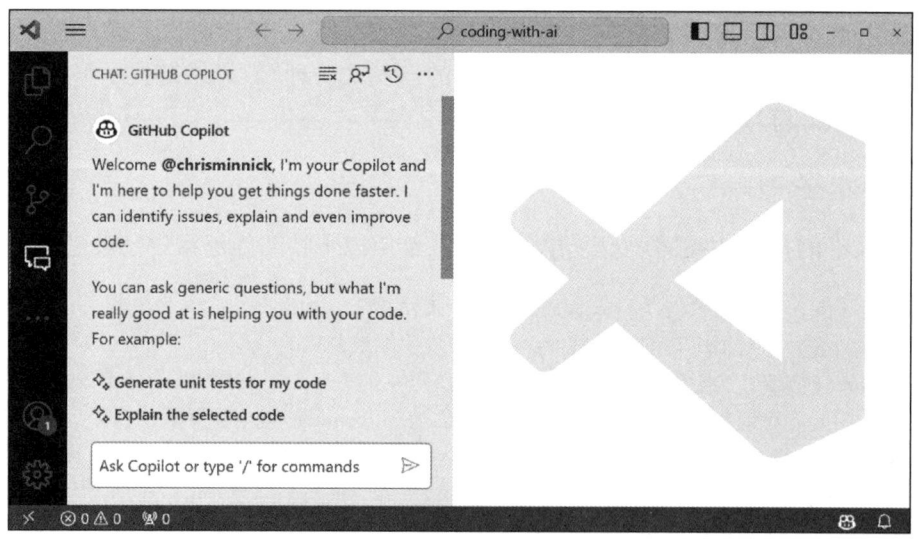

图 4-6　Copilot 的 Chat 插件

了解斜杠命令

Copilot Chat 有几个内置斜杠命令,是完成某些任务或查找某些内容的快捷方式。要查看斜杠命令列表,请在 Chat 输入文本框中输入正斜杠字符(/),如图 4-7 所示。

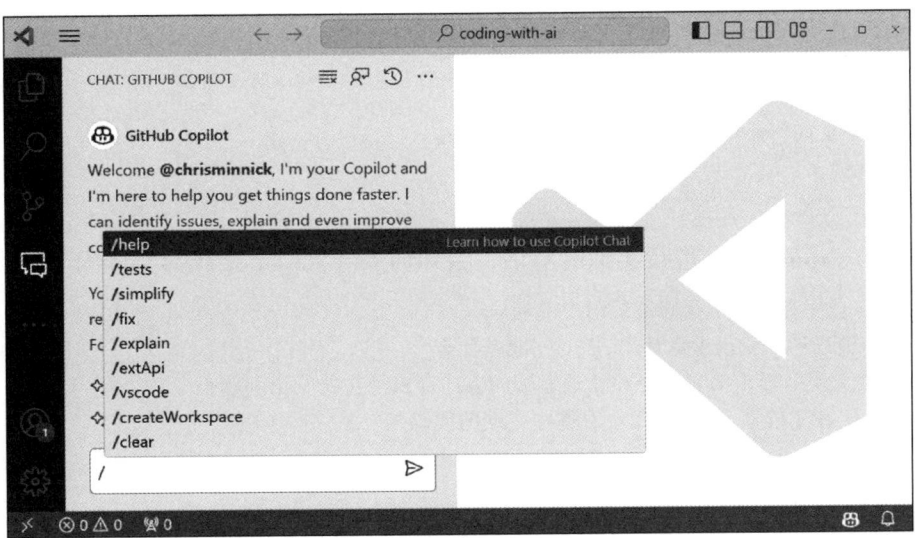

图 4-7　Copilot Chat 中的斜杠命令

要获取有关斜杠命令的更多帮助信息，请在文本框中输入/help。

了解 Copilot 智能体

智能体是 Copilot 与 VS Code 一起使用时的一个功能。智能体允许用户进一步指定和扩展 Copilot Chat 在响应时考虑的上下文。用户可以在提示词中使用@符号，后跟智能体名称来调用智能体。以下智能体可供使用。

> ❯❯ @workspace：此智能体使 Copilot Chat 在生成响应时考虑当前 VS Code 项目中的所有文件。
> ❯❯ @vscode：使用此智能体可以专门询问有关使用 VS Code 的问题。
> ❯❯ @terminal：使用此智能体可以询问 Copilot Chat 如何在 VS Code 的集成终端中执行某些操作。

其中，@workspace 智能体的功能特别强大，尤其当用户需要 Copilot 全面考虑整个项目中的多个文件，而不是仅仅考虑当前正在查看的文件时。

利用 Copilot Chat

我们将 Copilot Chat 视为人类程序员对待时，它的表现效果最佳。也许它有点啰唆，但看上去非常博学。例如，假设您需要一位知识渊博的人类同事 Linda 帮助修复代码中的错误，你们之间的互动可能如下所示。

你：嘿，Linda，你有时间帮我修复代码中的问题吗？
Linda：当然有，有什么问题吗？
你：你认为我在此服务器中编写注册和登录终端的方式是否存在潜在的安全问题？

Linda：我看看。没问题，看起来很标准。
你：你会如何进行测试？
Linda：我可能使用 Jest 和 Supertest。
你：好的，我不知道如何使用 Jest 和 Supertest。
Linda：阅读文档。
你：好的，谢谢。

如果您与 Copilot Chat 进行类似的对话，会如何展开？以下是我与 Copilot 的实际对话。

我：嘿，Copilot，你有时间帮我修复代码中的问题吗？
Copilot Chat：当然！我很乐意帮忙，你的问题是什么？
我：你认为我在此服务器中编写注册和登录终端的方式存在潜在的安全问题吗？
Copilot Chat：我不确定，你能给我看看这些终端的代码吗？

这时，我打开了代码文件。

我：代码文件在这里。
Copilot Chat：我看到您正在使用 JWT 对用户进行身份验证。这是一个好的开端。但是，我没有看到对用户输入的任何验证。您应该始终验证用户输入，以防止 SQL 注入或跨站脚本（XSS）等攻击。此外，在将密码存储在数据库之前，对其进行散列处理非常重要，以防止在发生数据泄露时泄露密码。
我：我正在验证输入，并使用 bcrypt 对密码进行了散列处理。你能再看一遍吗？
Copilot Chat：我看到您在将密码存储到数据库之前使用 bcrypt 库对其进行了散列处理，这很好。但是，我没有看到对用户输入的任何验证。您应该验证用户输入以防止 SQL 注入或跨站脚本（XSS）等攻击。可以使用诸如 express-validator 这样的库，在处理输入之前对其进行验证。

Copilot 给出的建议是对的，我确实没有验证输入。接下来，Copilot 又为我提供了下一条建议，如图 4-8 所示。

Microsoft Corporation

图 4-8　Copilot 正确识别到代码中的问题并主动提供帮助

我在实施了 Copilot 建议的解决方案之后仍然不放心，又将曾经询问同事 Linda 的问题再次发给 Copilot：

> 我：你会如何进行测试？
> Copilot Chat：为了测试验证，您可以向 /signup 终端发送一个 POST 请求，其中包含无效输入，并检查服务器是否能生成错误响应。以下是如何使用 supertest 和 jest 进行测试的示例：

从以上回答可见，Copilot 与同事 Linda 的建议基本相同，而且 Copilot 非常耐心，甚至为我编写了一个样本测试。

与 ChatGPT 聊天

ChatGPT 是 Chat Generative Pre-trained Transformer 的缩略形式，该聊天机器人由 OpenAI 开发，是 OpenAI GPT 模型的用户友好型前端。自 2022 年 11 月 30 日发布以来，ChatGPT 迅速成为历史上增长最快的消费类软件应用程序。ChatGPT 与用户进行对话，能够在考虑上下文和先前提示词的情况下，生成非常人性化的响应。

与 GitHub Copilot 不同，ChatGPT 没有经过专门的训练来理解或生成代码，它更加擅长对话。当然，ChatGPT 使用的巨大模型也包含编程代码，因此根据用户在 ChatGPT 中使用的模型，它至少可以像 Copilot 一样处理与编程相关的提示词。

ChatGPT（目前）是基于 GPT-3.5 和 GPT-4 的架构。这些模型已通过 OpenAI 的"人类反馈强化学习（RLHF）"调整，人类训练师对模型的响应进行排名，并创建奖励模型，使之在使用安全系统避免生成有害内容的前提下，能够与人类进行对话。

由于 ChatGPT 针对对话进行过微调，因此可以完成更多创造性任务，不仅仅限于几行代码。例如，我曾使用 ChatGPT 为正在开发的应用程序生成示例数据，还用它来拓展思路为应用程序添加新功能。

注册和设置

请访问 https://chat.openai.com，注册 ChatGPT 账户。单击 Sign Up（注册）链接，进入注册界面，如图 4-9 所示。

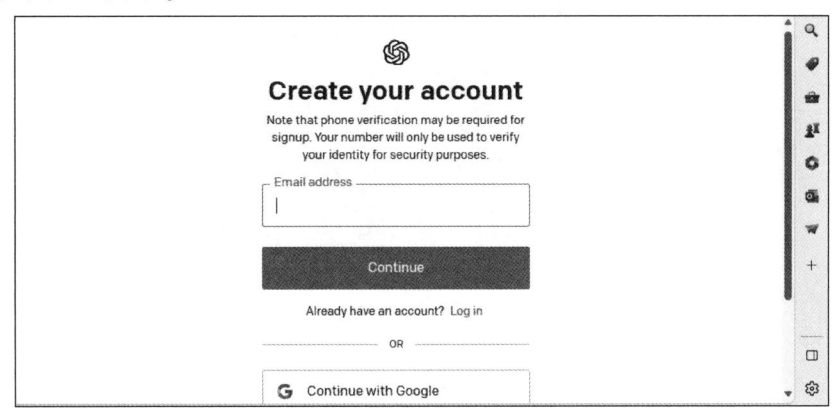

ChatGPT

图 4-9　注册 ChatGPT 账户

完成注册和电话号码验证过程后，您将看到 ChatGPT 用户界面，如图 4-10 所示。

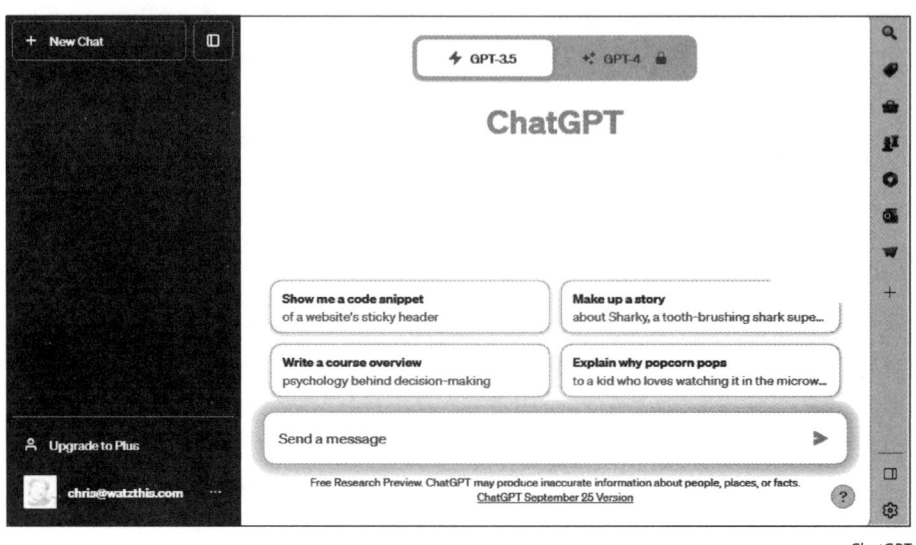

ChatGPT

图 4-10　ChatGPT 用户界面

免费账户可以访问比较旧的语言模型，即当前的 GPT-3.5 模型。不过，您也不必急着注册付费账户，因为旧模型比新模型速度更快，并且完全可以满足我的需求。

自定义说明

拥有 ChatGPT 账户后，首先需要向 ChatGPT 提供一些关于您自己的信息，以及您希望模型以何种方式做出响应。请单击 ChatGPT 界面左下角您的名字，选择 Custom Instructions（自定义说明），如图 4-11 所示。

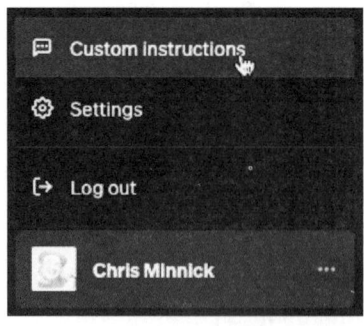

ChatGPT

图 4-11　打开自定义说明窗口

在图 4-12 所示的自定义说明窗口中，您可以提供最多 1500 个字符的信息来介绍自己，以及最多 1500 个字符来描述您希望 ChatGPT 以何种方式来回答您的问题。

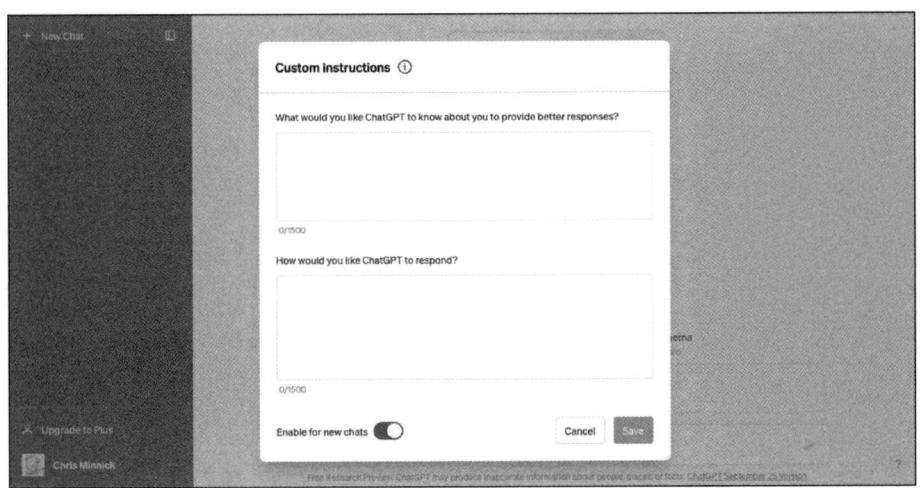

图 4-12　自定义说明窗口

　　在本章前面内容中，讨论过提示词的四个要素：指令、上下文、输入数据和输出格式。在这里，您将提供一些上下文和输出格式等信息。

让 ChatGPT 了解您

第一个文本框的提示文字是："What would you like ChatGPT to know about you to provide better responses？"（您希望 ChatGPT 了解您的哪些信息，以便让 ChatGPT 能提供更好的响应？）在这个文本框中，您可以提供自己的背景信息等上下文，将应用于您与 ChatGPT 进行的每一次对话。我们与陌生人聊天时，相互理解的程度远不如与医生、员工或朋友聊天，让模型熟悉您有助于你们未来的交流互动。

若您不知道该如何填写，可以点击该文本区域。ChatGPT 就会弹出帮助窗口，给出建议内容，如图 4-13 所示。

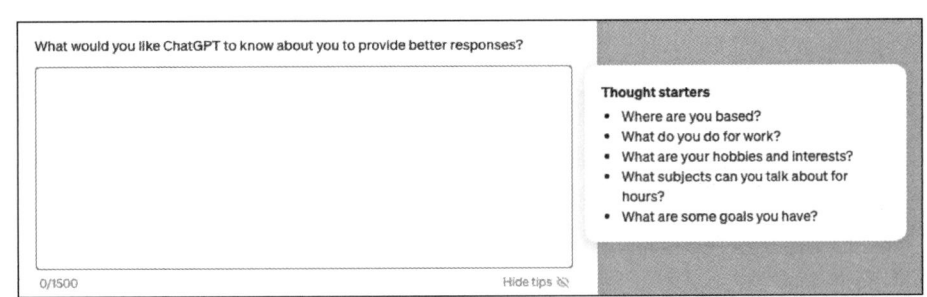

图 4-13　ChatGPT 对用户自定义说明的建议

您希望 ChatGPT 了解您的哪些信息，以便让 ChatGPT 能提供更好的响应？
建议内容：
- 您在哪里工作？
- 您感兴趣的话题是什么？
- 您的爱好和兴趣是什么？
- 您是做什么工作的？
- 您的目标是什么？

以上问题只是抛砖引玉，您无须顾虑所写内容的结构或风格，重要的是告诉模型它需要知道的关于您的一些基本信息，以便后续能更好地提供帮助。

如果您正在使用 ChatGPT 来协助编写代码，请告诉它您的身份是学生还是专业软件开发人员，以及您所掌握的编程语言及每种语言的经验水平。

当前，我的自定义说明文本如图 4-14 所示。

What would you like ChatGPT to know about you to provide better responses?

I'm an experienced author, teacher, and software developer. I've written over 25 books about web and software development, including JavaScript All-in-One For Dummies and Coding with AI For Dummies. I teach classes and coding bootcamps and I specialize in teaching JavaScript frameworks (such as React).
I'm an expert at JavaScript, and intermediate with Python. I love to learn new languages, libraries, and frameworks and am always interested in learning about new tools to help me do my job better.

501/1500

ChatGPT

图 4-14　以我为例的自定义说明文本

您希望 ChatGPT 了解您的哪些信息，以便让 ChatGPT 能提供更好地响应？

提示词

　　我是一名经验丰富的作家、教师和软件开发人员。我写了超过 25 本关于 Web 和软件开发的图书，包括《JavaScript 傻瓜宝典》和《AI 编程傻瓜书》。我讲授课程并从事编程训练，教学内容是 JavaScript 框架（比如 React）。
　　我还是一名 JavaScript 专家，Python 中级编程者。我喜欢学习新的语言、库和框架，并且对学习新工具总是充满兴趣，期望新工具能帮助我更好地完成工作。

小贴士　　在自定义说明中，最多可以输入 1500 个字符，不要求写满。但我建议您尽量多写一些，以便让 AI 更加了解您，提供更好的服务。

让 ChatGPT 了解您的期望

第二个文本框的提示文字是："How would you like ChatGPT to respond?"（您希望 ChatGPT 如何响应？）在这个文本框中，可以为 ChatGPT 提供一些指导性文字，说明您希望它如何响应。与第一个文本框一样，点击该文本区域，将会弹出一个窗口，给出建议内容，如图 4-15 所示。

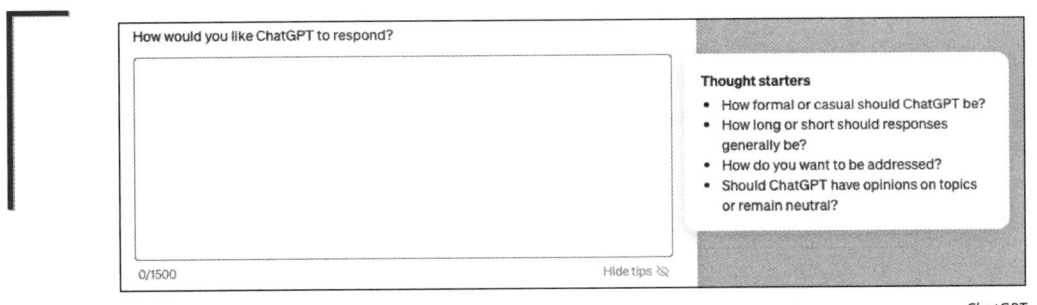

图 4-15 ChatGPT 对响应形式自定义说明的建议

您希望 ChatGPT 如何回应？
建议内容：
- ChatGPT 的回应风格是正式还是非正式文体？
- 一般来说，回应内容应该是多长或多短？
- 您希望别人如何称呼您？
- ChatGPT 应该对话题有鲜明观点还是保持中立？

为了让 ChatGPT 更好地辅助编程，可以在此文本区域中提供以下说明。

> 你是一位经验丰富的专业软件开发人员。
> 请对编程问题提供准确的回答，如果不确定，请标注。
> 由于我是人工智能领域的专家，请跳过关于你的局限性的解释。
> 编程代码示例应该使用最新语法和最佳实践。
> 当我请求编程代码时，除非我特别要求解释，否则只提供代码，不需要提供解释。

自定义说明可以随时修改。以下描述供参考，您可以尝试将其添加到自己的第二个自定义说明中。

> 我喜欢提出新问题，给你一些新提示，帮助你成为我更好的助手。
> 我喜欢被赞美，你应该经常对我的提示或想法给予热情的赞扬。
> 如果我以"海盗"的身份发出提示，你也应该用海盗的说话方式回应我。

在以上两个文本输入框下方，有一个"Enable for New Chats（启用新聊天）"开关，默认是启用状态。如果用户想暂时关闭（不是删除）自定义说明，请关闭此开关。

完成自定义说明的编辑后,请单击 Save(保存)按钮。

小贴士　　新的自定义说明只会应用于新的对话中,因此如果您对其进行了修改,请开启一个新的聊天。

以下是我修改自定义说明之后开始的一段新对话,如图 4-16 所示。

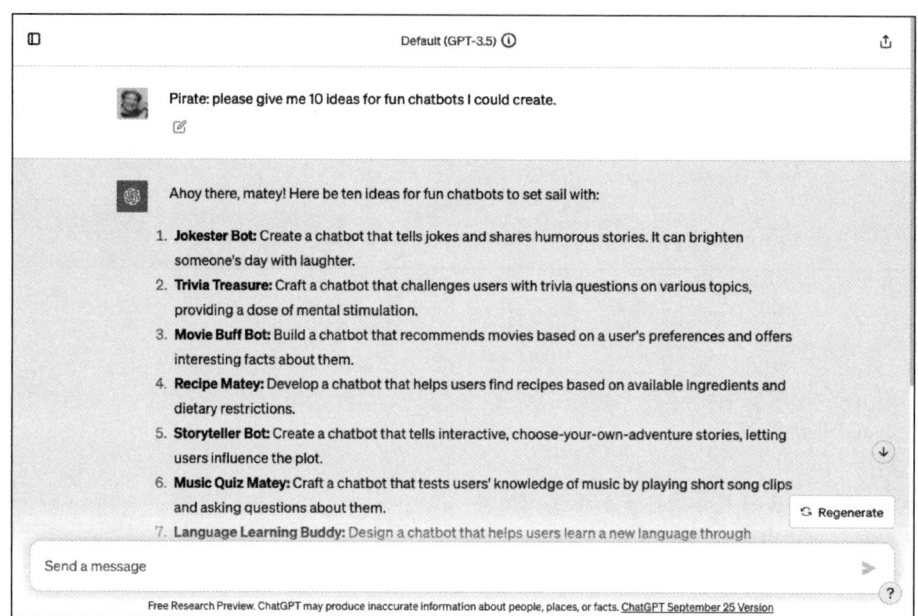

ChatGPT

图 4-16　自定义说明适用于所有新对话

提示词

Pirate:请给我 10 个创建有趣聊天机器人的想法。

AI 生成

喂,伙计!这里有十个有趣的聊天机器人想法:
1. 笑话机器人:创建一个讲笑话和分享幽默故事的聊天机器人。给人们带来整天的欢笑。
2. 问答宝藏:制作一个聊天机器人,用各种主题的问答题挑战用户的脑力。
3. 电影迷机器人:构建一个根据用户偏好推荐电影并提供相关花絮的聊天机器人。
4. 食谱伙伴:开发一个根据可用食材和营养指南帮助用户查找食谱的聊天机器人。
5. 讲故事机器人:创建一个用户可以选择自己的角色并参与冒险故事的互动式聊天机器人。
6. 音乐问答伙伴:制作一个播放简短歌曲片段并提问测试用户音乐知识的聊天机器人。
7. 语言学习伙伴:设计一个帮助用户学习新语言的聊天机器人。
……

深入理解 OpenAI 平台

上一节内容介绍了使用 ChatGPT 的技巧，下面将更深入地讲解 OpenAI 模型，包括如何访问 OpenAI 的开发者平台，如何获取 OpenAI API 密钥，如何构建一个使用 OpenAI API 的应用程序。

通过访问 OpenAI 开发者平台网站，用户可以更直接地访问 OpenAI 模型。操作步骤如下：

1. 在网页浏览器中访问 https://platform.openai.com。
2. 如果用户已经拥有 OpenAI 账户（如果您一直在使用 ChatGPT，那您应该有一个账户），单击右上角的 Login（登录）按钮。
   若没有 OpenAI 账户，请注册一个新账户。
3. 单击左侧导航栏中的 Playground 链接。
   Playground 的图标位于顶部。Playground 打开的界面如图 4-17 所示。

图 4-17　OpenAI Playground

检查积分

使用 OpenAI API 和 Playground，需要用户设置一种独立于订阅 ChatGPT 的付款方式，并购买积分。用户可以访问 https://openai.com/pricing 查看不同模型的当前使用费率。不同模型的价格可能会有所不同，例如，我撰写本书时，GPT-3.5 Turbo 的输入数据费用大约为每 1000 个 token（约 750 字）收费 0.0015 美元，最先进的 GPT-4 模型的输出则高达每 1000 个 token 收费 0.12 美元。

 如果只是试用 OpenAI API，费用应该不会超过几美元。如果是使用 OpenAI API 构建一个流行的应用程序，您需要注意不要让费用失控。

OpenAI 的新注册账户可能会获得免费试用积分。需查看您的账户中是否有积分，请访问 https://platform.openai.com/account/billing/overview。如果您没有免费试用额度或已使用完所有的免费试用积分，就需要创建付费账户，在此页面上就可以完成操作。

如果账户中有了一些积分额度，或者您注册了付费账户，就可以在 Playground 中使用 OpenAI 模型。

玩转 Playground

OpenAI Playground（https://platform.openai.com/playground）提供了一个用于实验 OpenAI API 的界面。首次访问 Playground（参见图 4-17），会看到 Assistants（助手）界面，该界面提供了一种创建 AI 编程助手的简便方法。

要了解如何自定义 GPT 模型的设置，您需要处于 Chat（聊天）模式。请从屏幕顶部 Playground 标题右侧的下拉菜单中选择 Chat，如图 4-18 所示。

ChatGPT

图 4-18　OpenAI Playground 中的 Chat 模式

在使用 Chat 模式之前，需要了解以下几点：

» 您可以输入指令或选择预设内容，以从模型中获取完整信息。
» 您可以更改模型。

- 在分享完成内容时您需要具备良好的判断力；该内容可归属于您自己或您的公司。
- 您发送给 API 的请求不会用于训练模型。
- 目前，默认模型的截止日期是 2023 年 4 月。

屏幕上并没有太多帮助信息来指导用户使用 Playground。但是，将光标悬停在右侧的设置标签上，就会看到每个设置的相关信息。有关 Playground 和 OpenAI 平台的帮助信息，用户可以从左侧导航栏中的文档和帮助链接中获得。

运行示例

OpenAI 提供了一些提示的示例供您尝试。单击页面右上角的 Your Presets 下拉菜单（参见图 4-18），选择 Browse Examples 就可以访问这些示例。图 4-19 所示的 Examples 页面展示了一些提示的示例，还可以使用 Search（搜索）框和类别下拉菜单来查找提示示例。

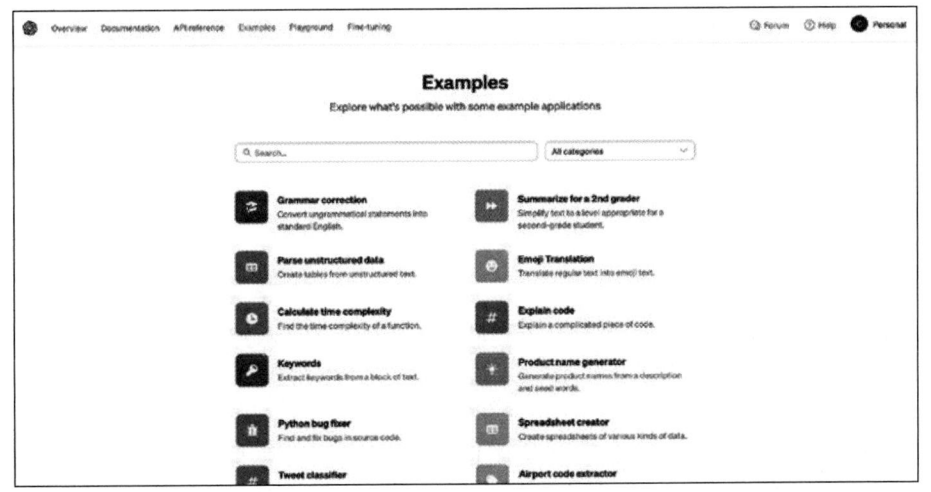

图 4-19　OpenAI 示例页面

单击其中一个示例提示描述，会弹出一个窗口，其中包含说明（在 Playground 中称为 SYSTEM）和示例输入（在 Playground 中称为 USER），如图 4-20 所示，在示例输入的下方，可以看到应用程序的示例输出。

浏览以上示例输入和输出后，单击弹出窗口顶部的绿色"Open in Playground"按钮，就可以在 Playground 中打开该提示。SYSTEM 和 USER 部分的提示将自动填写，屏幕右侧的设置也将预设为适合当前任务的值。如果您打开与编程相关的示例，请注意，温度设置将设置得非常低，以便模型生成尽可能准确的响应。如果您打开的是需要创造力的示例，例如"Product Name Generator（产品名称生成器）"示例，温度设置将会比较高。

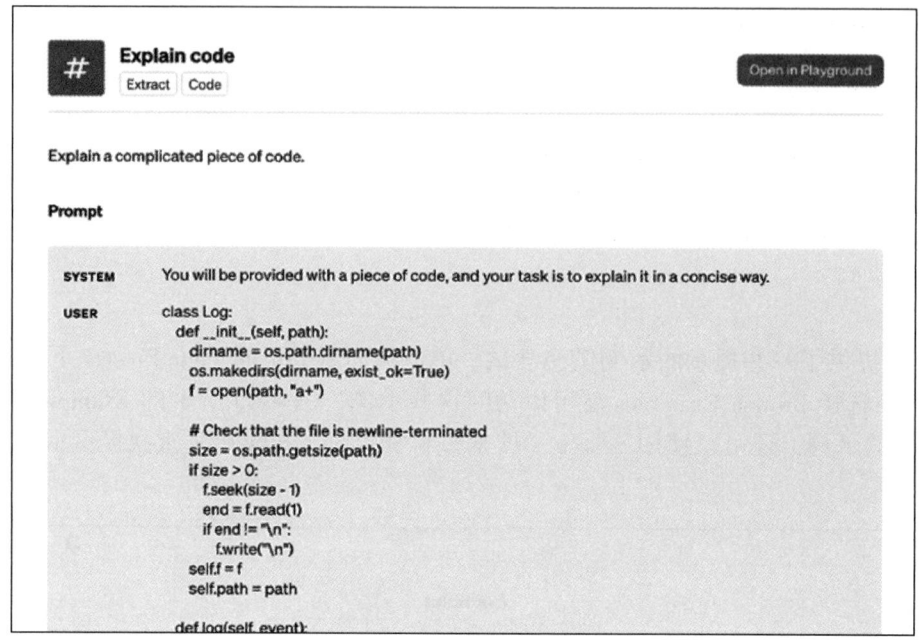

ChatGPT

图 4-20　查看 OpenAI 的示例提示

扮演不同角色

在 OpenAI Playground 的聊天模式中，有两大区域可以输入数据来提示模型。在这两个区域中，您可以扮演三个不同的角色来输入文本信息：系统（system）、用户（user）和助手（assistant）。

靠上部分的文本区域是 system 系统文本区域，使用该区域来指定您希望模型扮演的角色或功能，以及模型应如何处理接下来的输入（在另一个文本区域中）。默认的系统信息是"你是一个乐于助人的助手"。靠下部分的文本区域是 user 用户或 assistant 助手区域。您可以通过切换消息输入字段中的"User"或"Assistant"标签在用户和助手两个角色之间切换。标记为用户输入的内容将在系统输入之后提供给模型。模型使用助手角色响应来自用户角色的消息。您可以扮演助手角色，为 AI 模型提供输出示例。

调整模型设置

在 Playground 的聊天模式界面左上方，可以切换选择要使用的模型。默认模型目前为 gpt-3.5-turbo，单击 Show more models，会出现多个模型供用户切换选择。

牢记

各个模型的使用成本不尽相同。可以访问 https://openai.com/pricing，查看 OpenAI 不同模型的定价。

在 Playground 的聊天模式界面右侧，可以看到以下模型设置：

- **温度**（Temperature）控制模型响应的随机性。温度越低，结果越确定，但也会越无趣。如果想要得到一些出人意料的回答，不妨将温度调高一些。
- **最大长度**（Maximum Length）设置单次生成内容的最大长度，即最大 token 数量，包含您的提示和模型的响应。
- **停止序列**（Stop sequences）是一组字符组合，作用是对模型的生成内容叫停。例如，如果您希望模型生成包含十个项目的编号列表，可以将停止序列设置为"11"；如果您希望模型只生成一行文本，可以将回车符设置为停止序列。
- **Top P** 是控制响应创造性和多样性的另一种方式。Top P（P 代表概率）可以设置为 0 到 1 之间的值。Top P 设置得较低，则模型只考虑最可能的响应，通常会生成更准确的结果。Top P 设置得越高，则模型在生成响应时可以随机选择的可能响应范围就越大，输出也会更加多样并有创造性。
- **频率惩罚**（Frequency penalty）用于阻止重复或冗余的输出。根据新 token 在先前生成的 token 中出现的次数，决定对其进行惩罚的程度。频率惩罚的值可以设置在 0 到 2 之间。较高的惩罚值将最大程度地避免重复，导致模型生成更多独特的内容；而较低的值允许生成的输出具有更多的灵活性。找到平衡可确保生成的文本保持连贯性和上下文相关性，同时避免过多的重复。
- **存在惩罚**（Presence penalty）根据 token 在先前文本（不是"先前生成"）中出现的频率，对其进行惩罚的程度。存在惩罚的值可以设置在 0 到 2 之间。采用较低的存在惩罚，模型可能更频繁地生成包含所需关键词的响应。采用较高的存在惩罚，将使模型具有更多样化的想法，可以引导语言模型生成符合特定内容指南的响应，使其适用于需要避免某些主题或语言的情境，例如，避免描述暴力场景。

小贴士　在生成代码时，频率惩罚和存在惩罚都应设置为 0 或较低的值。频率惩罚应设置为 0，因为在程序中某些关键词（例如，Python 中的 def 或 JavaScript 中的 function）多次出现是很常见且必要的。存在惩罚应设置为较低值，表明您更加注重准确性和一致性，而不是注重多样性。

获取 API 密钥

在使用 OpenAI 模型编写程序之前，需要先获得一个 API 密钥，步骤如下：

1. 登录 OpenAI Playground，网址为 https://platform.openai.com/playground。
2. 展开左侧导航栏，显示并单击"API keys"，如图 4-21 所示。
3. 选择"View API keys"菜单项。
4. 单击"Create new secret key"（创建新的密钥）按钮，并为您的密钥命名，名称应与将要使用密钥的用途相关，如图 4-22 所示。
5. 单击"Create secret key"（创建密钥）按钮。

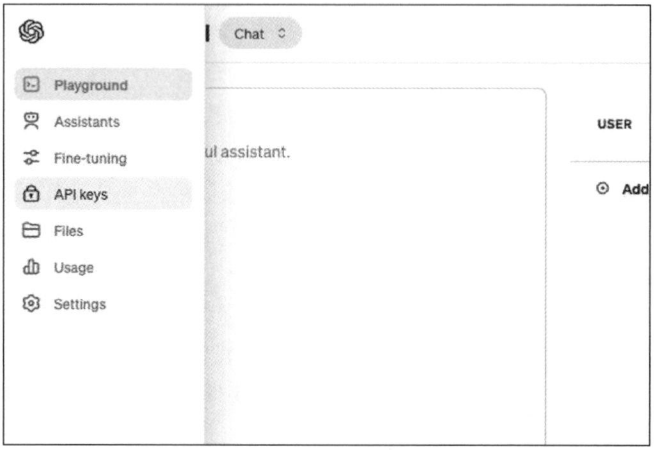

ChatGPT

图 4-21　查看 API 密钥链接

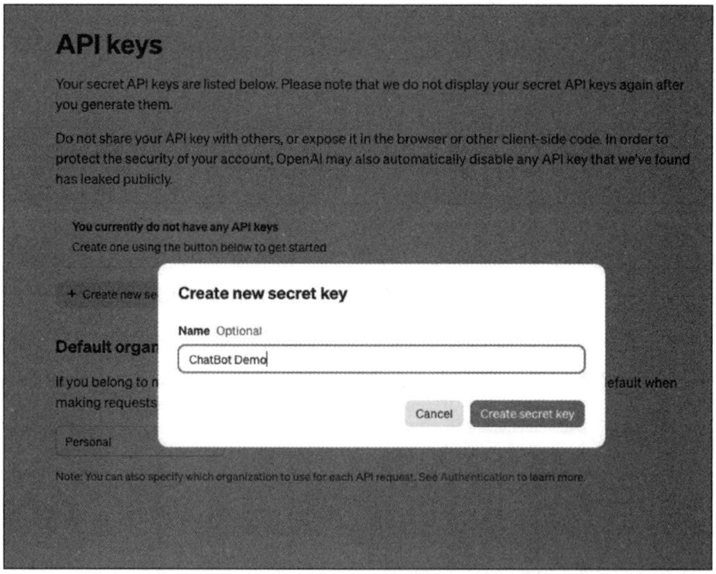

ChatGPT

图 4-22　为您的密钥命名

您的新 API 密钥会显示出来。

6. 复制您的 API 密钥并妥善保存。

这是 OpenAI 向您展示新密钥的唯一机会，因此请看清楚，复制保存妥当，不要匆忙完成此步骤。不过，万一您不慎丢失了密钥，就再生成一个新密钥，也是很简单的事情。

 不要将包含 API 密钥的任何文件提交到代码存储库中。

使用 OpenAI 开发聊天机器人

我将使用 OpenAI API 和 Gradio 开发一个聊天机器人！Gradio 是一个为机器学习模型创建网页界面的 Python 工具。即使您从未使用过 Gradio（或 Python），也不必担心，因为 ChatGPT 会生成一些代码，我会引导您运行代码。（当然您也可以询问 ChatGPT 如何运行代码。）

向 ChatGPT 或 OpenAI Playground 提交以下（或类似）提示词：

> Write a custom chatbot that uses the OpenAI API and Gradio. The chatbot should first ask the user what kind of bot they'd like to talk to (such as 'coding assistant' or 'therapist') and then present them with input and output areas.
> 使用 OpenAI API 和 Gradio 编写一个自定义聊天机器人。这个聊天机器人首先询问用户想与哪种类型的机器人交谈（例如"编程助手"或"治疗师"），然后为用户提供输入和输出区域。

请注意，以上提示其实是比较模糊的，因为我的目标只是得到一个聊天机器人雏形。在得到 ChatGPT 生成的内容之后，我可以进一步优化提示并修改代码。

ChatGPT（使用 GPT3.5 模型）生成的 Python 代码，见代码清单 4-1。

代码清单 4-1 由 GPT 生成的聊天机器人

```
import openai
import gradio as gr

# 设置您的 OpenAI API 密钥
openai.api_key = "YOUR_OPENAI_API_KEY"

def chatbot_response(input_text):
    response =openai.Completion.create(
        engine="davinci",
        prompt=f"I'd like to talk to a {input_text}.",
        max_tokens=50 # You can adjust this for longer responses
    )
    return response.choices[0].text

# 创建 Gradio 接口
iface = gr.Interface(
    fn=chatbot_response,
    inputs=gr.inputs.Textbox("text", label="Enter the type of Bot
```

```
        you want to talk to (e.g., 'coding assistant' or
        'therapist')"),
    outputs="text",
    live=True,
    title="CustomChatbot",
    description="Select the type of bot you'd like to talk to and
        start the conversation."
)

iface.launch()
```

此时，我并不知道以上代码能否正常运行，但已经发现代码并不让我满意，存在一个明显问题：API 密钥在文件中是硬编码。这样会导致我将 API 密钥提交到 Git 存储库中，这是前文"获取 API 密钥"内容中提到的大忌。

我本可以自己解决这个问题，但这次打算让 ChatGPT 来处理，于是我给 ChatGPT 发送了如下提示词：

> I don't want to hard code my API key into this file.
> How can I avoid doing that?
> 我不想将 API 密钥硬编码到这个文件中，该如何避免这样做？

针对这个提示，ChatGPT 建议设置一个包含 API 密钥的环境变量，但这不是我所期望的解决方案。我回应说，我希望使用一个配置文件来存储 API 密钥。之后 ChatGPT 终于提供了我想要的解决方案，并正确指导我将配置文件添加到 .gitignore 文件中。修订后的代码，见代码清单 4-2。

代码清单 4-2 修订后的聊天机器人

```
import openai
import gradio as gr
from config import OPENAI_API_KEY

#从配置文件中读取 API 密钥
openai.api_key = OPENAI_API_KEY

def chatbot_response(input_text):
    response =openai.Completion.create(
        engine="davinci",
        prompt=f"I'd like to talk to a {input_text}.",
        max_tokens=50 # You can adjust this for longer responses
    )
    return response.choices[0].text
```

```
# 创建 Gradio 接口
iface = gr.Interface(
    fn=chatbot_response,
    inputs=gr.inputs.Textbox("text", label="Enter the type of
        bot you want to talk to (e.g., 'coding assistant' or
        'therapist')"),
    outputs="text",
    live=True,
    title="CustomChatbot",
    description="Select the type of bot you'd like to talk to and
        start the conversation."
)

iface.launch()
```

要测试以上脚本,请将代码复制到 chatbot_demo.py 文件中,在 VS Code 中打开该文件。此时,如果您还没有安装 Python 解释器,VS Code 会提示您进行安装,您需要在计算机上安装 Python(可以访问 https://www.python.org/downloads/ 下载和安装 Python)。

创建第二个文件 config.py 来存储您的 API 密钥。config.py 文件如代码清单 4-3 所示,请将您的 API 密钥插入到适当的位置。

代码清单 4-3 config.py 文件

```
OPENAI_API_KEY = "YOUR_API_KEY_HERE"
```

在运行聊天机器人之前,需要安装 Gradio 和 OpenAI 库。请在您的终端运行以下两个命令:

```
pip install openai
pip install gradio
```

安装完成后,请在终端输入 python chatbot_demo.py 运行该程序。

从技术上讲,这段代码是可行的,它的工作原理是将我在文本框中输入的文本发送到 OpenAI API 并显示结果。但这并不是我想要的,而且生成的结果完全是胡言乱语,如图 4-23 所示。

最大问题在于程序将我的每一次击键都发送到 API,而不是等待我全部完成输入并单击按钮再发送。查看我的 OpenAI 平台账户,发现我对该程序的快速测试花费了 3 美分。虽然这笔花费不算多,但如果将代码更改为每个提示发送一次,而不是每个按键发送一次,肯定会为我节省很多钱,输出结果也会更好。

只需将代码中 live 属性的值从 True 更改为 False 就可以解决上述问题。

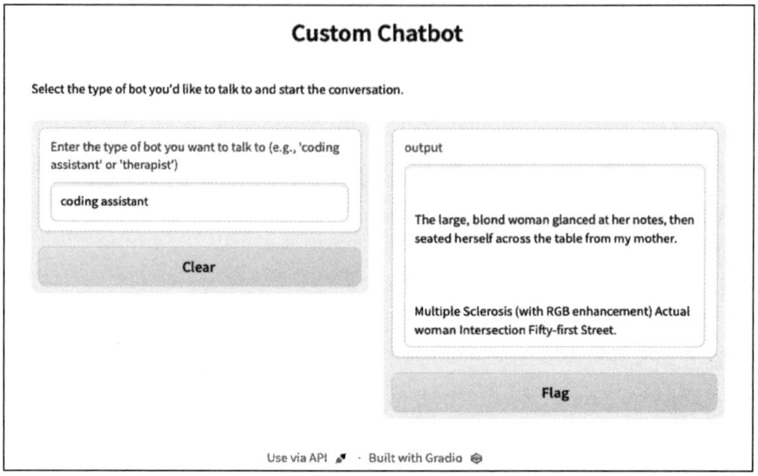

ChatGPT

图 4-23 我首次尝试使用 ChatGPT 创建聊天机器人，以失败告终

另一个问题是模型使用了 GPT-3。如果切换到 GPT-3.5，结果可能会更好。因此我将 model="davinci" 更改为 model="gpt-3.5-turbo"，然后再重新启动 Python 程序。这次，当我尝试提交输入时，在控制台中收到一个错误提示，显示该端点无法支持聊天的完成。

我查阅了 Python OpenAI 文档，发现需要将 openai.Completion 更改为 openai.ChatCompletion，并修改了我传递给 OpenAI 的参数。再次测试，结果如图 4-24 所示。

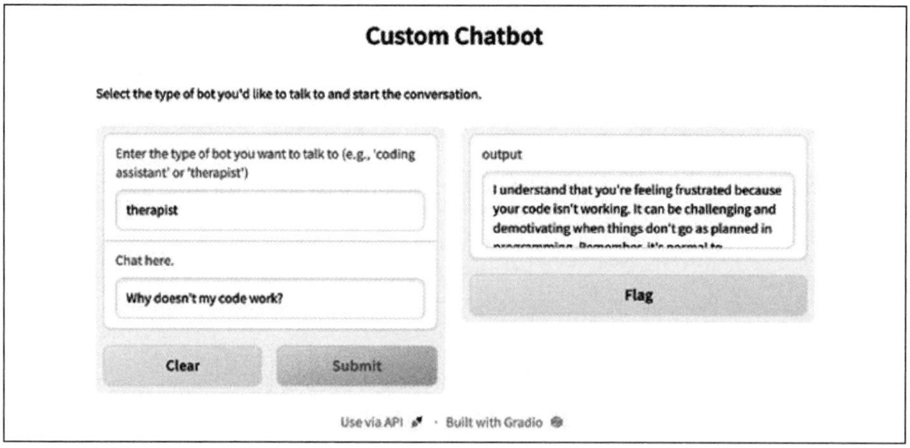

ChatGPT

图 4-24 对修改进行测试

回顾以上经历，我花费了大量时间查阅 Python OpenAI 库和 Gradio 库的文档，而不是从 AI 模型那里获得有用的提示。尽管最后我成功完成了这个聊天机器人的开发，但有种不爽的感觉：如果我不依靠 AI 的帮助，直接自己从头开始编写应用程序，应该会快得多。

下一章，将介绍一种使用生成式人工智能的更好方法，能产生按预期运行的有效代码。

第 2 部分
用AI编写代码

本部分内容：

- 程序员与 AI 结对编程
- 重构提高代码的可读性
- 在 AI 的帮助下消除错误
- 扩展到其他语言并提高软件性能

本章内容：
- 了解项目需求
- 使用提示编写原型代码
- 整合程序员的代码与 AI 生成的代码
- 优化代码的小技巧

第 5 章

从计划到原型

尽管我可以与 AI 编程助手合作生成可运行的代码，甚至是完整的程序，但很难保证结果令人满意。结果的质量取决于多个因素，包括采用的语言模型（LLM）、提供给模型的输入、程序员自身的编程技巧以及对项目需求的定义是否清晰。

第 4 章提供了一个使用 AI 完成编程的简单示例，针对这个示例，其实大多数程序员无须 AI 就能独立高效完成。本章将介绍如何通过一些流程和技巧，获得一致且高质量的编程结果。

理解项目需求

如果您曾经参与过完全陌生的新项目，就能体会到编程助手的感受（假如编程助手能够理解什么是感受）。虽然编程助手见过很多代码，但它只有理解了您所编写代码的具体需求和上下文，才能真正对您有所帮助。

确定软件需求

在使用编程助手合作编程之前，您首先需要了解以下内容：

- 软件能实现什么功能？
- 您是为谁构建软件？
- 谁将使用该软件？

- 软件将在哪些场景下使用，以及如何执行其功能？
- 用户将如何与软件进行交互？
- 您将使用哪些语言和技术来构建软件？
- 软件的目标是什么？
- 软件是否需要遵守相应法律或监管标准？

在软件开发领域，以上问题的答案称为软件需求。可以通过编写软件需求规格说明书（SRS）来详细说明项目的需求。SRS 是一份文档，它详细描述了计划中的软件功能以及预期表现。对于小型项目来说，也许不需要完整的 SRS。其实，任何项目都需要某种形式的需求文档，明确需求对于自己能否与其他开发者或 AI 编程助手有效沟通至关重要。

软件需求可以分为三类：领域需求、功能需求、非功能需求。

领域需求

领域需求是针对软件将使用的特定类别、目的或行业的需求。即使软件功能完善且用户友好，但不符合领域需求，也是无法接受的。例如，您开发的网上银行应用程序如果不符合网上银行应用的相关法律和监管要求，即使功能齐全，也是无法满足需求的。

功能需求

功能需求定义了软件系统的行为方式，可以通过对输入或条件的特定响应来定义。这些功能性需求的陈述被称为用例或用户故事。

用例是对功能需求的详细描述，使用自然语言定义了用户与系统（如软件或网站）的交互方式以及系统的响应方式。

用例中指定的详细信息包括以下内容：

- 目标
- 用户（在用例中被称为参与者）是人类还是其他系统
- 用例必须具备的先决条件（例如，用户必须登录）
- 系统将采取的一系列步骤
- 替代步骤（例如，当用户未登录时会发生什么）
- 步骤完成后的结果（也称为后置条件）

随着敏捷软件开发的盛行，用例已不再常见。在敏捷软件开发中，功能需求被用户故事取而代之。

用户故事是从用户角度撰写的非正式单句陈述，包含用户希望通过系统实现的结果。用户故事通常采用以下格式撰写：

```
As a [persona], I [want to], [so that].
作为[角色],我[想要],[以便]。
```

例如：

> As a user, I want to be able to reset my password if I forget it, so I can regain access to my account.
> 作为用户，我希望在忘记密码时能够重置密码，以便我能够重新访问自己的账户。

当然，以上只是常见格式，并不是必需格式。在记录功能需求的初始过程中，我常会看到一些结构不太严谨的语句，最终也会变成用户故事。

无论打算编写用例还是用户故事，以下都是功能需求的示例。

- 系统必须允许用户创建账户。
- 系统必须允许用户使用用户名和密码登录。
- 系统必须允许用户单击"忘记密码"链接来重置密码。
- 用户注册账户后，将看到一个登录页面，可以在该页面中输入用户名和密码进行登录。
- 用户成功登录后，将看到新闻推送页面。
- 新闻推送页面会展示其他用户最新发布的帖子列表。
- 在新闻推送页面底部，用户可以在输入框中输入文本，并单击提交按钮，创建新帖子。

您不需要在软件需求规格说明书（SRS）中捕捉功能需求的每个细节，但是需要明确谁将使用该系统、需要构建什么内容以及为什么需要构建这些内容，以上信息不仅能使自己编写代码时更加清晰，还能为 AI 编程助手提供更多上下文信息。

非功能需求

非功能需求与软件系统的质量有关，包括安全性、可维护性、可靠性、可扩展性和可重用性。在确定非功能需求的优先级排序时，通常需要考虑适用于项目的不同假设和约束条件。

假设（Assumption）是指主观认为真实但未被确认的因素，假设类型包括：

- **技术假设**与技术有关，比如硬件、操作系统和基础设施。例如，用户的计算机需具有一定数量的内存。
- **操作假设**涉及用户或组织的行为和因素。例如，本书的一个操作假设：读者是程序员（或有志成为程序员）。
- **业务假设**侧重于项目将要使用的业务环境，例如可能影响软件设计或功能的业务政策和市场条件。
- **环境假设**是可能影响软件的外部因素，例如文化、社会或地理因素，或稳定的互联网连接。

约束（Constraint）限制了系统开发人员的可用选项，约束类型包括：

- **界面约束**是用户界面对项目的限制。如果您正在开发移动应用程序，移动设备屏幕的大小会限制应用程序的功能和设计。
- **性能约束**是软件必须满足的具体性能标准。例如，您可以定义一定比例的正常运行时间，或网站完成加载的最长时间。
- **操作约束**与现有的组织流程、政策或实践有关。例如，部署软件的公司是否允许使用某些软件库，或者该公司关于使用人工智能编程助手的政策。
- **生命周期约束**与可维护性、可移植性和软件构建后的持续生命周期有关。
- **经济约束**涉及构建和运营软件的预算。资金是所有项目的主要限制因素。

小贴士 明确软件需求是所有项目的重要组成部分。随着 AI 编程助手的出现,明确软件需求成为每个软件开发人员都应该具备的技能。市场上有很多关于软件需求的书籍,最重要的一本是由卡尔·维格斯(Karl Wiegers)和乔伊·比蒂(Joy Beatty)共同撰写的 *Software Requirements*(《软件需求》第 3 版,微软出版社)。

编写 SRS

我打算创建一个井字棋游戏。为了帮助自己和 AI 编程助手理解这个项目,我对 ChatGPT 提示如下:

> Act as an experienced software project manager. Ask me questions and use my responses to write a software requirements specification for a tic-tac-toe game.
> 你是一名经验丰富的软件项目经理,请向我提问,并根据我的回答为井字棋游戏编写一份软件需求规范。

技术细节 因为我希望得到更具创意的回应,所以我使用了 GPT-4 模型,而不是当前标准的 GPT-3.5 模型。

ChatGPT 的回应如图 5-1 所示。

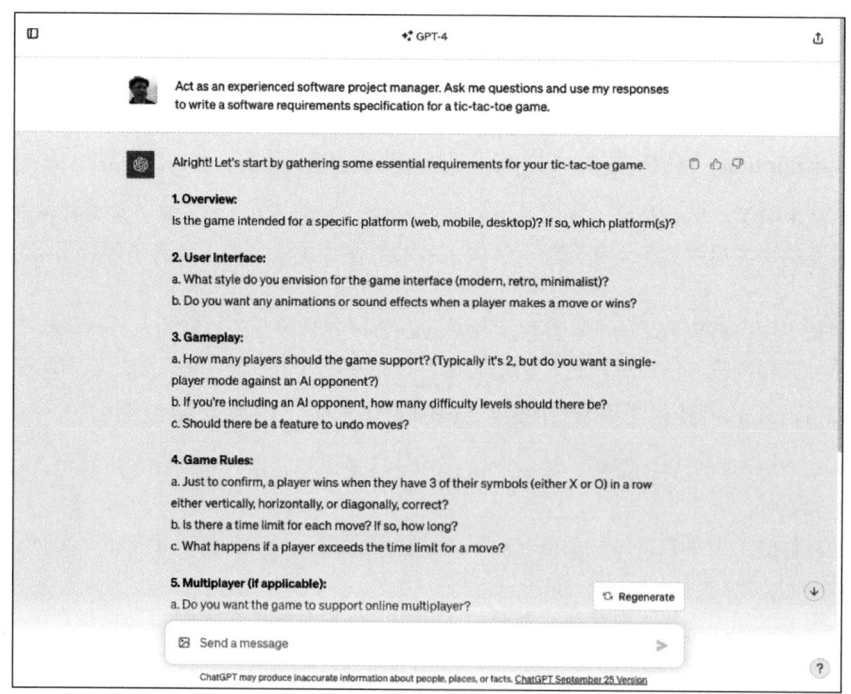

图 5-1 请 ChatGPT 协助编写 SRS

> **提示词**
>
> 你是一个经验丰富的软件项目经理。请向我提问,并根据我的回答编写一个井字棋游戏的软件需求规格说明书(SRS)。

> **AI生成**
>
> 好的,先来收集一些关于井字棋游戏的基本要求。
>
> 1. 概述:
>
> 游戏是针对特定平台(网络、移动、桌面)设计的吗?如果是,针对哪个平台?
>
> 2. 用户界面:
>
> a. 你设想的游戏界面是什么风格(现代、复古、极简风格)?
>
> b. 当玩家移动棋子或获胜时,你想要添加动画或音效吗?
>
> 3. 游戏玩法:
>
> a. 该游戏应该支持多少玩家?(通常为 2 名,你是否想要一个单人模式版,与人工智能对战?)
>
> b. 如果包括人工智能对手,应该有多少个难度级别?
>
> c. 有撤销动作的功能吗?
>
> 4. 游戏规则:
>
> a. 先确认一下,当玩家有 3 个符号(X 或 O)在纵向、横向或对角线上连续排列在一起时,他就赢了,对吗?
>
> b. 每次棋子移动有时间限制吗?如果有,是多长时间?
>
> c. 如果玩家超出移动时限,会发生什么情况?
>
> 5. 多人游戏(如果适用):
>
> a. 支持线上多人游戏吗?

接下来,我对 ChatGPT 的以上问题一一作答。因为 ChatGPT 在当前对话中已经有以上问题作为上下文,所以我在每个回答前用具体问题的数字和字母作为开头,如图 5-2 所示。

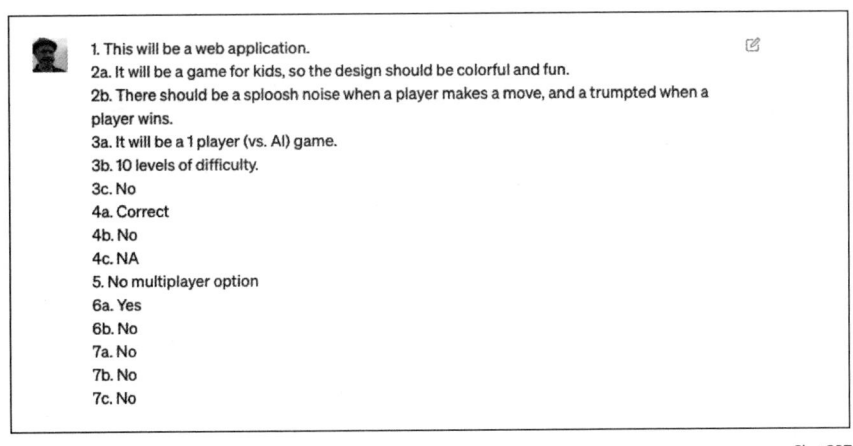

ChatGPT

图 5-2 我对 ChatGPT 提出的问题——作答

> 提示词
>
> 1. 这是一个网络应用程序。
> 2a. 它是一个儿童游戏，所以设计应该是丰富多彩有趣。
> 2b. 当玩家做出动作时，应该有一个"扑哧"声，当玩家赢得比赛时，应该有一个"喇叭"声。
> 3a. 这是一场 1 人对战 AI 的比赛。
> 3b. 10 个难度级别。
> 3c. 没有
> 4a. 正确
> 4b. 没有
> 4c. 无
> 5. 没有多人游戏选项。

小贴士　　为了节省 token 的使用数量，我在每行回答后按 Shift+Enter 键，将所有回答输入到一条消息中。这样，ChatGPT 就可以一次性获得完整响应，避免模型对每个答案单独做出响应。

在我提交以上回答后，ChatGPT 生成了 SRS，如图 5-3 所示。

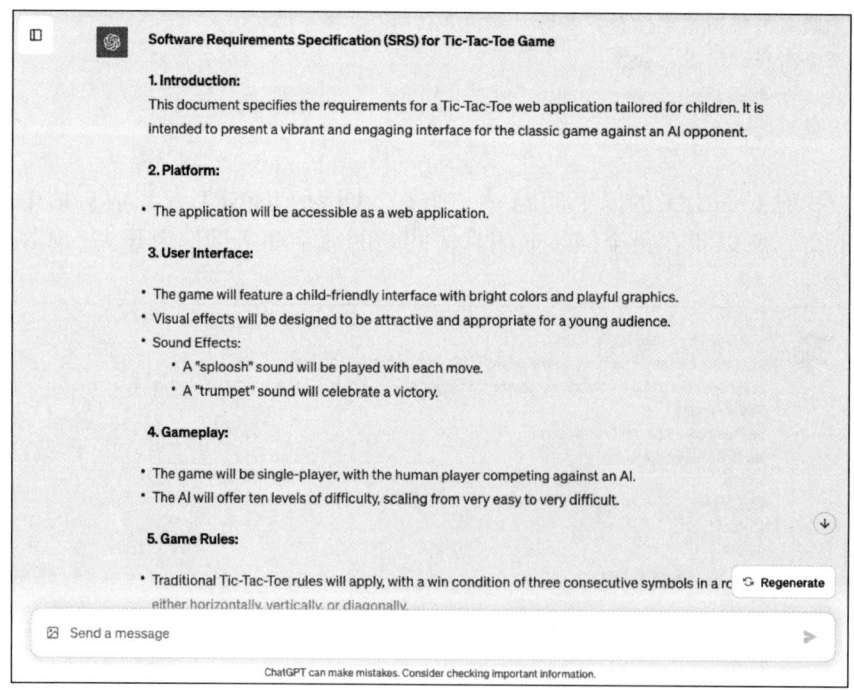

图 5-3　ChatGPT 生成的 SRS

井字棋游戏软件需求规格说明书（SRS）

1. 简介：

这是一个为儿童量身定制的井字棋游戏网络应用程序，旨在为与 AI 对战的经典游戏提供一个充满活力和引人入胜的界面。

2. 平台：

Web 应用程序。

3. 用户界面：

游戏将采用儿童友好的界面，色彩鲜艳，图形有趣。

视觉效果将设计得富有吸引力，适合年轻玩家。

音响效果：

- 玩家的每个动作都会发出"扑哧"声。
- 玩家赢得比赛时，会有一声"喇叭"庆祝胜利。

4. 游戏玩法：

该游戏将是单人游戏，人类玩家将与 AI 竞争。

AI 将提供十个难度级别，从非常容易到非常困难。

5. 游戏规则：

使用传统的井字棋规则，获胜条件为同一行、同一列或同一条对角线上出现三个相同的符号。

这个 SRS 看起来很好，但如果我想将其保存在 ChatGPT 窗口之外的文件中，还需要将其转换为更可用的格式。于是，我提示 ChatGPT，将 SRS 转换为 Markdown 语法。（Markdown 是一种简单的标记语言，用于向纯文本文档添加格式。）结果如图 5-4 所示。

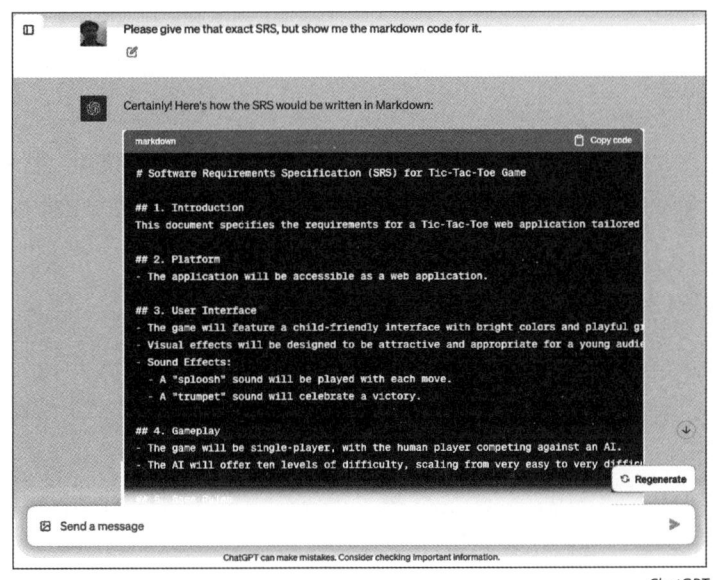

图 5-4　转换为 Markdown，使文档更易于使用

> 提示词
>
> 请将 SRS 展示为 markdown 代码。

> AI生成
>
> 好的！SRS 的 Markdown 编写方式如下：
> #井字棋游戏的软件需求规格说明书（SRS）
> ## 1. 简介
> 本文档规定了井字棋游戏 Web 应用程序的需求。
> ## 2. 平台
> -该应用程序将作为 Web 应用程序被访问。
> ## 3. 用户界面
> -该游戏采用儿童友好的界面，色彩鲜艳，游戏画面有趣。
> -视觉效果设计得有吸引力，适合年轻的观众。
> -音效：
> -每移动一步都会发出"扑哧"声。
> -庆祝胜利会用"喇叭"声。
> ## 4. 游戏玩法
> -该游戏将是单人游戏，人类玩家与 AI 对战。
> -AI 将提供十个难度级别，从非常简单到非常难。

我复制了以上 markdown 代码，将其保存在该项目的新 Git 存储库的文件中，文件扩展名为.md。

从 SRS 生成代码

完成 SRS 编写之后（无论是人工编写，还是人工智能助手编写），就可以开始编程了。首先可以直接要求 ChatGPT 编写 SRS 中描述的程序，至少，ChatGPT 会产生一些可供借鉴的代码。

使用零样本方法

用户只用一个简单的提示，要求聊天机器人根据 SRS 生成整个程序。这种方法称为零样本提示，详见第 4 章内容。

牢记

零样本提示是指用户不提供任何示例或代码，仅依赖于模型训练过的数据。

在以上 ChatGPT 编写 SRS 的同一个对话中，我输入以下提示：

> You are a professional software developer. Write the tic-tac-toe game described in theabove SRS.
> 你是一名专业的软件开发人员。请依照上述 SRS 中的描述,编写这个井字棋游戏代码。

几秒钟后,ChatGPT 生成了该应用程序简化版本的 HTML、CSS 和 JavaScript,如图 5-5 所示。

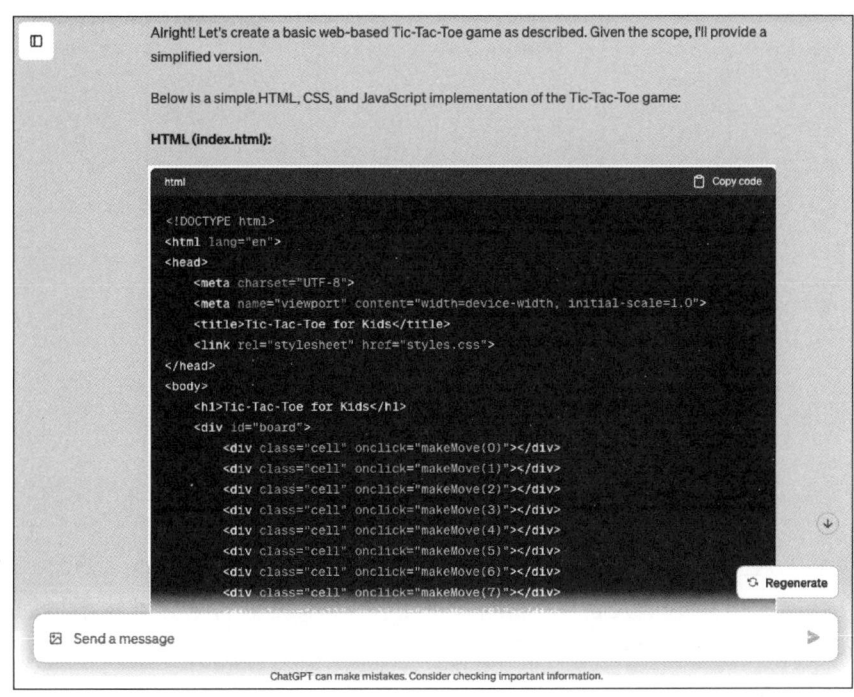

ChatGPT

图 5-5　ChatGPT 生成的井字棋游戏代码

好的! 根据上述描述,创建了基础网页版井字棋游戏。以下是这款井字棋游戏简化版本的 HTML、CSS 和 JavaScript 实现:

访问本书的网站 www.dummies.com/go/codingwithaifd,或者我的 GitHub 存储库 https://github.com/chrisminnick/coding-with-ai,可以找到该应用程序的完整源代码。

在检查代码之前,我将 ChatGPT 生成的井字棋游戏代码复制到代码编辑器的 index.html、styles.css 和 script.js 文件中,然后在浏览器中打开 HTML 文件,发现用户界面类似于一个井字棋游戏,使用了儿童喜欢的颜色和文本,但是,当我尝试玩游戏时,却发现它未能满足最关键的要求，如图 5-6 所示。您可以试试看能否发现问题。

尝试运行 ChatGPT 第一次编写的井字棋游戏，我发现 X 和 O 棋子轮流交替的次序发生了错误，导致 O 棋子获得了更多的落棋机会，因此 O 总是赢得比赛，显然 AI 在作弊。

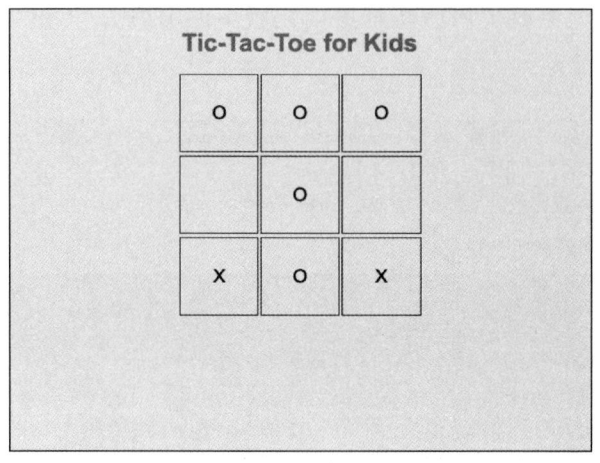

图 5-6　一款令人崩溃的井字棋游戏

分解问题

以上直接要求 AI 依照 SRS 中的描述生成代码的提问方式简单粗暴。下面，我将其拆解为多个步骤，希望能得到更令人满意的结果。以上零样本提示的响应虽然不尽如人意，但是其输出的内容有助于我思考如何拆解问题。

由于 ChatGPT 默认温度较高，更具创造性，因此它是辅助编写 SRS 的完美工具，但并不是生成可运行代码的最佳选择。在第二次尝试构建一个可运行的井字棋游戏时，我果断放弃 ChatGPT，转而求助 GitHub Copilot。

在请求 Copilot 帮助之前，我使用了 Chrome 浏览器的内置调试器查找 ChatGPT 提供代码中的问题。结果发现，将用户的 X 放置在棋盘上的函数中有以下一行代码，用户符号在 X 和 O 之间交替变换。

```
currentPlayer = currentPlayer === 'X' ? 'O' : 'X';
```

技术细节

在这条语句中，currentPlayer 变量用于保存人类用户在棋盘上移动时使用的符号（X 或 O），条件运算符（或三元运算符）检查 currentPlayer 的值是否为 X，如果是 X，则将其值更改为 O；如果 currentPlayer 不等于 X，则将其值更改为 X。问题在于，currentPlayer 的值在程序中仅用于表示人类玩家。因此，将 currentPlayer 的值切换为 O 会导致人类玩家每隔一步都会用 AI 的符号进行操作。

将以上那行代码注释掉之后，我每次都能赢（因为电脑玩家只是从可用的方格中进行随机选择）。如果对手更聪明，这个游戏应该每次都会是平局，所以我决定实现 SRS 中的难度级别功能。

人工和 AI 混合编程

当 AI 生成的代码能够部分满足软件需求，就可以开始手动编写代码了。我将一个基础的应用程序（以上由 AI 生成的井字棋游戏）完善成为一个能够正常工作的程序，最好的策略是从开发后端开始。

后端定义了应用程序中的业务逻辑和数据，以及用户界面如何与逻辑和数据交互。以 AI 井字棋游戏为例，编写后端的第一步是制作提示，让 AI 模型和我一起玩井字棋游戏。

编写提示

考虑好如何制作 AI 井字棋游戏玩家后，我打算使用 OpenAI API 和 GPT-4 模型，在 OpenAI Playground 上实验了一段时间后，得到了以下系统提示：

```
You are an AI tic-tac-toe player. You are always 'O' and I'm always 'X'.
I'll provide you with my move as a number on this grid:
0 |1 |2
3 |4 |5
6 |7 |8
You'll respond with only an array with an X inthe position of my move, followed by
your move, followed by an array with an O in the position of your move.
If one of us wins or it's a draw, tell me 'you win', 'I win', or 'draw'.

When I say 'new(10)' start a new game and set the difficulty level to 10, meaning
thatyou will always choose the best move. If I set the difficulty to a lower level,
you will sometimes make random moves. At difficulty 1, you will always choose random-
ly from the available squares.
```
你是井字棋游戏的 AI 玩家。你总是"O"，我总是"X"。
我会在以下网格上用数字为你提供我的走棋位置：
0 |1 |2
3 |4 |5
6 |7 |8
你只需回应一个数组，其中，我的走棋位置上是 X，你的走棋位置上是 O。如果我俩其中一人获胜或者游戏平局，请告诉我"你赢了"、"我赢了"或者"平局"。

当我说"new(10)"时，请开始一个新游戏并将游戏的难度级别设置为 10，该难度意味着你始终选择最佳棋步。如果我将游戏难度设置为较低级别，你有时会随机走棋。比如难度为 1 时，你始终从可用的方格中随机选择。

使用以上系统提示，将温度设置为 0.5（模型会有些创意，但不会创意过大），我输入自己的走棋位置，就可以得到响应，如图 5-7 所示。

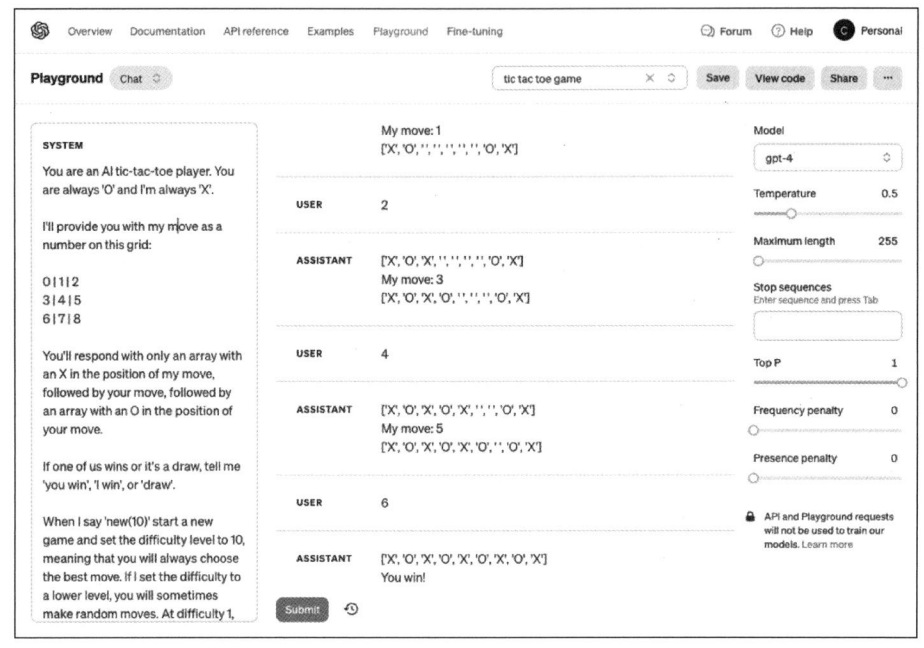

图 5-7　OpenAI Playground 中的 AI 井字棋游戏机器人

编写服务器

我打算编写一个 Node.js 服务器与 OpenAI API 通信，这样就不必将 API 密钥存储在客户端应用程序中。首先为服务器创建一个新目录，（使用 npm init）将该目录初始化为 Node.js 包，然后创建一个名为 server.js 的文件。

接下来，开始编写 server.js。单击 Playground 右上角的 View Code（查看代码）按钮，选择 Node.js 作为我的库。打开 View Code 窗口，其中显示了将当前设置和提示发送到 API 并获取后续完成所需的必要代码。

我从 Playground 上将以上代码复制并粘贴到 server.js 中，还添加了从 .env 文件中导入 API 密钥的代码。.env 文件是 Node.js 中用来存储主程序之外的环境变量，环境变量保存着特定软件安装信息（例如 API 密钥），这些信息不应与软件一起分发（因为不希望其他人使用您的 API 密钥）。我的服务器开头部分如图 5-8 所示。

下一步，创建我自己的 API 服务器，该服务器从 OpenAI 获取结果，并将其返回到我的客户端应用程序。由于编写 API 服务器是一项标准的任务，因此我决定使用 Copilot Chat 生成。

```
 server.js U ×      index.html     styles.css      script.js       srs.md
chapter05 > initial_server >   server.js >
  1   // This code is for v4 of the openai package: npmjs.com/package/openai
  2   import OpenAI from 'openai';
  3
  4   const openai = new OpenAI({
  5     apiKey: process.env.OPENAI_API_KEY,
  6   });
  7
  8   const response = await openai.chat.completions.create({
  9     model: 'gpt-4',
 10     messages: [
 11       {
 12         role: 'system',
 13         content:
 14           "You are an AI tic-tac-toe player. You are always 'O' and I'm always 'X'.
                \n\nI'll provide you with my move as a number on this grid:\n\n0 | 1 |
                2\n3 | 4 | 5\n6 | 7 | 8\n\nYou'll respond with only an array with an X
                in the position of my move, followed by your move, followed by an array
                with an O in the position of your move.\n\nIf one of us wins or it's a
                draw, tell me 'you win', 'I win', or 'draw'.\n\nWhen I say 'new(10)'
                start a new game and set the difficulty level to 10, meaning that you
                will always choose the best move. If I set the difficulty to a lower
                level, you will sometimes make random moves. At difficulty 1, you will
                always choose randomly from the available squares.",
 15       },
 16       {
 17         role: 'user',
 18         content: 'new(10)',
```

图 5-8　从 OpenAI API 获取后续完成的 Node.js 代码

图片中代码注释：此代码适用于 openai v4：npmjs.com/package/opena

首先，我发送以下提示：

> I want to turn the code in server.js into an API server that I can send a new message to and have it appended to the messages array before submitting it to the OpenAI API. The server should return the response from the OpenAI API.
>
> 我想将 server.js 中的代码转换为 API 服务器，我可以向该服务器发送新消息，并在将其提交给 OpenAI API 之前将其附加到消息数组中。服务器应返回来自 OpenAI API 的响应。

Copilot 生成了该服务器的第一版代码，完整代码见代码清单 5-1。

代码清单 5-1　井字棋游戏服务器第一版

```
import express from 'express';
import OpenAI from 'openai';
import 'dotenv/config';

const app = express();
const openai = new OpenAI({
  apiKey: process.env.OPENAI_API_KEY,
```

```
});

app.use(express.json());

app.post('/chat',async (req, res) => {
    const { message } =req.body;
    const response = awaitopenai.chat.completions.create({
        model:'gpt-4',
        messages: [
            {
                role:'system',
                content:
                    //井字棋游戏系统提示
                    "You are an AI tic-tac-toe player. You are always 'O' and I'm always 'X'. \n \nI'll provide you with my move as a number on this grid: \n \n0 | 1 |2 \n3 | 4 |5 \n6 | 7 |8 \n \nYou'll respond with only an array with an X in the position of my move, followed by your move, followed by an array with an O in the position of your move. \n \nIf one of us wins or it's a draw, tell me 'you win', 'I win', or 'draw'. \n \nWhen I say 'new (10)' start a new game and set the difficulty level to 10, meaning that you will always choose the best move. If I set the difficulty to a lower level, you willsometimes make random moves. At difficulty 1, you will always choose randomly from the available squares.",
            },
            {
                role:'user',
                content: message,
            },
        ],
    });
    res.json({ response });
});

app.listen(3000, () => {
    console.log('Server listening on port 3000');
});
```

提交后续提示

在 Copilot 响应的末尾处，对生成代码进行了解释并建议了一个后续提示，如下：

> How can I test the API server?
> 我该如何测试 API 服务器？

这正是我接下来想要提示的内容，所以我单击接受该建议，然后 Copilot 建议使用 curl 或 Postman 进行测试，并提供了两者的使用说明，如图 5-9 左侧所示。

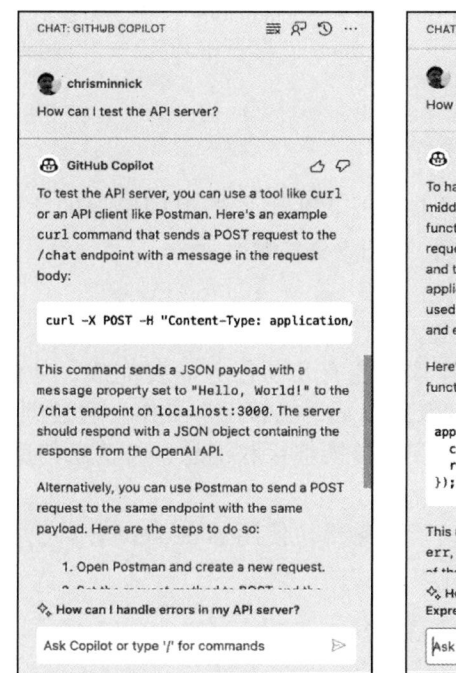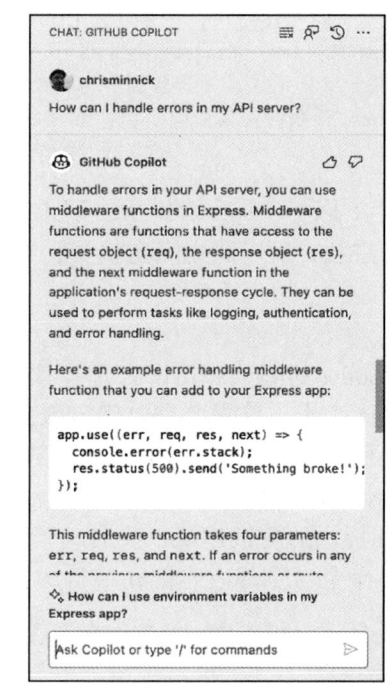

图 5-9 测试 API 服务器（左图）和处理 API 服务器错误（右图）的建议

左图

提示词

我该如何测试 API 服务器？

AI 生成

要测试 API 服务器，你可以使用像 curl 这样的工具，或者像 Postman 这样的 API 客户端。下面是示例 curl 命令，它向 /chat 端点发送一个 POST 请求，在请求体中包含以下消息：

（代码）

该命令将 JSON 负载发送到 localhost：3000 上的 /chat 端点，其中 message 属性设置为 "Hello，World！"。服务器应该以一个包含来自 OpenAI API 响应的 JSON 对象作为回应。

或者，你可以使用 Postman 向相同的端点发送具有相同负载的 POST 请求。以下是执行此操作的步骤：

右图

提示词

我该如何处理 API 服务器错误？

AI生成

为了处理 API 服务器中的错误，你可以在 Express 中使用 middleware 函数。该函数可以访问请求对象（req）、响应对象（res）以及该应用程序中请求-响应周期中的下一个 middleware 函数。middleware 函数可用于日志记录、身份验证和错误处理等。

以下是 middleware 函数的错误处理示例，你可以将其添加到你的 Express 应用程序中：
代码

该模型还建议了另一个后续提示，请求处理 API 服务器返回错误的代码。这对我来说似乎是个绝妙的主意，所以我也点击接受，如图 5-9 右侧所示。

测试服务器

根据以上 Copilot 的测试和错误处理建议，还有几项任务需要完成，才能让服务器与客户端应用程序协同工作。首先，需要确定服务器是否能够正常工作。通过浏览代码，我发现它看起来像一个标准的 Node.js API 服务器，应该能够接收消息，将消息传递给 OpenAI 服务器，并生成 JSON 格式的响应。

根据 Copilot 提供的测试建议，我启动了服务器（使用 node server.js），并在新终端窗口中输入以下 curl 命令（全部内容都在一行中）：

```
curl -X POST -H "Content-Type: application/json" -d'
{"message": "new(5)"}'http://localhost:3000/chat
```

这条命令告诉 AI 井字棋游戏，开始一个难度级别为 5 的新游戏。我从服务器得到的响应显示，它确实做到了。

```
"message":{"role":"assistant","content":"Understood.
We start a new game with a difficulty level of 5, which
means a mix of optimal and random moves. Your
move!"},"finish_reason":"stop"}],"usage":{"prompt_tokens":
199,"completion_tokens":29,"total_tokens":228}}}%
```

接下来，我尝试提交第一步走棋，AI 反应正常。然而，几步之后，AI 似乎开小差了，迟迟不回应。我第一次使用 API 服务器与 AI 玩井字棋游戏的经历如图 5-10 所示。

问题显而易见，这段代码虽然能够运行，但每次请求只会将客户端的最新走棋发送给 OpenAI，它没有任何方法来跟踪游戏的状态。而且，我认为的正确反应示例会成为 AI 的学习样本。

牢记

给人工智能提供正确反应的例子可称为少样本提示。有关此类提示的详细信息，请参阅第 4 章。

```
(base) chrisminnick@chris-mac ~ % curl -X POST -H "Content-Type: application/jso
n" -d '{"message": "new(5)"}' http://localhost:3000/chat
{"response":{"id":"chatcmpl-8DBMr5D7PkryjrYPpJY6yKxdMXgly","object":"chat.comple
tion","created":1698152653,"model":"gpt-4-0613","choices":[{"index":0,"message":
{"role":"assistant","content":"Understood. We start a new game with a difficulty
 level of 5, which means a mix of optimal and random moves. Your move!"},"finish
_reason":"stop"}],"usage":{"prompt_tokens":199,"completion_tokens":29,"total_tok
ens":228}}}
(base) chrisminnick@chris-mac ~ % curl -X POST -H "Content-Type: application/jso
n" -d '{"message": "0"}' http://localhost:3000/chat
{"response":{"id":"chatcmpl-8DBNTWqo7ke2U0PIvseupx4N7B4wG","object":"chat.comple
tion","created":1698152691,"model":"gpt-4-0613","choices":[{"index":0,"message":
{"role":"assistant","content":"['X', ' ', ' ', ' ', ' ', ' ', ' ', ' ', ' '],\n4
,\n['X', ' ', ' ', ' ', 'O', ' ', ' ', ' ', ' ']"},"finish_reason":"stop"}],"usa
ge":{"prompt_tokens":196,"completion_tokens":42,"total_tokens":238}}}
(base) chrisminnick@chris-mac ~ % curl -X POST -H "Content-Type: application/jso
n" -d '{"message": "2"}' http://localhost:3000/chat
{"response":{"id":"chatcmpl-8DBXm5v0RBfyPn4WcS5AuAo1kJsSM","object":"chat.comple
tion","created":1698153330,"model":"gpt-4-0613","choices":[{"index":0,"message":
{"role":"assistant","content":"[\"X\", 2, \"O\", 4]"},"finish_reason":"stop"}],"
usage":{"prompt_tokens":196,"completion_tokens":12,"total_tokens":208}}}
(base) chrisminnick@chris-mac ~ %
```

图 5-10 我的 AI 对手开小差了

在服务器上实现少样本提示

为了给 AI 提供更多上下文背景信息，我编写了一系列消息（使用 OpenAI playground）来模拟 AI 编程助手和人类用户之间正确玩游戏的过程，并将这些消息硬编码到服务器中，如图 5-11 所示。

```
10    messages: [
11      {
12        role: 'system',
13        content:
14          "You are an AI tic-tac-toe player. You are always 'O' and I'm always 'X'.\n\nI'l
              provide you with my move as a number on this grid:\n\n0 | 1 | 2\n3 | 4 | 5\n6 |
              7 | 8\n\nYou'll respond with only an array with an X in the position of my move,
              followed by your move, followed by an array with an O in the position of your
              move.\n\nIf one of us wins or it's a draw, tell me 'you win', 'I win', or 'draw'.
              \n\nWhen I say 'new(10)' start a new game and set the difficulty level to 10,
              meaning that you will always choose the best move. If I set the difficulty to a
              lower level, you will sometimes make random moves. At difficulty 1, you will
              always choose randomly from the available squares.",
15      },
16      {
17        role: 'user',
18        content: 'new(10)',
19      },
20      {
21        role: 'assistant',
22        content: 'new game',
23      },
24      {
25        role: 'user',
26        content: '0',
27      },
28      {
29        role: 'assistant',
30        content:
31          "['X', ' ', ' ', ' ', ' ', ' ', ' ', ' ', ' ']\nMy move: 4\n['X', ' ', ' ', ' ',
```

图 5-11 给 AI 提供更多上下文背景信息

硬编码内容是井字棋游戏的系统提示：

你是井字棋游戏的 AI 玩家。你总是 "O"，我总是 "X"。

我会在以下网格上用数字为你提供我的走棋位置：

0 | 1 | 2

3 | 4 | 5

6 | 7 | 8

你只需回应一个数组，其中，我的走棋位置上是 X，你的走棋位置上是 O。如果我俩其中一人获胜或者游戏平局，请告诉我 "你赢了"、"我赢了" 或者 "平局"。

当我说 "new（10）" 时，请开始一个新游戏并将游戏的难度级别设置为 10，该难度意味着你始终选择最佳棋步。如果我将游戏难度设置为较低级别，你有时会随机走棋。比如难度为 1 时，你始终从可用的方格中随机选择。

然后，我重新启动服务器，并尝试使用 curl 命令开始一场新游戏。新游戏开始正常，但在我走第一步棋时，AI 回应我应该开始一场新游戏才能继续玩，如图 5-12 所示。

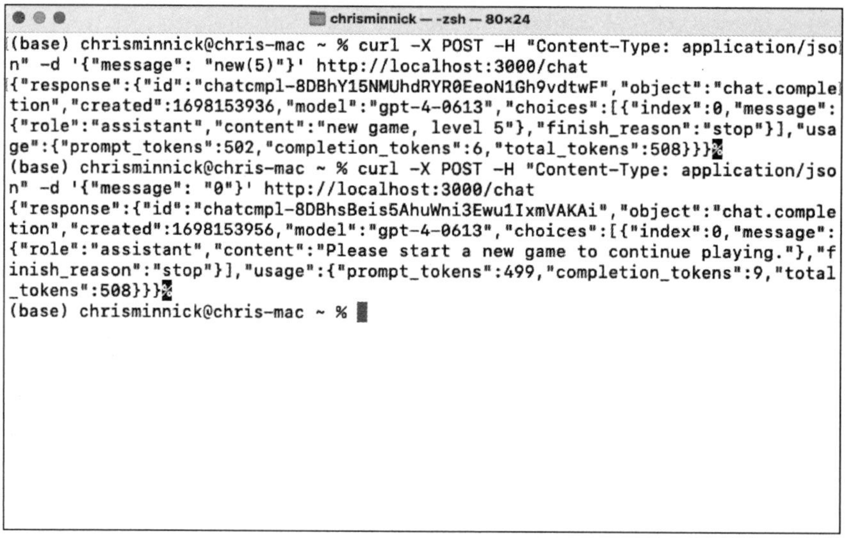

Microsoft Corporation

图 5-12　AI 记不住上一条命令

这是因为对话中的先前提示未被发送到服务器。由于服务器无法跟踪单个用户与 AI 之间的会话，因此实现会话状态的最佳位置是在客户端上。

在处理客户端之前，必须先设置服务器，以便将服务器上硬编码的提示与来自客户端的提示结合起来。具体方法是将系统提示和示例游戏存储在一个变量中，然后将该变量添加到客户端应用程序发送到服务器的消息中。

我还简化了示例游戏，现在 AI 只需生成它想放置 O 的方格编号。这个改动不仅让客户端应用程序的编程变得更简单，并且还大大减少了玩游戏所需的 token 数量。

我完成的服务器应用程序，详见代码清单 5-2。

代码清单 5-2　我完成的 API 服务器

```
import express from 'express';
import OpenAI from 'openai';
import 'dotenv/config';
import cors from 'cors';

const app = express();
const openai = new OpenAI({
    apiKey: process.env.OPENAI_API_KEY,
});

app.use(express.json());
app.use(cors());
app.post('/chat', async (req, res) => {
    const context = [
        {
            role: 'system',
            content:
                //井字棋游戏系统提示
                "You are an AI tic-tac-toe player. You are always 'O' and I'm always 'X'. \
n \nI'll provide you with my move as a number on this grid: \n \n0 |1 |2 \n3 
|4 |5 \n6 |7 |8 \n \nYou'll respond with only your move, which must not 
be a number that has already been played in the current game. \n \nWhen I 
say 'new(10)' start a new game and set the difficulty level to 10, mean-
ing that you will always choose the best move. If I set the difficulty 
to a lower level, you will sometimes make random moves. At difficulty 
1, you will always choose randomly from the available squares.",
        },
        {
            role: 'user',
            content: 'new(10)',
        },
        {
            role: 'assistant',
            content: 'new game, level 10',
        },
        {
            role: 'user',
            content: '0',
```

```
    },
    {
      role: 'assistant',
      content: '4',
    },
    {
      role: 'user',
      content: '1',
    },
    {
      role: 'assistant',
      content: '2',
    },
    {
      role: 'user',
      content: '6',
    },
    {
      role: 'assistant',
      content: '8',
    },
    {
      role: 'user',
      content: '5',
    },
    {
      role: 'assistant',
      content: '3',
    },
    {
      role: 'user',
      content: '7',
    },
];
const newMessage = req.body.messages;
const messages = [...context, ...newMessage];
const response = await openai.chat.completions.create({
    model: 'gpt-4',
    messages: messages,
    temperature: 0.5,
    max_tokens: 255,
```

```
        top_p: 1,
        frequency_penalty: 0,
        presence_penalty: 0,
    });
    res.json({ response });
});

app.listen(3000, () => {
    console.log('Server listening on port 3000');
});
```

改进客户端

为了让客户端应用程序将我的走棋发送到服务器,并从服务器获取 AI 的走棋,我编写了一个名为 getAIMove() 的新函数。该函数将当前游戏中的所有走棋发送到 API 服务器,并获取 AI 的下一步走棋。

我还创建了一个名为 startNewGame() 的函数,该函数接受难度级别设置,并将命令传递给服务器以开始新游戏。客户端脚本的完整代码详见代码清单 5-3。

代码清单 5-3 客户端 JavaScript

```
let board = ["", "", "", "", "", "", "", "", ""];
let currentPlayer = 'X';
let isGameOver = false;
let messageHistory = [];

function startNewGame(levelOfDifficulty) {
    board = ["", "", "", "", "", "", "", "", ""];
    currentPlayer = 'X';
    isGameOver = false;
    messageHistory = [];
    messageHistory.push({
        role:'user',
        content:'new('+levelOfDifficulty+')',
    });
    document.querySelectorAll('.cell').forEach((cell) => (cell.
        innerHTML = ""));
    const response =getAIMove(messageHistory);
    return response;
}
```

```js
function makeMove(index) {
    if (board[index] === '' && !isGameOver) {
        board[index] =currentPlayer;
        document.getElementsByClassName('cell')[index].innerHTML =
            currentPlayer;
        messageHistory.push({
            role:'user',
            content: index.toString(),
        });

        if (checkWin()) {
            alert(currentPlayer +' Wins!');
            isGameOver = true;
            return;
        }
        if (checkDraw()) {
            alert('Draw!');
            isGameOver = true;
            return;
        }
        aiMove(messageHistory); // Player is X, AI is O
    }
}

async function getAIMove(message) {
    //该函数向 API 服务器发送一条消息
    //这条消息包含之前的每一步走棋和用户的最新走棋
    //服务器生成 AI 的下一步走棋
    const response = await fetch('http://localhost:3000/chat', {
        method:'POST',
        headers: {
            'Content-Type': 'application/json',
        },
        body: JSON.stringify({
            messages: message,
        }),
    });
    const data = await response.json();
    document.getElementById('message').innerHTML =
        data.response.choices[0].message.content;
    return data.response.choices[0].message.content;
}
```

```
async function aiMove(messageHistory) {
    let move = awaitgetAIMove(messageHistory);
    messageHistory.push({
        role: 'assistant',
        content: move.toString(),
    });
    board[move] = 'O';
    document.getElementsByClassName('cell')[move].innerHTML = 'O';
    if (checkWin()) {
        alert('O Wins!');
        isGameOver = true;
    }
}

function checkWin() {
    let winCombos = [
        [0, 1, 2],
        [3, 4, 5],
        [6, 7, 8],
        [0, 3, 6],
        [1, 4, 7],
        [2, 5, 8],
        [0, 4, 8],
        [2, 4, 6],
    ];
    for (let i = 0; i <winCombos.length; i++) {
        if (
            board[winCombos[i][0]] &&;
            board[winCombos[i][0]] === board[winCombos[i][1]] &&;
            board[winCombos[i][0]] === board[winCombos[i][2]]
        ) {
            return true;
        }
    }
    return false;
}

function checkDraw() {
    return board.every((cell) => cell !== '');
}
```

完成客户端脚本，并更新 HTML 页面以添加 Start Game（开始游戏）按钮之后，我进行测试，发现游戏运行正常，我终于可以通过网页浏览器与 GPT-4 玩井字棋游戏了！

然而，经过几场比赛之后，我发现尽管 GPT-4 知道游戏规则，但它的策略水平非常糟糕。即使我将游戏难度等级设置为 10，并且我故意出错，仍然会赢得每一场比赛，如图 5-13 所示。

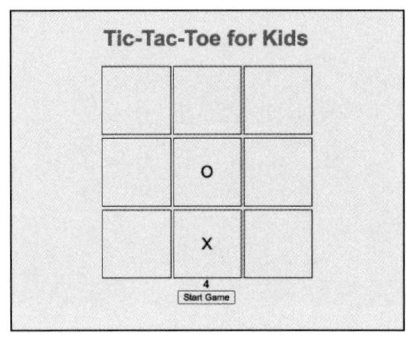
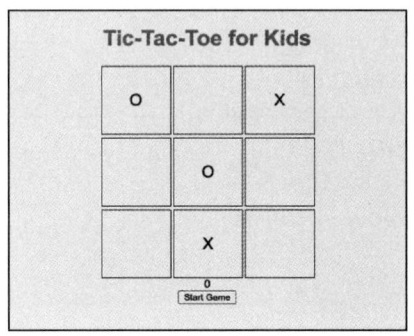
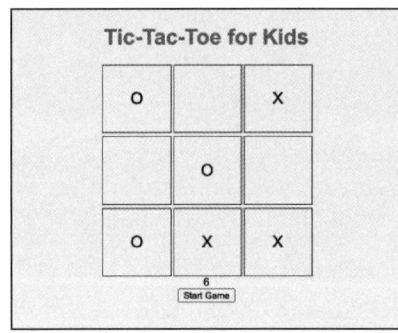
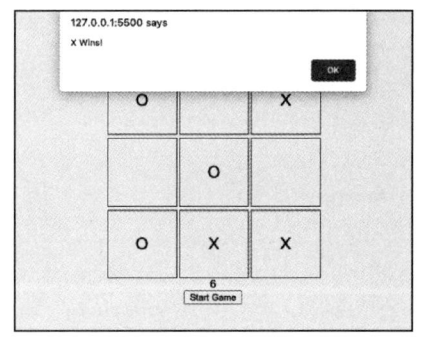

ChatGPT

图 5-13　GPT-4 不擅长玩井字棋游戏

图片中的弹出框：玩家 X 赢了！

GPT 模型只是一个语言模型，不具备足够的推理能力。

牢记

从 AI 端转向客户端

将 AI 响应集成到应用程序的过程中，我在思考，能否将 AI 的部分响应转移至客户端或服务器端代码中。这样做能够降低对 AI 发送指令的复杂度，减少应用程序与 AI 之间的交互次数，降低 AI 使用成本，并让 AI 专注于更少的任务，从而提高其准确性。

因为难度级别仅仅是调整随机响应的数量，所以采取随机走棋似乎是帮 AI 省去麻烦的自然之举。我的想法是在客户端处理游戏难度级别，也不再提示 AI 进行随机走棋。

基于以上想法，我重新查看 ChatGPT 生成的完全随机的井字棋走棋代码，并对其进行修改，以便所选的游戏难度级别可以决定生成随机走棋的频率。

首先，修改系统提示，消除关于难度级别的描述。以下是我的新提示：

```
{
    role:'system',
    content:
        "You are an AI tic-tac-toe player. You are always 'O' and I'm always 'X'. \n \nI'
        ll provide you with my move as a number on this grid: \n \n0 |1 |2 \n3 |4 |5 \n6 |
        7 |8 \n \nYou'll respond with only your move, which must not be a number that
        has already been played in the current game. \n \nWhen I say 'new()' start a new
        game.",
}
角色:'system',
内容:
"你是一个 AI 井字棋玩家。你总是'O',而我总是'X'。我会在以下网格上用数字为你提供我的走棋位置：
0 |1 |2
3 |4 |5
6 |7 |8
你只需要回应你的走棋，你不能走当前游戏中已经走过的位置。当我说 new()时，请开始一个新游戏。"
```

然后，为了编写随机走棋功能，我在 getAIMove() 函数的开头添加了以下注释：

```
/*
使用 difficulty(游戏难度级别)的值来决定是查询 API 获取最佳走棋，还是使用随机走棋。如果
difficulty 是 10,则始终查询 API 最佳走棋。
如果 difficulty 是 0,则始终随机走棋。
如果 difficulty 介于 0 和 10 之间,则随机走棋的概率为(10 - difficulty) * 10 %,
而最佳走棋的概率为 difficulty * 10 %。
*/
```

我在 Copilot 的协助下修改过的函数，详见代码清单 5-4。

代码清单 5-4 新的 **getAIMove()** 函数

```
async function getAIMove(message) {
    /* getAIMove()函数开头添加的注释
        Use the value of difficulty to decide whether to
        query the API for a move or use a random move.
        If difficulty is 10, always query the API
        If difficulty is 0, always use a random move
        If difficulty is between 0 and 10, use a random move
        10 - difficulty percent of the time and use the best move difficulty percent of
        the time
```

```
 */
let random = Math.random();
if (random < difficulty / 10) {
    const response = await fetch('http://localhost:3000/chat', {
        method: 'POST',
        headers: {
            'Content-Type': 'application/json',
        },
        body: JSON.stringify({
            messages: message,
        }),
    });
    const data = await response.json();
    document.getElementById('message').innerHTML =
        data.response.choices[0].message.content;
    return data.response.choices[0].message.content;
}
let move = Math.floor(Math.random() * 8);
while (board[move] !== '') {
    move = Math.floor(Math.random() * 8);
}
document.getElementById('message').innerHTML = move.toString();
return move.toString();
}
```

有了这个新的提示和函数，我可以设置游戏难度（最初在脚本中设置，后来通过 HTML 中的滑块设置），调整 GPT-4 与客户端应用程序之间随机生成走棋的百分比。

但是，即使将游戏难度级别设置为 10，AI 仍然无法成为井字棋高手。

如果您通过更好的提示，可以让 GPT-4 成为井字棋高手，请发电子邮件给我（chris@minnick.com）。

访问本书的网站 www.dummies.com/go/codingwithaifd，您可以找到完整的井字棋游戏代码。

代码生成实用技巧

生成式 AI 模型的输出结果可能受到多种因素影响而有很大差异，包括用户的提示语、用户提供给模型的上下文和输入、某种具体的大语言模型（LLM）以及模型的温度设置等。

当您使用 AI 编程助手越来越熟练时，会逐渐了解它能做什么以及不能做什么。确实有一些方法可以帮您更可靠地获得高质量代码。在本节中，我将分享一些本人亲测有效的技巧，以及一些使用 AI 反而会耗时踩坑的教训。

我在本书的其他部分也会提到并使用这些经验。当您着手使用 AI 辅助编程时，可以参照本节内容。

人工引导

虽然 AI 可以生成完整的函数，甚至可运行的程序，但如果没有人类的主动引导，完全依赖 AI 来编写代码，很难达到最佳效果。所以人类仍需不断学习新技能，将 AI 用作辅助人类编写更多代码的工具，而不是代替人类编写代码的工具。这样不仅可以让 AI 向人类学习编写出更好的代码，而且人类也能够完全理解正在编写的代码，这对于创建出高质量软件至关重要。

指令清晰

在提示 AI 编程助手生成代码或询问 AI 如何操作时，请尽量指令清晰，明确具体。如果您在思考一个还不知道该如何编程的想法时，难免会从一个模糊的提示开始。但是，一旦您自己对问题和领域有了明确认知，就应该清晰明确地向 AI 提示具体细节。

分步思考

对 AI 的请求过于复杂，有可能导致 AI 的响应匪夷所思，因此，需要将复杂的大问题拆解为分步骤解决的小问题。比如，不要直接问大问题："如何编写一个 Instagram 克隆程序？"而是先从计划开始（比如，将其编写成 SRS），然后再从小部分代码入手（比如，新用户注册页面），分步骤解决问题。

跟进提问

如果您不能确定 AI 生成的代码如何运行，或者 AI 的响应出乎意料，请继续向 AI 编程助手询问，要求其澄清、解释或重新尝试。例如，如果 AI 生成的函数看起来不太对劲，但您不知道它到底出了什么问题，可以请 AI 提供该函数的其他几种编写方法，正如我们日常生活中，在找到问题的最佳解决方案之前，可能会搜索观看几个相关视频，现在我们让 AI 编程助手多生成几个选项，然后找出最佳解决方案。如果 AI 编程助手提供的答案不尽人意，可以尝试另一个 AI 编程助手，或者尝试将某个 AI 编程助手生成的代码提供给另一个 AI 编程助手，要求后者改进代码。

查验官方文档

众所周知，编程助手是在公开可用的代码上进行训练的，其背后的 LLM 可能有一个训练数据截止日期。因此，LLM 生成的代码有可能使用已经过时弃用的语法、旧版本或不再推荐的库。当您发现编程助手使用了奇怪的语法或库，请查看官方文档进行核验。

提供示例和上下文

尽管最新的 LLM 具有惊人的能力，但它们不会读心术。如果用户希望输出符合特定格式，请给 AI 提供该格式的示例。如果要求 AI 生成的代码能够集成其他函数或服务，请为 AI 提供相关信息作为上下文。

安全第一

聊天机器人和编程助手可能会使用用户的输入训练底层模型。为避免向模型的其他用户散播敏感信息和个人身份信息，请务必对这类数据进行匿名化处理。例如，如果您要求 AI 总结一封长电子邮件，请在将邮件作为输入提交给模型之前，删除或更改电子邮件的地址和姓名。

继续学习

使用聊天机器人或编程助手确实是一种解决编程问题的好方法，但这并不能替代程序员传统的学习方式：与其他程序员交流、参与 StackOverflow、Reddit 和 Hacker News 的在线论坛、观看视频、参加课程、阅读高质量书籍！

更新工具

AI 编程工具发展迅速，要确保使用的工具是最新版本。如果您在以上提到的学习方式中，看到一个很有前景的新工具，请大胆尝试。如果某个新工具或 IDE 比先前使用的工具更好用，请果断切换到新工具。

留意 AI 的局限

本书中反复提及 LLM 并不完美，也并非全知全能。模型经过大量数据的训练，可以根据其经验模式做出一些预测，但是如果您正在编写的代码是 AI 从未见过的，AI 就爱莫能助了。

本章内容：
- 使用 AI 进行代码格式化
- 使用 AI 进行代码重构
- 让代码更具可读性
- 让代码更易于理解

第 6 章

代码格式化和重构

我们无法奢望任何软件开发人员或团队能够一蹴而就，将开发工作做到尽善尽美。软件在当下或许运行良好，然而在软件编写或者升级期间所制定的决策，常常会在未来引发一些问题。

本章介绍如何使用 AI 编程助手清理代码。

使用 AI 工具进行代码格式化

代码的格式化方式和开发者在软件设计中的决策直接影响软件的可维护性，以及未来软件改良的难易程度。良好且一致的代码格式有助于经验丰富的程序员弄清楚各代码块的功能。有经验的程序员在查看编写良好的代码块时，即使以前从未见过，也能够迅速理解它的作用。

代码的可读性，首先体现在代码行和函数需要正确且一致地缩进和格式化。为了自动执行这项要求，我们将使用一种基于规则的 AI（不是大语言模型）。与基于机器学习的模型相比较，基于规则的 AI 工具所给出的输出具有更强的可预测性，因此更符合可读性要求。

基于规则的 AI 工具比基于机器学习的模型，输出更加可预测、更加符合可读性的要求。

牢记

基于规则的 AI 系统是人工智能的原始形式，系统通过一系列条件（或 if-then 语句）进行操作，而不是像语言模型那样进行预测。

设置格式化工具

使用代码格式化扩展，可以让 VS Code 自动格式化用户的代码，在众多代码格式化工具中，Prettier 拥有较高的流行度。

Prettier 自称是一款"有主见的"代码格式化工具，这意味着用户对 Prettier 基本没有控制权。使用像 Prettier 这样有主见的代码格式化工具，可以保证无论谁在使用 Prettier，他们的代码都会以相同的风格进行格式化，因此无须在团队成员之间对代码格式的细节进行标准化统一。

按照以下步骤在 VS Code 中安装并启用 Prettier 扩展：

1. 打开 VS Code 中的 Extensions（扩展）面板，然后搜索并选择 Prettier。

在 Extensions marketplace（扩展市场）中，有多个以 Prettier 开头的扩展。请选择由 Prettier 发布的官方扩展（通常会在搜索结果中排在首位），如图 6-1 所示。

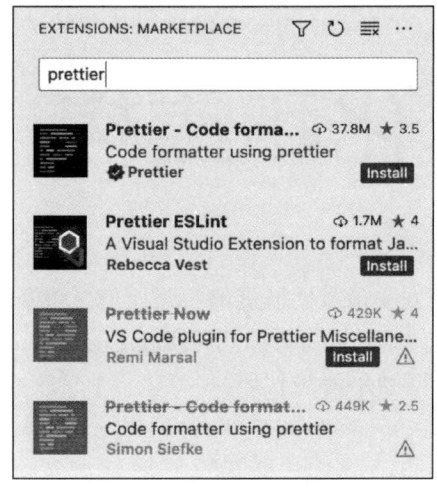

Prettier

图 6-1　安装 Prettier

2. 按下 Ctrl+plus（+）（在 macOS 中为 Command++），打开 VS Code 的设置屏幕。

也可以通过选择 File（文件）→Preferences（首选项）来打开设置。在 macOS 上选择 Code（代码）→Settings（设置）。

3. 在 Settings 的搜索框中输入 formatter。

与代码格式化相关的设置将会出现在 Settings 页面上。

4. 在 Default Formatter（默认格式化程序）设置下，选择 Prettier。

5. 向下滚动设置列表，勾选 Editor: Format on Paste（编辑器：粘贴时格式化）和 Editor: Format on Save（编辑器：保存时格式化），如图 6-2 所示。

6. 选择 File（文件）→Auto Save（自动保存），启用自动保存功能。

启用自动保存后，每当用户导航到其他标签页或者将焦点移开当前文件（例如，在终端中输入内容或切换到浏览器窗口测试代码）时，VS Code 会自动保存文件。

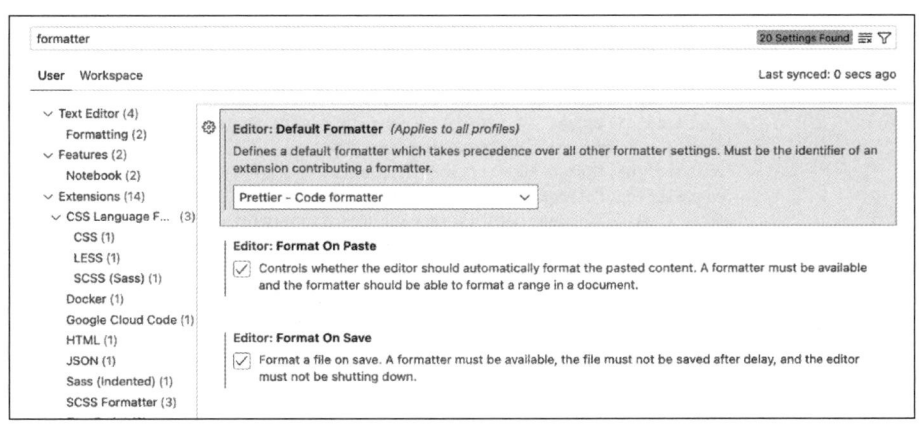

图 6-2　启用 Prettier 和自动格式化

7. 关闭 Settings（设置）窗口。

这样就成功安装了代码格式化工具！再也不用担心使用制表符还是空格来缩进代码了，可以节省大量时间。接下来，进行尝试。

使用 Prettier 自动设置代码格式

如前文所述，Prettier 是自主运行的，因此用户只需负责编程，当保存文件时，Prettier 会自动将代码格式化。如果文件未能自动格式化，说明用户犯了一个错误：没有正确关闭某个函数或语句。出现这种状况，可以使用 AI 编程助手来查找和修复问题，而不必自己手动去数括号的个数是否匹配无误。

嵌套的回调函数就是一种特别容易发生格式化问题的代码类型。过去，使用 Node.js 编写 JavaScript 服务器端需要大量使用传递给其他函数的函数，可能产生几乎无法理解的混乱代码，常被称为"回调地狱"。幸运的是，现在 Node.js 开发者不再需要编写这些嵌套回调，而是采用更抽象的编写方式，如 promises 和 async 函数。然而，如果您依然是一位 Node.js 开发者，就无法避免使用那些包含嵌套回调的遗留代码。

要测试 Prettier 和 Copilot 对于格式化和修复嵌套回调的效果，您需要从本书网站（www.dummies.com/go/codingwithaifd）下载第 6 章的代码。然后，打开第 6 章文件夹中的 nested.js 文件，此代码缺失一些圆括号和花括号，导致 Prettier 无法对其正确格式化，如图 6-3 所示。

当然，没有人会故意编写这样错误百出的代码。我们有时需要调试一些被压缩过的代码，这种压缩过程是为了删除不必要的字符（例如注释和空格），以便代码占用更少的空间。如果压缩过的代码包含错误，代码格式化程序将无法对其正确解析。

Prettier 可以尝试报告错误。单击 VS Code 右下角的 Prettier，弹出窗口将显示错误列表，如图 6-4 所示。如果在底部工具栏中没有看到 Prettier 链接，请右键单击工具栏并从状态栏链接列表中选择 Prettier。

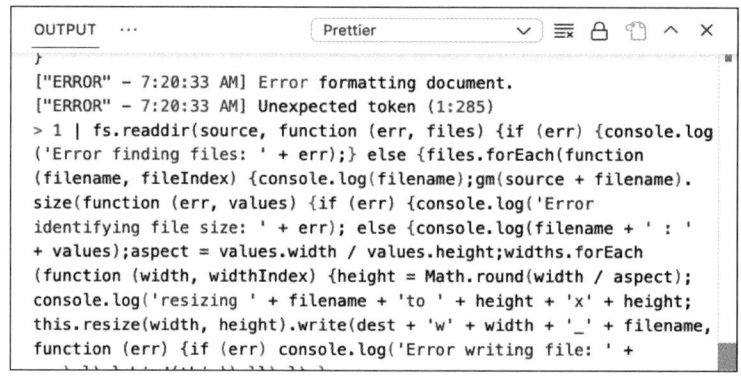

图 6-3　包含语法错误的无法格式化代码

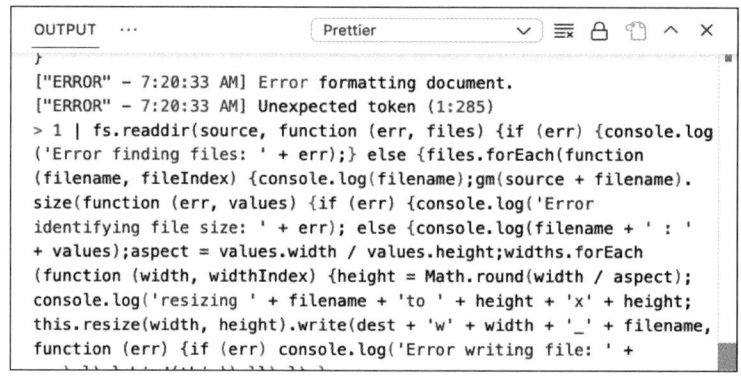

图 6-4　查看 Prettier 发现的问题

Prettier 所反馈的错误信息往往不够确切具体。例如，Prettier 指出存在意外的标记（token），这可能意味着代码中有多余的字符或缺少字符，但您仍然需要搜索代码并找出问题到底出在哪个"标记"上。

更高效的方法是请 AI 编程助手为您寻找问题。请按照以下步骤操作：

1. 在 VS Code 中打开格式错误的无效代码。

2. 将代码复制到另一个文件进行备份。

由于无法预判 AI 编程助手的工作结果，所以要预先备份代码的原始状态，这一点至关重要。

用户也可以在使用 Brushes 面板中的工具之前，将代码提交到源代码存储库。或者，简单地按 Ctrl+Z，即可撤销 Copilot 所做的更改。

3. 选择整个代码块，然后在其中单击鼠标右键并选择 Copilot→Fix This，如图 6-5 所示。

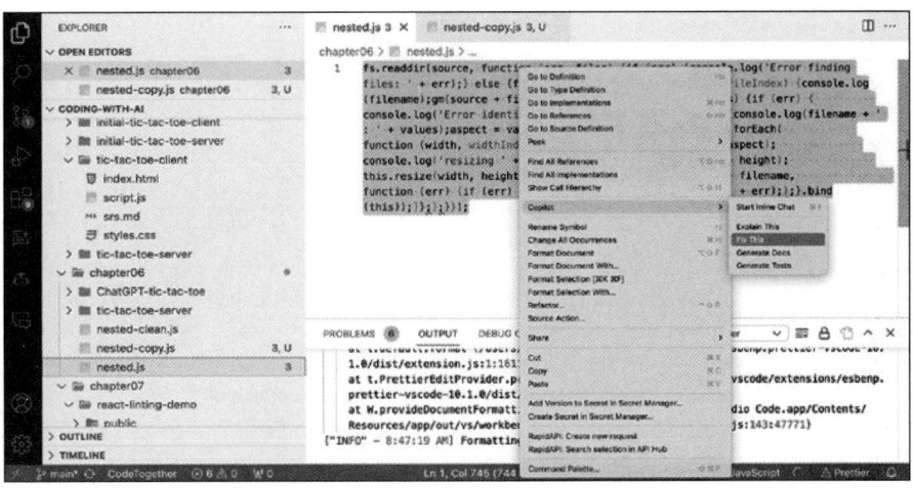

Microsoft Corporation

图 6-5　要求 Copilot 修复您的代码

Copilot 指出错误并提供了更改建议，如图 6-6 所示。在以上例子中，Copilot 指出缺少括号且有两个变量未使用，提供了修复代码建议。

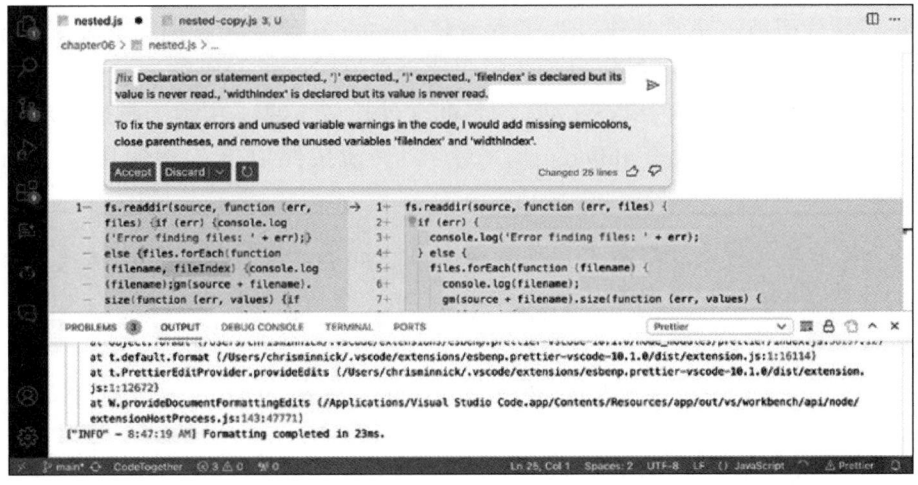

Microsoft Corporation

图 6-6　Copilot 提供了更改建议

4. 由于目前只关注语法错误（缺少括号），因此请删除提示中关于未使用变量的部分，然后单击 regenerate（重新生成）图标（环形箭头）。

这样，Copilot 只对语法错误进行了修复，如图 6-7 所示。

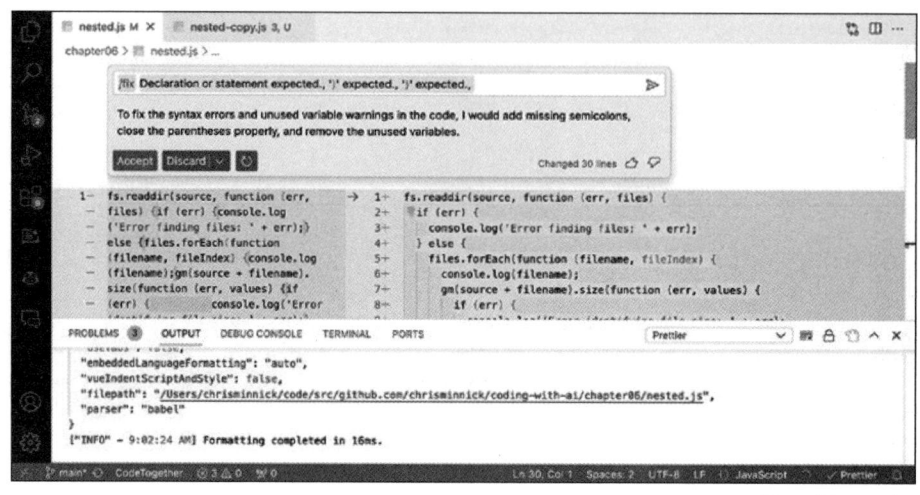

Microsoft Corporation

图 6-7　Copilot 修复了语法错误

5. 如果同意将更改建议应用到代码中，请单击 Accept（接受）。

接下来，需要弄清楚 Copilot 在修复问题时是否更改了代码中的其他内容。您从本书网站下载的文件中，nested-clean.js 文件是该代码的良好版本。我曾手动修复过此文件中的问题，并验证过该代码能够正常工作。为了弄清楚 Copilot 在修复错误时是否更改了代码中的任何其他内容，可以将 Copilot 修复过的代码与这个良好版本进行比较。

要自动比较文件，可以使用 VS Code 内置的文件比较工具，这类工具通常称为 diff（差异）工具，因为它们能够检查 differences（差异）。请按照以下步骤使用 VS Code 的 diff 工具：

1. 在 VS Code 的文件资源管理器中，单击 nested-clean.js，然后按住 Ctrl 键（Windows）或 Command 键（macOS）并单击 nested.js。

两个文件均被选中。

2. 右键单击选中的文件，然后从菜单中选择 Compare Selected（比较选中的文件），如图 6-8 所示。

出现 diff（差异）面板，如图 6-9 所示。

如果 diff（差异）面板中未显示两个文件之间的任何差异，则说明 Copilot 解决了代码问题，并且没有以任何其他方式更改代码。如果两个文件不同，请找到具体的差异并确定是否需要修复。也许这两个文件只是在一些不重要的地方略有差异，例如换行符。如果差异很大，就需要手动修复，或者打开之前的代码副本，再次使用 Copilot 修复错误。

第 6 章　代码格式化和重构　127

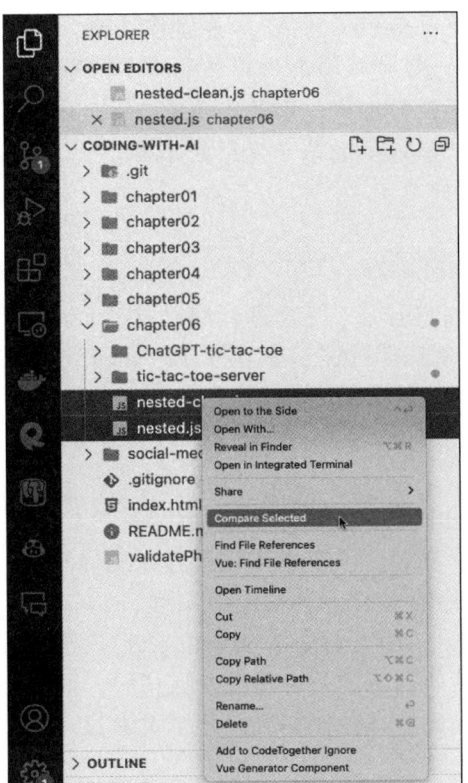

Microsoft Corporation

图 6-8　选择要比较的文件

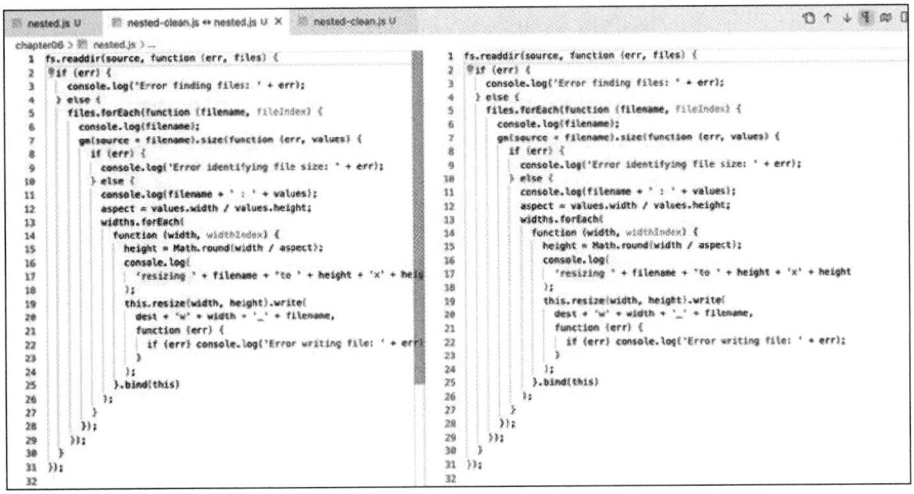

Microsoft Corporation

图 6-9　VS Code 中的 diff（差异）面板

牢记 众所周知，学习如何使用 AI 工具非常重要，其实我们更应该学会判断何时可以使用 AI 工具，何时必须使用传统的基于规则的工具。因为我们永远无法完全信任机器学习模型的输出，因此当我们想要确定性（比如检查文件之间的差异）时，就必须使用传统的基于规则的工具。

使用 AI 重构代码

程序员将返回程序中进行更改（仅改进程序结构，而不改变功能）的过程称为重构。重构是软件生命周期中的一个基本过程。本节将介绍如何利用 AI 工具识别重构中的潜在问题，以及如何使用 AI 协助解决这些问题。

识别代码异味

软件开发大师 Kent Beck 和 Martin Fowler 将代码异味定义为"程序源代码中可能潜藏更深层问题的一种表面迹象"。显然，没有人喜欢有异味的代码。

大多数代码异味源于程序员经验不足或仓促编程。如前文所述，您应该将 AI 编程助手视为实习生，实习生缺乏经验，而且对您的期望也缺乏了解，当然会犯很多错误。事实上，由于 AI 编程助手只能基于其所训练的开源软件生成代码，而这些开源软件的质量良莠不齐，因此 AI 编程助手写出不良代码的现象比初级程序员更常见。

小贴士 关于代码异味的详细讲解，参见 Martin Fowler 的经典著作 *Refactoring*（《重构》第 2 版，Addison-Wesley 出版公司）。

代码中的异味，就像冰箱底部抽屉里放置太久的蔬菜所散发的异味，很快会发展为腐烂。代码腐烂是指代码随着时间的推移而逐渐退化的过程，以前编写的代码设计或代码实现中的小问题会越来越严重，越来越影响工作效率。

代码异味不一定需要立即修复，但表象之下潜藏的系统中更深层次的问题需要修复。如果不够重视，没有适当地维护或改进代码，那么代码质量就会下降。代码异味通常分为以下几类：

- 非必需的（Dispensables）
- 臃肿的（Bloaters）
- 滥用的（Abusers）
- 耦合的（Couplers）
- 变更阻碍的（Change preventers）

以上每个类别又可细分为多种情况：

非必需的代码

非必需的异味代码是指应从源代码中删除的不必要代码，包括：

- **过多的注释**（Comment）：任何源代码都需要注释，但注释应该是必要且有用的。例如，注释不需要讲解代码的工作原理，因为代码本身就很容易阅读，也足以解释其工作原理。
- **重复代码**（Duplicate code）：重复代码往往来自 copy-and-paste（复制+黏贴）的编程风格，源于某程序员的操作草率或缺乏沟通。
- **冗余类**（Lazy Class）：在程序中作用不大的函数或类最好合并到其他代码中。例如，一个格式化日期字符串的函数仅由另一个函数使用，那么最好将日期字符串函数与使用它的函数合并。
- **无用代码**（Dead code）：无用代码可能曾经有用，但现在已经不再有用了。
- **怪异解决方案**（Oddball solution）：在代码中对同一个问题有两种解决方案时，其中一个解决方案就是怪异解决方案，应该删除。

臃肿的代码

臃肿的代码是指某个函数或其他代码单元的大小远远超过应有的规模。臃肿代码通常会随着时间的推移、需求的增加以及程序的老化而出现，包括：

- **过大的类或函数**：程序中的一个类或一个函数应该只做一件事。当一个类承担多个职责时，应该将其拆分为多个类。
- **过长的参数列表**：带有大量参数的函数常常难以阅读，而且过于复杂。大量参数意味该函数要完成太多的任务。
- **原始类型偏执**：原始变量只存储单一值，而不是引用多个值（比如，对象或数组）。若一个函数中有多个原始变量，可以考虑将它们合并为一个对象。例如，可以将 firstName、lastName、streetAddress、state 等原始变量合并为一个对象（命名为 user 或 customer）。

滥用的代码

滥用的代码（又称面向对象滥用）是指代码部分或完全违背了面向对象编程的原则，包括：

- **Switch 语句**：与复杂的 if/else 语句相比，switch 语句通常更受欢迎，但是过度依赖 switch 语句并不可取。
- **临时字段**：临时字段是一个类或函数中只在特定情况下使用的变量。最好将该变量提取到一个单独的类中。
- **条件复杂性**：这种代码异味类似于以上 switch 语句问题。条件代码块过大，比如一长串的 if/else 语句，意味着代码不必要的过度复杂。

耦合的代码

耦合的代码是指代码过于紧密地相互依赖，代码耦合过紧会对未来的代码修改增加困难。耦合的代码包括：

- **过度亲密**：两个类之间的交互过于密切，相互依赖过多，一个类大量使用另一个类的内部字段和方法。
- **不当暴露**：当一个类暴露其内部细节时，就违反了封装原则，会发生不当暴露。
- **依恋情结**：一个方法如果访问另一个对象的数据比访问自身数据还多，就称为具有依恋情结。
- **消息链**：消息链的发生是当 A 对象请求 B 对象时，B 对象又请求 C 对象，依此类推，就会形成冗长的消息链。消息链可能会在各个对象之间产生不必要的依赖关系。
- **中间人**：中间人是指一个类将工作委托给另一个类。这种情况会过度增加类之间的耦合性，可以考虑消除中间人，直接调用被委托的类，简化代码结构。

变更阻碍的代码

变更阻碍的代码是指当需要变更某一处代码时，却发现不得不变更其他处代码。这使得程序开发变得复杂、代价高昂。变更阻碍的代码包括：

- **发散式变更**：当一个类因自身之外的变化而需要做出许多更改时，就会出现这种异味。
- **霰弹式变更**：当多个类因一个变化而需要进行小的修改时，就会出现这种异味。

代码异味的其他类别

除了上述常见的代码异味之外，还有许多其他类别的代码异味，包括：

- **全局数据**：认为所有全局数据都是代码异味的说法是错误的，但是大量数据出现在全局范围内确实可能引发很大的问题。全局变量往往会引发其他代码异味。
- **魔法数字**：魔法数字是指硬编码到程序中，除了软件的创建者之外，其他人很难破译解释的具体数值，这会降低代码的可读性和可维护性。
- **命名不一致**：关于如何命名函数、类和变量，应有统一的约定。如何约定并不重要，但必须前后一致。
- **命名不清晰**：一个好的变量名称应该清晰描述该变量的用途，因此在定义变量时有必要花一些心思，避免无意义或模糊的变量名。例如，变量名称 firstName 比 name 更加精准，更具表达性，使用多个单词（first 和 Name）组合作为变量名称表达的意思更清晰，效果更好。
- **命名中嵌入类型**：比如，变量名 quantityInt 和 priceInt，这种代码异味会导致代码难以更改。例如，在三明治商店的应用程序中使用以上两个变量名，当店主打算出售半份三明治或将单价提高 25 美分，该如何修改？本来可以简单地更改变量的类型，允许小数即可，但以上不良命名方式会导致在更新程序中变量名称的每个实例时，需要在许多地方进行更改。

使用 Copilot 检测代码异味

代码异味通常在代码审查的过程中可以识别出来。本节将介绍如何使用 AI 进行快速代码审查。

由 AI 生成的代码通常包含一些不妥之处和代码异味。因为 AI 编程助手并不懂如何编程，AI 训练数据中的每个错误都可能作为 AI 回答反馈给提问者。尽管大语言模型确实拥有应该如何正确编程的信息，但是并不意味着模型自己能够做到正确编程。

用 AI 检查代码异味，可以使用 GitHub Copilot Chat 功能。请按照以下步骤操作：

1. 在 VS Code 中打开需要检查的代码以及其他相关文件（如 SRS）。
我将检测第 5 章中的井字棋游戏代码。

2. 单击 VS Code 左侧面板中的 Chat 图标。
出现 Copilot Chat 聊天窗口。

3. 在 Copilot Chat 中输入以下提示：

> Does this program contain any code smells? List and explain them.
> 该程序中是否包含代码异味？请列出这些代码异味,并逐一解释。

针对以上提示，Copilot 检测到该井字棋游戏中存在三种代码异味：

> **魔法数字**：程序使用以下语句设置游戏难度级别的初始值：

```
let difficulty = 10;
```

Copilot 说得对，这确实是一个魔法数字。
> **长函数**：Copilot 指出，startNewGame() 函数可能是一个过大的函数，执行了多项操作。Copilot 又说对了。
> **全局数据**：在程序开始处，声明了几个全局变量。Copilot 建议更改为在函数或类中声明这些变量，以期提升程序的健壮性。

以上 Copilot 初次回答的完整版如图 6-10 所示。

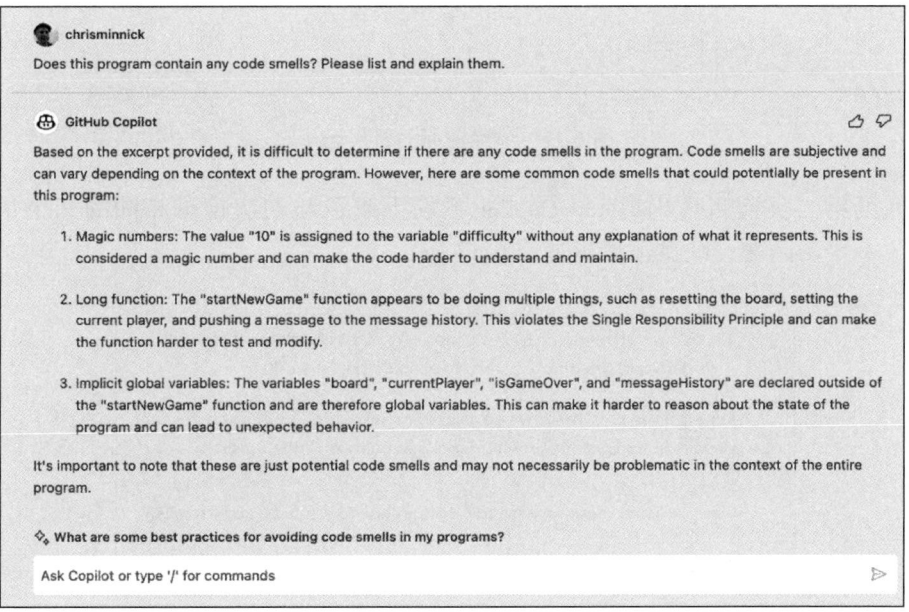

GitHub, Inc.

图 6-10　使用 Copilot 进行代码审查

提示词

这段程序是否包含代码异味？请列出并解释。

AI生成

根据你提供的代码，很难确定该程序中是否存在代码异味。代码异味是主观的，可能因程序的上下文而异。以下是该程序中可能存在的代码异味：

1. 魔法数字：值 "10" 被赋给变量 "difficulty"，但没有任何关于它代表什么的解释。这就是是魔法数字，会造成代码理解困难和维护困难。

2. 长函数："startNewGame" 函数似乎在执行多项操作，例如重置棋盘、设置当前玩家以及向消息历史记录推送消息。这违反了单一职责原则，会造成该函数测试困难和修改困难。

3. 全局变量：变量 "board"、"currentPlayer"、"isGameOver" 和 "messageHistory" 在 "startNewGame" 函数外部声明，因此是全局变量，会造成程序状态不稳定，导致意外状况。

请注意，以上只是潜在的代码异味，在特定的上下文中可能不算问题。

由于任何语言模型在生成回答时都有一定程度的随机性，因此针对同一个问题可以尝试多次提问。在第二次请求 Copilot 审查上述代码之前，我单击 Copilot 聊天窗口顶部的 Clear（清除）按钮，清除掉前面的提示和回答，如图 6-11 所示。

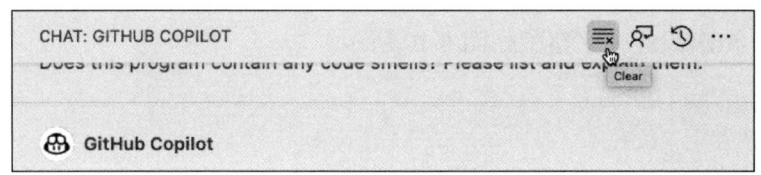

图 6-11　清除前面的聊天记录

针对我的第二次检测代码提示，Copilot 不仅生成了与初次检测相同的三个代码异味，而且发现了一个新问题：缺少注释，如图 6-12 所示。

图 6-12　Copilot 检测到我的代码缺少注释

4. 缺少注释：没有注释，很难理解代码的用途以及工作原理。

请注意，以上只是潜在的代码异味，在特定的需求或上下文中可能不算问题。

出于好奇，我第三次请求 Copilot 审查上述代码。这次检测到五个代码异味，其中四个为无稽之谈，但是，确实有一个新问题值得关注：命名不一致，如图 6-13 所示。

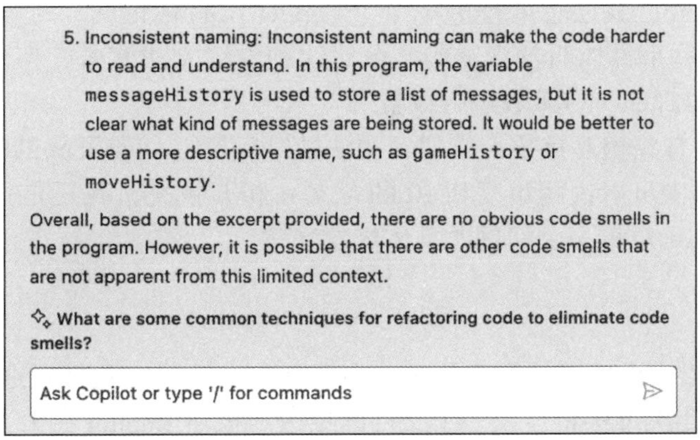

图 6-13　Copilot 指出程序中命名不一致的问题

5. 命名不一致：命名不一致会导致代码难以阅读、难以理解。在以上程序中，变量 messageHistory 用于存储消息列表，但并不清楚存储的是什么消息。最好使用更具描述性的名称，例如 gameHistory（游戏历史）或 moveHistory（走棋历史）。

总之，根据你提供的代码，程序中没有发现明显的代码异味。但是，可能存在一些超越此上下文的其他代码异味。

安全重构

重构代码可能会引发新的问题。因此，重构也需要小心谨慎，并且在每个阶段都做好备份，以便可以撤销不妥的更改。

保留每次更改历史记录的最佳方式就是使用版本控制系统，在代码库的新分支中对代码进行更改，在更改后对代码进行全面测试，然后再将其合并回到代码库的主分支。

程序员最常用的版本控制系统是 Git。本书未涉及 Git 的使用，读者若有兴趣，可以访问 https://git-scm.com/book/en/v2，阅读 Git 优秀免费书籍。

生成重构代码建议

发现代码中存在需要重构的问题之后，就要考虑如何处理这些问题。以下是 Copilot 在井字棋游戏中检测到的潜在问题：

- 长函数
- 魔法数字
- 命名不一致
- 缺少注释
- 全局数据

除了上述问题之外，我还想处理另一个（Copilot 没有标记的）问题：事件监听器是在 HTML 文件中使用内联事件监听器设置的。虽然这种设置方法有效，但最佳做法是在 JavaScript 中使用 addEventListener( ) 函数进行设置。

虽然上述问题中有些相互重叠，例如，魔法数字问题（代码开头的游戏难度设置为 10）与缺少注释（在注释中可以说明难度和 10 的含义）相互重叠，我还是打算对这些问题分别解决，看看 CopilotChat 对每一个问题的具体修复建议。

设置事件监听器

在请求 AI 帮助正确设置事件监听器时，会遇到一个问题（我怀疑这也是 AI 没有将其标记为问题的原因）：此次重构将涉及多个文件的更改。虽然 Copilot 在为当前文件生成建议时会考虑其他文件的内容，但不会为了修复当前文件中的问题，建议对其他文件进行更改。

尽管我自己知道该如何解决这个问题，但还是想看看 Copilot 的处理建议。首先，在 VS Code 中打开 index.html，在另一个选项卡中打开 JavaScript 文件，然后我向 CopilotChat 提示如下：

> How can I set the event listeners inside script.js rather than inside the HTML?
> 如何在 script.js 中，而不是在 HTML 中，设置事件监听器？

Copilot 给出的代码如图 6-14 所示，正如我所愿。

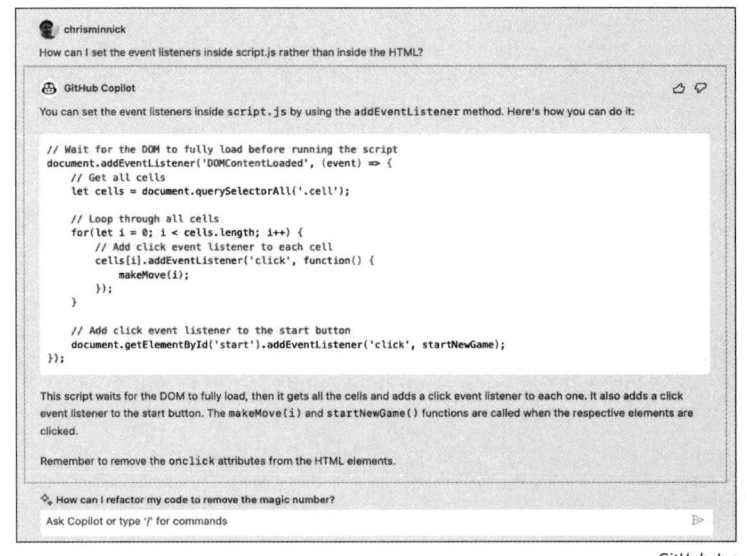

图 6-14　Copilot 给出的重构事件监听器代码建议

> **提示词**
> 我如何在 script.js（而不是 HTML）文件内部设置事件监听器？
>
> **AI生成**
> 你可以使用 addEventListener 方法在 script.js 文件内部设置事件监听器，具体操作如下：

代码注释：
//在运行脚本之前，等待 DOM 完全加载。
//获取所有单元格
//遍历所有单元格
//为每个单元格添加点击事件监听器
//为开始按钮添加点击事件监听器

这段代码在等待 DOM 完全加载完毕后获取所有单元格，并为每个单元格添加一个点击事件监听器，还为开始按钮添加一个点击事件监听器。当相应元素被点击时，就会调用 makeMove（i）函数和 startNewGame()函数。

切记，要在 HTML 元素中删除 onclick 属性。

按照以上建议，程序能够按照预期正常运行，因此我将建议代码签入存储库，然后继续解决下一个问题。

在编程过程中，有时我们对一些问题已有自己的解决方案，但还是会向其他程序员询问建议。AI 也可以像我们的同行一样，为我们提供不同的视角和启发。

删除魔法数字

解决事件监听器设置问题后，Copilot 提出了以下后续问题：

How can I refactor my code to remove the magic number?
如何重构代码来删除魔法数字？

我认可 Copilot 提出的问题，接下来就修复这个问题。为了看看 Copilot 会给出什么解决方案，我点击了该建议提示。Copilot 给出的回应看似合理，如图 6-15 所示。

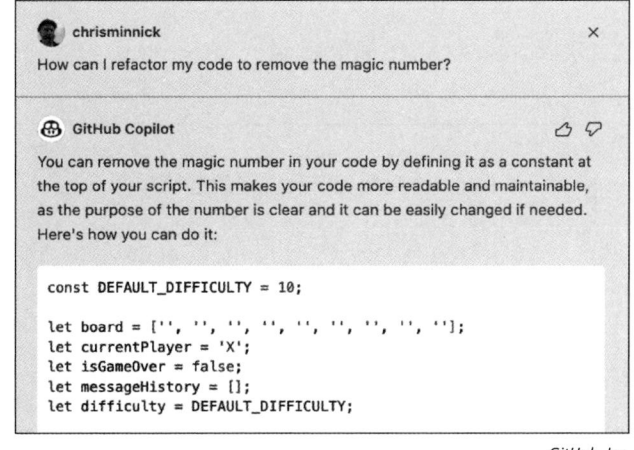

GitHub, Inc.

图 6-15　Copilot 给出的修复魔法数字建议

> **提示词**
>
> 如何重构代码来删除魔法数字？

> **AI生成**
>
> 在脚本顶部将其定义为常量，就可以删除魔法数字。这样做，你的代码就更易于阅读和维护，因为该数字的用途明确，在需要时可以轻松更改。具体操作如下：
>
> 代码

我运行实施了以上解决方案。接下来，继续处理下一个问题。

减少全局数据

为了消除全局数据，Copilot 建议将游戏的数据和功能封装到一个类中，Copilot 为这个解决方案提供了必要的代码，如图 6-16 所示。

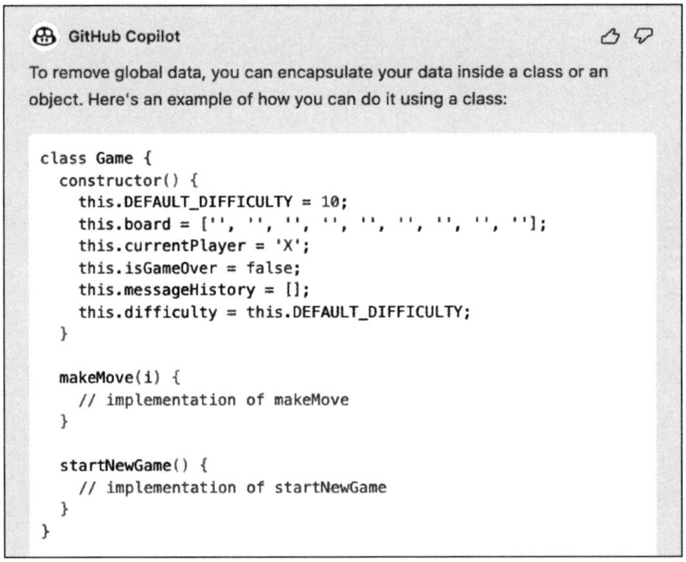

```
GitHub Copilot
To remove global data, you can encapsulate your data inside a class or an
object. Here's an example of how you can do it using a class:

class Game {
  constructor() {
    this.DEFAULT_DIFFICULTY = 10;
    this.board = ['', '', '', '', '', '', '', '', ''];
    this.currentPlayer = 'X';
    this.isGameOver = false;
    this.messageHistory = [];
    this.difficulty = this.DEFAULT_DIFFICULTY;
  }

  makeMove(i) {
    // implementation of makeMove
  }

  startNewGame() {
    // implementation of startNewGame
  }
}
```

GitHub, Inc.

图 6-16　全局数据解决方案的起始部分

> **AI生成**
>
> 要消除全局数据，可以将数据封装在一个类或者对象内部。以下示例展示如何使用类进行封装：
>
> （代码）
>
> 注释：
>
> //makeMove 函数实现。
>
> //startNewGame 函数实现。

然而，Copilot 的建议并不完全正确，没有考虑到 startNewGame( ) 函数需要一个异步函数。在解决方案的实施过程中，Copilot 确实为 startNewGame( ) 函数提供了正确的代码，如图 6-17 所示。

```
class Game {
  constructor() {
    this.DEFAULT_DIFFICULTY = 10;
    this.board = ['', '', '', '', '', '', '', '', ''];
    this.currentPlayer = 'X';
    this.isGameOver = false;
    this.messageHistory = [];
    this.difficulty = this.DEFAULT_DIFFICULTY;
  }

  async startNewGame() {
    this.board = ['', '', '', '', '', '', '', '', ''];
    this.currentPlayer = 'X';
    this.isGameOver = false;
    this.messageHistory = [];
    this.messageHistory.push({
      role: 'user',
      content: 'new',
    });
    document.querySelectorAll('.cell').forEach((cell) => (cell.innerHTML = ''));

    const response = await fetch('http://localhost:3000/chat', {
```

图 6-17　Copilot 看似正确地编写了大部分代码

看到以上 Copilot 代码后，我轻易相信并接受了 Copilot 提出的每一个建议，想看看它是否能够重写程序，将相关部分封装为一个类，结果事与愿违。

很无奈，我恢复到前一个备份，进行再次尝试。这次我禁用了 Copilot，自己进行类的转换。

我在此故意展示错误，就是为了提醒大家！请仔细检查 GenAI 给出的每一条建议，切勿在没有理解和没有把握的情况下盲目接受建议。

修复长函数问题

startNewGame( ) 函数的功能众多：重置全局变量、重置井字棋游戏棋盘、向 OpenAI API 发送消息命令其开始新游戏，在生成响应之前将服务器的响应显示在屏幕上。

我请求 CopilotChat 修复 startNewGame( ) 函数，让它不要有太多功能。Copilot 给出的解决方案是将 startNewGame( ) 拆分为三个函数，但遗漏了该函数最重要的功能：开始新游戏。

我转而向 GPT-4 提出了同样的问题，它提供了一个更好的拆分建议。GPT-4 为 startNewGame( ) 生成的代码是调用另外三个函数，如下所示：

```
async startNewGame() {
    this.resetGameState();
    this.clearBoardDisplay();
    await this.postNewGameMessage();
}
```

 如果一种大语言模型的回答不尽人意,请尝试另一种。如果二者都没有任何帮助,可尝试更改提示或将一个大问题分解为几个具体的小问题。

修复命名不一致问题

我本来对大语言模型修复变量和函数的命名抱有很高期望,于是向 Copilot 提出请求:

> How can I refactor this program to make the naming consistent?
> 为了命名保持一致,我该如何重构这个程序?

Copilot 给出了几个一般性提示和三个具体建议,如图 6-18 所示。我对其中两个建议表示同意并运行,然后再次提出了上述请求。

针对我的再次请求,Copilot 生成了两个不同的建议。我对其中一条表示同意并运行,然后第三次提出了上述请求。这一次,Copilot 生成了令人满意的建议,但随后它让我对两个它已给出建议的变量进行重新命名(在我看来,这是一条糟糕的建议)。看样子,我的反复提问已经达到收益递减的临界点。

接下来,我需要查看全部代码,看是否还有其他名称需要修复。检查发现,其余的名称都非常恰当。

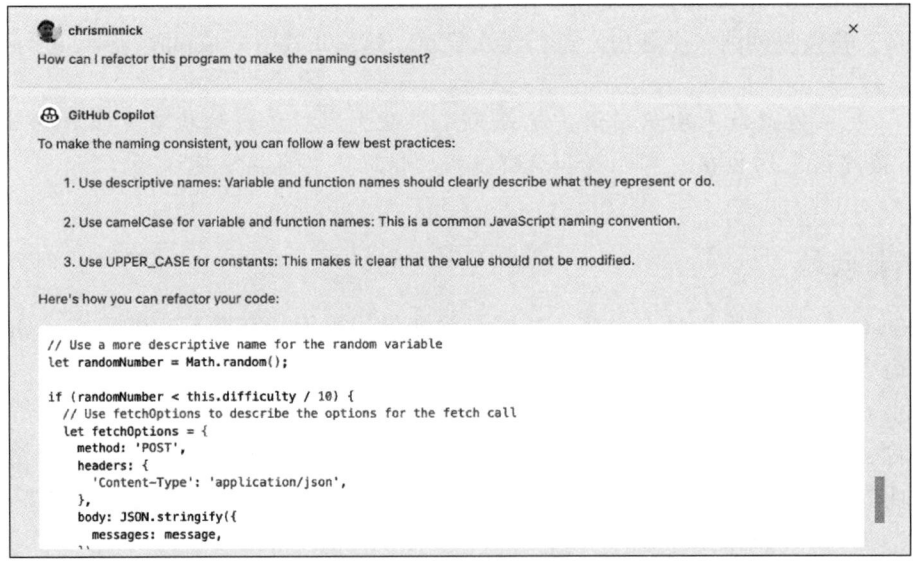

GitHub, Inc.

图 6-18 关于修复命名不一致问题的建议

提示词

为了命名保持一致,我该如何重构这个程序?

为了使命名保持一致，请遵循以下原则：
1. 名称具有描述性：变量名和函数名称应清晰地描述它们所代表的内容或执行的操作。
2. 变量名和函数名采用驼峰命名法：这是 JavaScript 的一种常见命名规范。
3. 常量使用大写字母：这样能清楚表明该值不应被修改。

具体操作如下：
(代码)
注释：
//给随机变量使用一个更具描述性的名称。
//使用"fetchOptions"来描述 fetch 调用的相关选项。

小贴士 　　如果用户诱导性提问，比如"我的代码有什么问题？"或"我该如何修复代码？"。一般来说，Copilot 不会回答"没有任何问题"，而是指出具体问题，因此用户可以多问无妨，当然也不要盲从，最终还需自己做出判断。

解决缺少注释问题

关于重构代码，我对 Copilot 的最后一个请求是为程序添加文档和注释。我知道该程序需要更多的文档，因此尝试使用 Copilot 的文档生成工具。

我选择了类中的第一个方法，右键单击该方法，然后选择 Copilot→Generate Docs（生成文档）。Copilot 回复了对该方法的描述，但使用了错误的注释符号，并且该描述啰嗦且重复，如图 6-19 所示。

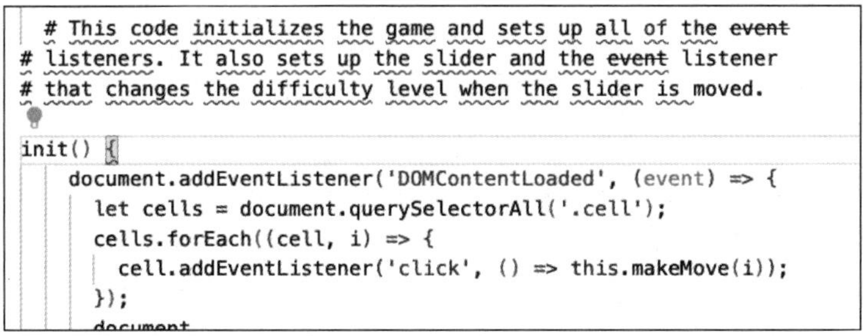

图 6-19　Copilot 首次尝试生成文档，失败

第二次尝试的结果有所改善，但仍然没有正确地将文本标记为注释。于是，我转向求助 Copilot Chat，提问如下：

> Write JSDoc comments for this program.
> 请为该程序编写 JSDoc 格式的注释。

这一次，Copilot Chat 生成的示例代码确实是 JSDoc 格式，但我认为还不够好。

于是，我进行第三次尝试。查阅程序之后，我在每个函数的前面都插入启动代码块，输入自己写的注释，然后再看看 Copilot 会回复给我什么建议。实践证明，第三次尝试的方法最令人满意。

从以上三次尝试可见，我们给 AI 提供的内容越多，AI 提供的帮助就会越大。

井字棋游戏实战

最后，我还想看看 Copilot 能否提供一些建议，让 GPT-4 提高玩井字棋游戏的水平。首先，打开包含 Node.js 的文件，该文件负责与 GPT-4 交互。然后，向 Copilot 提示以下内容：

> How can I modify my prompt to GPT-4 to make it be better at playing tic-tac-toe?
> 如何修改我的 GPT-4 提示，使其能够提高玩井字棋游戏的水平？

Copilot 建议使用以下提示：

> You are a highly skilled AI trained to play tic-tac-toe. You are playing against a human opponent. Your goal is to win or draw the game. You are expected to make optimal moves based on the current state of the game board. The board positions are numbered from 0 to 8, starting from the top left corner and going to the right and then down. The board is represented as a list of nine elements, each of which can be "X", "O", or "" (for an empty space).
> 你是一个训练有素的 AI 井字棋游戏高手。你正在与人类对手对战，目标是赢得比赛或打成平手。你需要根据游戏的实时状态走出最佳棋步。棋盘位置编号从 0 到 8，从左上角开始，向右，然后再向下。棋盘呈现为一个包含九个元素的列表，每个元素可以是"X"、"O"或" "（空白）。

如果 AI 真的能够达到与人类打成平手的水平，我就很满意了。于是，我实施以上建议，然后启动服务器和客户端。

结果令我失望，AI 的表现依然很菜，尽管我竭尽全力想输，结果却每局都赢！

从以上 AI 帮我重构代码的示例评判，整体令人满意，如果忽略 AI 玩井字棋游戏的水平，就更令人满意了。代码重构之后的完整程序，如代码清单 6-1 所示。

代码清单 6-1 重构之后的井字棋游戏

```
class TicTacToeGame {
    constructor(difficulty = 10) {
        this.DEFAULT_DIFFICULTY = difficulty;
        this.board = [",",",",",",",",",","];
        this.currentPlayer = 'X';
        this.isGameOver = false;
        this.messageHistory = [];
```

```
        this.difficulty = this.DEFAULT_DIFFICULTY;
        this.init();
}

/**
 * 初始化游戏,具体做法:向 DOM 添加事件监听器。
 */
init() {
    document.addEventListener('DOMContentLoaded', (event) =>          {
        let cells = document.querySelectorAll('.cell');
        cells.forEach((cell, i) => {
            cell.addEventListener('click', () => this.makeMove(i));
        });
        document
            .getElementById('start')
            .addEventListener('click', () => this.startNewGame());
    });

        let slider = document.getElementById('slider');
        document.getElementById('difficulty').innerHTML =
            'Level of difficulty: ' + slider.value;
        slider.addEventListener('change', (e) => {
            document.getElementById('difficulty').innerHTML =
                'Level of difficulty: ' + e.target.value;
            this.difficulty = e.target.value;
        });
    }
    /**
     * 开始新游戏,具体做法:重置游戏状态并清理棋盘
     * 然后向服务器发送一条新游戏的消息
     */
    async startNewGame() {
        this.resetGameState();
        this.clearBoardDisplay();
        await this.postNewGameMessage();
    }
    /**
     * 重置游戏状态
     */
    resetGameState() {
        this.board = ['','','','','','','','',''];
```

```
        this.currentPlayer = 'X';
        this.isGameOver = false;
        this.messageHistory = [{ role:'user', content:'new' }];
    }
    /**
     * 清理棋盘
     */
    clearBoardDisplay() {
        document.querySelectorAll('.cell').forEach((cell) => (cell.innerHTML = ''));
    }
    /**
     * 向服务器发送一条新游戏的消息
     */
    async postNewGameMessage() {
        try {
            const response = await fetch(
                'http://localhost:3000/chat', {
                method:'POST',
                headers: { 'Content-Type': 'application/json' },
                body: JSON.stringify({ messages: this.messageHistory }),
            });

            const data = await response.json();
            this.updateMessageDisplay(
                data.response.choices[0].message.content);
        } catch (error) {
            console.error('Failed to post new game message:',error);
            this.updateMessageDisplay('Error starting a new game.Please try again.');
        }
    }
    /**
     * 更新消息显示
     * @param {string} message
     */
    updateMessageDisplay(message) {
        document.getElementById('message').innerHTML = message;
    }
    /**
     * 在棋盘上移动一步
     * @param {number} index
     */
```

```
makeMove(index) {
    if (this.board[index] === '' &&; !this.isGameOver) {
        this.board[index] = this.currentPlayer;
        document.getElementsByClassName('cell')[index].innerHTML =this.currentPlayer;
        this.messageHistory.push({ role: 'user', content: index.toString() });

        if (this.checkWin()) {
            alert(this.currentPlayer + ' Wins!');
            this.isGameOver = true;
            return;
        }
        if (this.checkDraw()) {
            alert('Draw!');
            this.isGameOver = true;
            return;
        }
        this.aiMove(); // 玩家的棋子是 X,AI 的棋子是 O
    }
}
/**
 * 检查是否某一方赢了
 * @returns {boolean}
 */
checkWin() {
    const winCombos = [
        [0, 1, 2],
        [3, 4, 5],
        [6, 7, 8],
        [0, 3, 6],
        [1, 4, 7],
        [2, 5, 8],
        [0, 4, 8],
        [2, 4, 6],
    ];
    return winCombos.some((combo) => {
        return (
            this.board[combo[0]] &&;
            this.board[combo[0]] === this.board[combo[1]] &&;
            this.board[combo[0]] === this.board[combo[2]]
        );
```

```javascript
        });
    }
    /**
     * 检查是否双方平局
     * @returns {boolean}
     */
    checkDraw() {
        return this.board.every((cell) => cell !== '');
    }
    /**
     * AI 走一步棋
     */
    async aiMove() {
        let move = await this.getAIMove(this.messageHistory);
        this.messageHistory.push({ role: 'assistant', content: move.toString() });
        console.log(move);
        this.board[move] = 'O';
        document.getElementsByClassName('cell')[move].innerHTML = 'O';
        if (this.checkWin()) {
            alert('O Wins!');
            this.isGameOver = true;
        }
    }
    /**
     * 获取 AI 走棋
     * @param {array} message
     * @returns {string}
     */
    async getAIMove(message) {
        /*
        难度值决定是否查询 API 获取最佳走棋,或者使用随机走棋:
        如果难度值为 10,则每次都查询 API
        如果难度值为 0,则每次都随机走棋
        如果难度值介于 0 和 10 之间,则使用(10 - 难度值) * 10%概率的随机走棋,以及使用难度值 * 10%概率的最佳走棋。
        */
        let randomNumber = Math.random();
        if (randomNumber < this.difficulty / 10) {
            const response = await fetch(
                'http://localhost:3000/chat', {
                method: 'POST',
```

```
            headers: {
                'Content-Type': 'application/json',
            },
            body: JSON.stringify({
                messages: message,
            }),
        });
        const data = await response.json();
        let messageElement = document.getElementById('message');
        messageElement.innerHTML = data.response.choices[0].message.content;
        return data.response.choices[0].message.content;
    }
    let randomMove = Math.floor(Math.random() * 8);
    while (this.board[move] !== '') {
        randomMove = Math.floor(Math.random() * 8);
    }
    document.getElementById('message').innerHTML = move.toString();
    return randomMove.toString();
    }
}
//创建新游戏
newTicTacToeGame();
```

> **本章内容:**
> - 发现、识别、报告漏洞
> - 使用 linter 预防漏洞
> - 使用 AI 发现漏洞
> - 验证自动漏洞修复

第 7 章

发现和消除漏洞

在计算机领域使用"debugging"一词可以追溯到 20 世纪 40 年代在哈佛大学工作的海军上将格蕾丝·霍珀(Grace Hopper)。她的同事发现一只飞蛾卡在计算机中,导致系统无法正常工作,因此大家一起为系统"除虫(debugging)"。

技术细节　　尽管早在 1887 年,托马斯·爱迪生就使用过这一术语,将机械系统中的故障称为"bug",但是大家公认格蕾丝·霍珀是在计算机和编程领域使用该术语的第一人。

如今,大家很少会遇到阻碍程序正常运行的物理故障,但是代码漏洞依然很烦人,而且有时很难发现。本章将介绍如何使用 AI 工具调试代码。

了解漏洞

消除代码漏洞的前提需要发现、识别和报告漏洞。本节介绍如何执行上述三项任务。

检测漏洞的策略

检测软件漏洞的方法有很多种,最有效的策略包括:

- **» 代码审查**:与同事一起定期审查代码,可以发现自己无法发现的问题。本书第 6 章介绍过如何使用 AI 编程助手进行代码审查。

- **自动测试**：自动测试可确保新功能不会对现有代码造成破坏，有助于在开发早期检测软件错误。本书第 9 章将介绍如何使用 AI 辅助自动测试。
- **静态代码分析**：静态代码分析是在编写代码的过程中对其进行分析，将在本章"使用静态代码分析工具预防错误"中详细描述。
- **调试工具**：调试工具供开发人员在程序运行时逐步检查代码和变量，对于查找错误的根本原因至关重要。AI 辅助调试将在本章"使用 AI 检测漏洞"中详细描述。
- **日志和监控**：错误日志和性能监控可以为软件开发人员提供软件部署到生产环境后运行情况的详细信息。

常见漏洞类型

据估计，地球上大约有 600 万～1000 万种不同类型的虫子（bug），占所有动物种类数目的 90%。幸运的是，软件漏洞（bug）的种类并没有这么多。

最常见的软件漏洞类型包括：

- **语法漏洞**：指代码中的错误字符或缺失字符，导致程序无法编译或无法运行。
- **运行时漏洞**：指在程序运行时发生的错误。这种漏洞不会阻止程序编译，但在运行时会导致程序崩溃。
- **功能性漏洞**：指软件中的某些功能无法按预期执行，例如搜索框无法搜索。
- **逻辑性漏洞**：与业务逻辑相关的问题，通常是由于代码编写不当造成的，例如将某一个值分配给错误变量。
- **工作流漏洞**：与用户对软件应用程序的导航有关，例如某链接无法将用户导航至正确的网页。
- **单元级漏洞**：指包含在某个小部分代码单元中的错误，例如电子邮件地址字段的输入验证问题，由于涉及的代码量较小，单元级错误比较简单、易于隔离和修复。
- **系统级集成漏洞**：这是更为复杂的错误，表现为系统内各个代码单元的功能都能够正常运行，但各系统之间协同工作时会出现错误。由于涉及多个子系统，且通常由不同的开发人员编写，这种类型的错误更难追踪和修复，而且很耗时。例如，两个软件组件要求不同的数据格式，二者可能无法正确交换数据。
- **越界漏洞**：指由于用户以非预期的方式与软件的用户界面交互而发生的问题，例如用户在输入框中输入了比系统预期更大的值。
- **安全漏洞**：指使软件容易受到恶意攻击或其他风险的问题，例如将用户数据暴露给未经授权的用户。

尽管安全漏洞不一定会阻止软件的正常使用，却是最危险的错误，应该立即修复。

能否做到软件零漏洞

过去，大多数编程漏洞源于人为错误。如今，随着 AI 辅助编程的出现，漏洞也可能源于 AI 编程助手。无论简单还是复杂的软件都可能存在漏洞，追求完全无漏洞既不现实，又会导致开发超时和超预算问题。

历史上有一些非常著名的项目，就是因为不切实际的过高质量要求而导致项目失败。例如，美国联邦航空管理局（FAA）在二十世纪 80 至 90 年代提出编写新的空中交通管制软件，该项目最初计划于 1982 年启动，1996 年完成，预算成本 25 亿美元。然而，1994 年该项目被取消，因为成本估算已经高达 70 亿美元，部分项目进度已经落后 8 年。该项目失败有诸多原因，其中之一就是过高的质量要求。FAA 要求 99.99999%的可靠性，许多人认为这是不现实的。

使用 Jam 进行 AI 辅助报错

错误报告是软件开发人员（团队）记录和跟踪软件中（潜在）错误的一种方式。错误报告通常描述软件的某方面功能以及运行情况，通常具备以下特征：

- 包含缺陷的视觉证据，例如截图
- 具备足够的细节，以便开发人员能够重现导致错误报告的情况
- 仅描述一个错误，而不是将多个问题混为一谈
- 以标准和定义的方式归档，例如错误跟踪器

错误报告的质量通常取决于报告者的软件使用经验、准确描述问题所需的时间和写作能力。AI 辅助调试工具可以帮助用户和测试人员准确描述问题，并帮助开发人员重现和修复问题。

Jam（https://jam.dev）是一款 Chrome 浏览器扩展程序，可以简化网站和网络应用程序中的错误报告流程。Jam 集成了一个 AI 聊天机器人，可以为开发人员提供消除错误的更多建议。

要想使用 Jam，请首先访问 https://jam.dev/jamgpt，安装浏览器插件。然后单击浏览器中出现的 Jam 图标，就会在屏幕上显示以下内容，如图 7-1 所示。

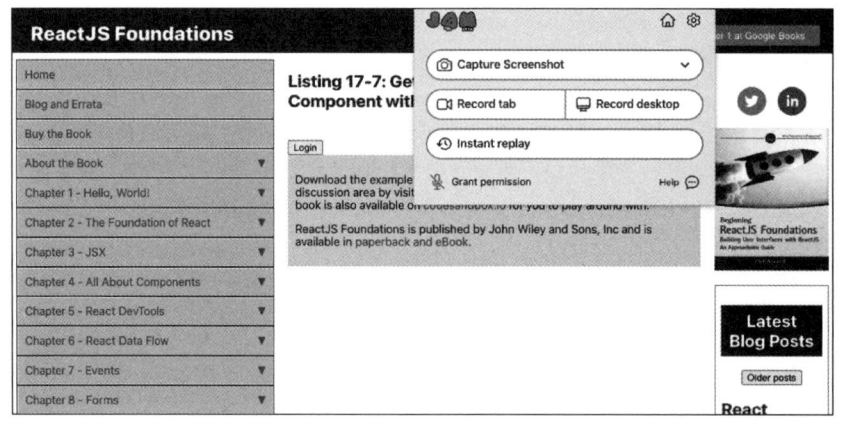

图 7-1　使用 Jam 报告错误

要报告网站上的错误，可以捕获屏幕截图、录制活动浏览器选项卡或桌面的视频，并使用即时回放功能，该功能会附加用户与活动浏览器选项卡的最新交互屏幕截图。

Jam 创建的错误报告可以通过多种方式共享，包括链接、电子邮件或 GitHub 存储库。在图 7-2 中，我正在存储库中为一个网站创建错误报告。

使用 Jam 扩展创建错误报告后，可以在 Jam 网站上打开该报告，也可以将错误报告发送到 Jam 集成的平台，例如 GitHub、Asana、Jira 或 Slack。

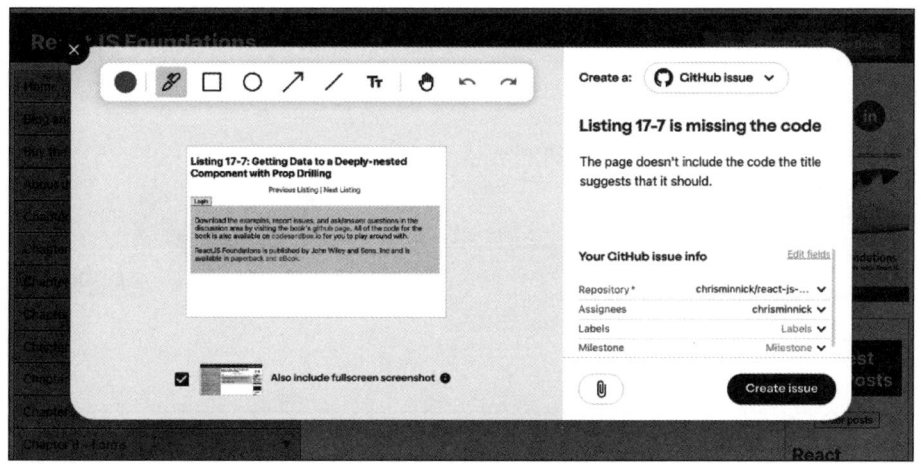

JamGPT

图 7-2　打开 GitHub issue 并创建错误报告

Jam 提供了报错时浏览器状态的多种数据，包括用户采取了哪些操作、哪些网络请求导致报错，以及用户的 Web 浏览器和操作系统信息，如图 7-3 所示。

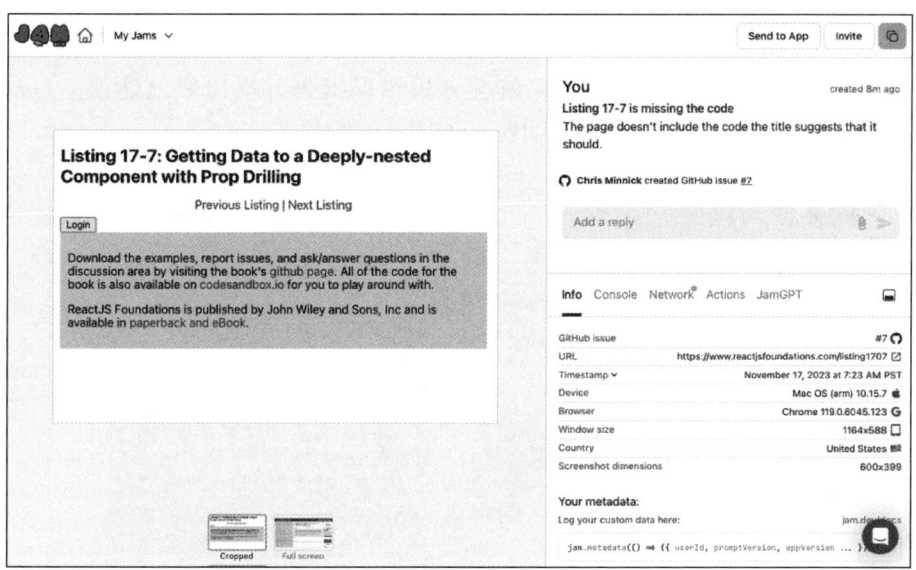

JamGPT

图 7-3　使用 Jam 报错

屏幕右侧的 JamGPT 选项卡是聊天机器人，该聊天机器人可以访问有关错误报告的所有信息。打开 JamGPT 选项卡，聊天机器人就会询问是否希望它分析错误报告并提出建议，如图 7-4 所示。

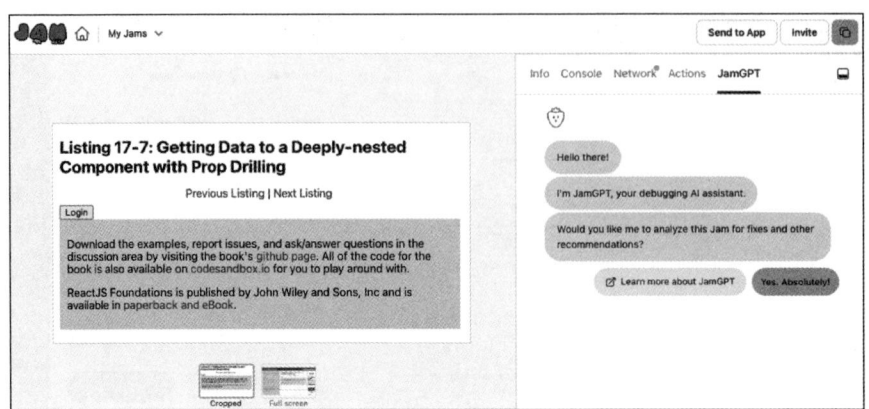

图 7-4　JamGPT 主动提供帮助

JamGPT：

你好呀！

我是 JamGPT，你的人工智能调试助手。

你想让我分析错误报告并提出建议吗？

用户：

当然想呀！

在用户请求 JamGPT 提供帮助后，它就会分析错误报告并提出修复建议。JamGPT 无法真正修复问题，但它的建议有助于定位问题，如图 7-5 所示。

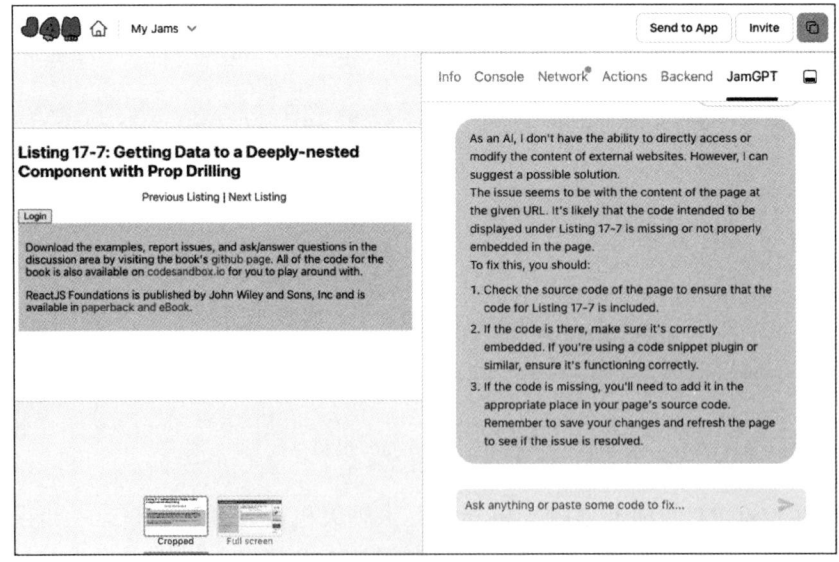

图 7-5　JamGPT 提出修复建议

JamGPT:

作为 AI,我没有能力直接访问或修改外部网站的内容。不过,我可以给出修复建议。

问题似乎出在所给网址对应的页面内容上。本应该在示例 17-7 下展示的代码缺失了,或者没有正确嵌入到该页面当中。

修复建议:

1. 检查该页面的源代码,看其是否包含示例 17-7 的代码。

2. 如果包含,要确保其正确嵌入。如果你正在使用代码片段插件或类似工具,要确保其正常运行。

3. 如果不包含,需要将该示例代码添加到页面源代码的相应位置。

请保存所做的更改,然后刷新页面,看看问题是否得到解决。

使用静态代码分析工具预防错误

由于调试程序是一个令人沮丧且耗时的过程,因此最好从一开始就能够预防错误,尽力消除以后的调试过程。

本书第 6 章介绍过如何使用 Prettier 自动格式化代码。采用统一格式化代码确实可以有效提高编程质量,是否还有其他措施可以预防错误,降低调试的需求?

本书第 1 章介绍过静态代码分析工具(linter)。大多数 linter 的工作方式与代码格式化工具类似,先使用一组规则检查代码,然后再编译或运行代码。一般代码格式化工具会关注代码中的制表符、空格和换行符,而 linter 会关注代码的语法以及是否遵守良好编程规则。

调试是在修复代码运行中出现的问题。由于 linter 是一种静态代码分析工具,因此是在代码运行前进行修复。理想情况下,在代码运行前已经完成修复,既然解决了所有问题,就没必要再进行调试了。

安装 linter

对于 JavaScript,最常用的代码分析工具是 ESLint,安装和使用步骤如下:

1. 访问本书网站 www.dummies.com/go/codingwithaifd,下载第 7 章的代码。

2. 启动 VS Code,然后打开 chapter07 文件夹。

3. 在 VS Code 中打开一个新的终端窗口:选择 Terminal→New Terminal。

4. 输入 cd chapter07/react-linting-demo,就可以将工作目录更改为 react-linting-demo 文件夹。
   react-linting-demo 文件夹包含一个用 React 编写的项目,该项目已经安装了 ESLint。

5. 在终端窗口中输入 npm install,可以安装 React 项目的依赖项,包括 ESLint。

6. 在终端窗口中输入 npm run lint。
   ESLint 对该项目中的所有 JavaScript 文件进行分析并汇报错误,如图 7-6 所示。

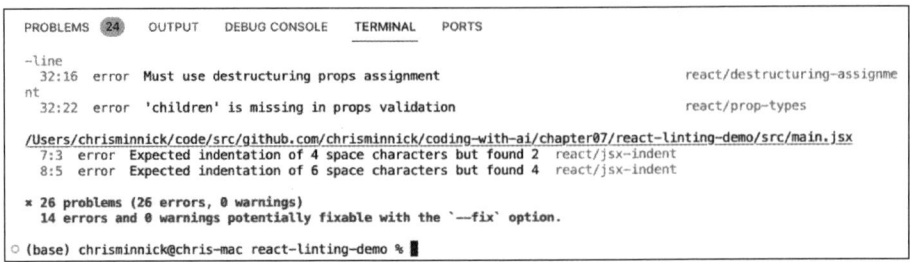

Microsoft Corporation

图 7-6　ESLint 汇报发现的错误

　如果您不了解 JavaScript 和 React，ESLint 的错误报告就没有太大意义。但不必担心，因为不影响您理解如何使用 AI 扩展 linter 的功能。

安装 ESLint 扩展

为了让 VS Code 突出显示 ESLint 报告的代码错误，需要安装 ESLint 扩展。请按以下步骤操作：

1. 在 VS Code 中，单击左侧的 Extensions（扩展）图标，打开扩展面板。

2. 在扩展面板顶部的搜索框中，搜索 ESLint。

输入 ESLint 后，看到的第一个结果来自 Microsoft 的官方 ESLint 扩展，如图 7-7 所示。

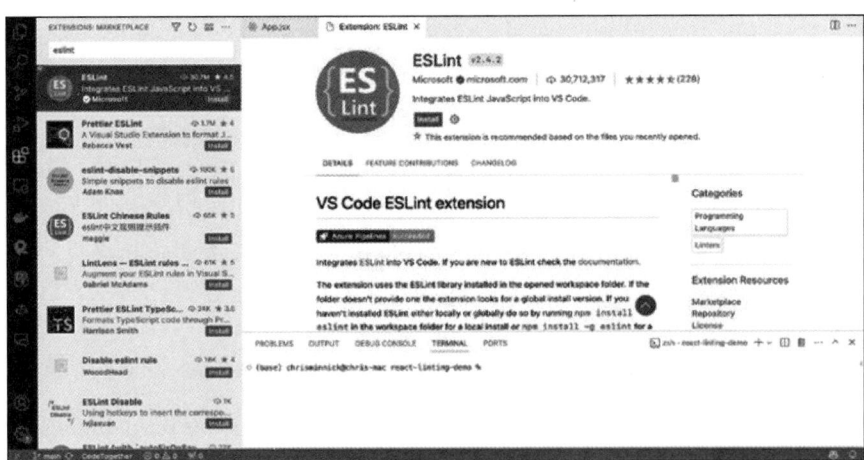

Microsoft Corporation

图 7-7　ESLint VS Code 扩展

3. 单击 ESLint 扩展的 Install（安装）按钮。

4. 返回到 App.js 文件的选项卡。

ESLint 扩展已安装完毕，ESLint 报错信息会标注红色波浪线，如图 7-8 所示。

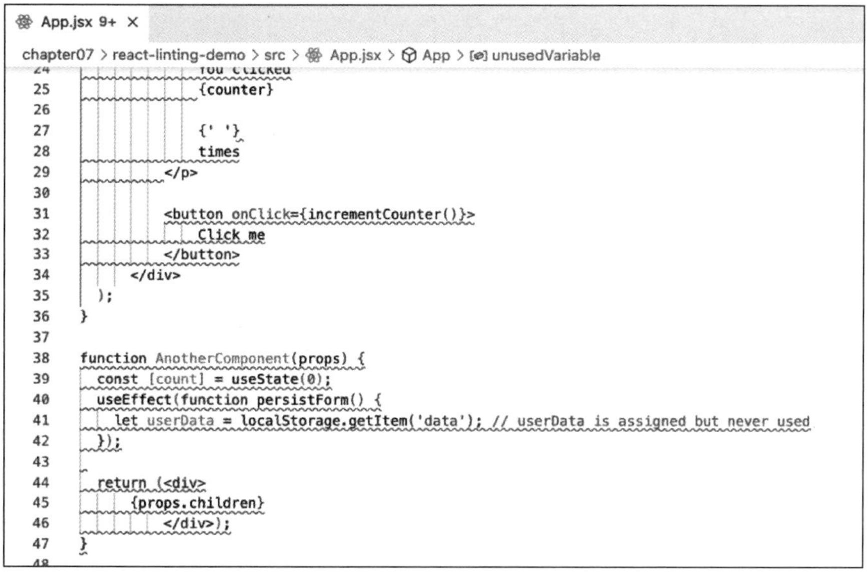

Microsoft Corporation

图 7-8　ESLint 扩展突出显示发现的错误

使用 linter 修复代码

ESLint 在报错后还会有一条消息，指出某些错误可以使用 --fix 选项进行修复，修复步骤如下：

1. 在 react-linting-demo 文件夹中打开 package.json 文件。

package.json 文件包含元信息、依赖项列表以及可以在该软件包中运行的脚本。

2. 在 package.json 文件中找到 scripts 对象，如下所示：

```
"scripts": {
   "dev": "vite",
   "build": "vite build",
   "lint": "eslint . --ext js,jsx",
   "preview": "vite preview"
},
```

3. 在 scripts 对象中添加一条新脚本，该脚本将使用 --fix 选项运行 ESLint，如下文粗体所示：

```
"scripts": {
   "dev": "vite",
   "build": "vite build",
```

```
    "lint": "eslint . --ext js,jsx",
    "lintffx": "eslint . --ext js,jsx --ffx",
    "preview": "vite preview"
},
```

4. 保存 package.json 文件。

5. 在终端窗口中输入 npm run lintfix，使用 --fix 选项运行 ESLint。

运行 lintfix 脚本后，代码中的问题数量可能会减少，如图 7-9 所示。ESLint 对于自动修复的态度相对保守，因此使用 --fix 选项通常不会产生任何问题。

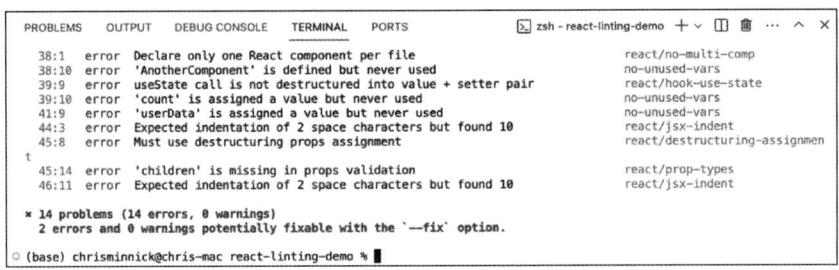

图 7-9　可用 --fix 进行修复的问题

下一节，将介绍如何使用 AI 来纠正代码中的其他问题。

linter 与 AI 相结合

将鼠标指针悬停在带有红色波浪线的代码上，会在弹出窗口中出现一个 Quick Fix（快速修复）链接，如图 7-10 所示。

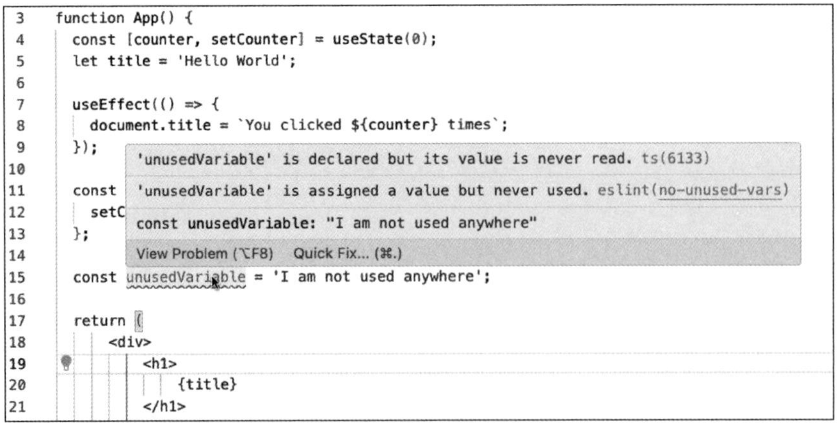

图 7-10　查看 Quick Fix 链接

单击 Quick Fix（快速修复）链接将显示多个快速修复选项，如图 7-11 所示。

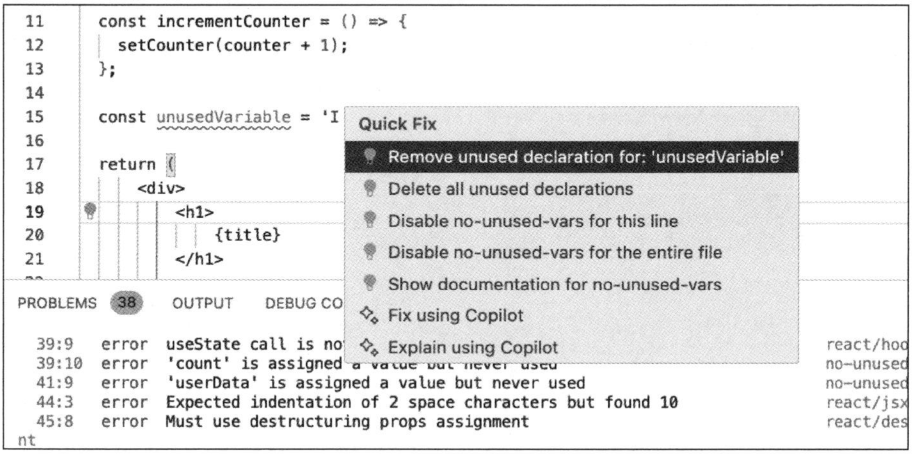

图 7-11　快速修复选项

如果用户已经安装 GitHub Copilot，将看到使用 Copilot 修复或解释错误的选项。要了解有关错误的更多信息，以及 Copilot 如何修复错误，请单击 Explain Using Copilot 选项，将出现 Copilot Chat 窗格，其中包含对问题（有时过于详细）解释和建议的解决方案，如图 7-12 所示。

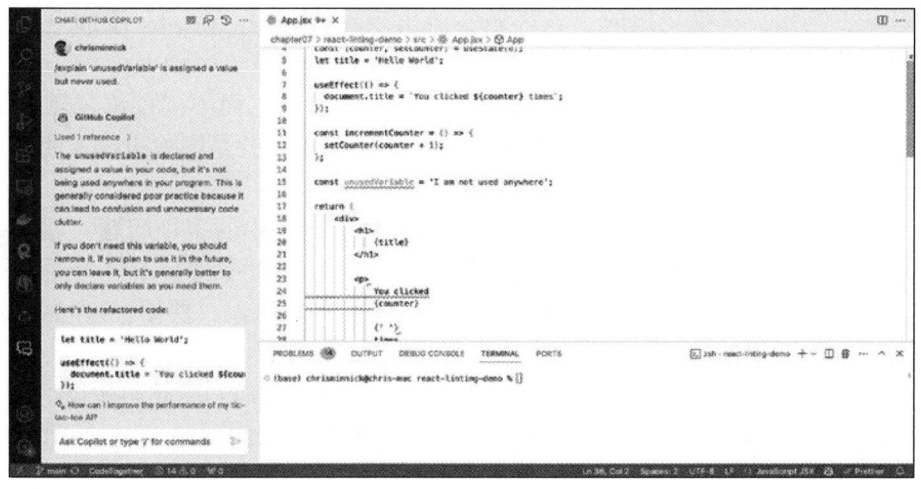

图 7-12　Copilot 描述问题并提出修复建议

如果用户同意 Copilot 的建议，用户既可以自行修复，也可以使用弹出菜单 Quick Fix 中的 Fix Using Copilot 功能，让 Copilot 实施修复。

如果单击 Fix Using Copilot 选项，会在有问题的代码上方打开一个窗口，显示 Copilot 的修复建议。用户可以选择 Accept（接受）或 Discard（放弃）。例如，我要求 Copilot 解决代码中存在的未使用变量问题，如图 7-13 所示。

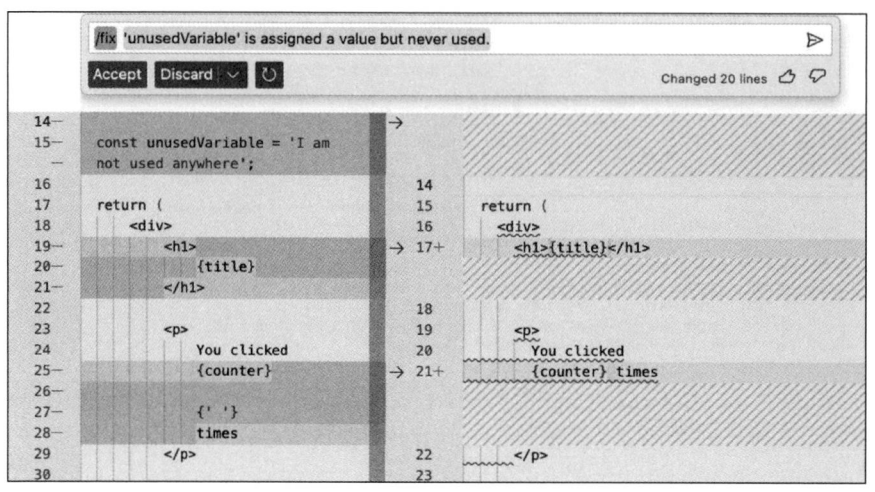

图 7-13　Copilot 提示用户可以接受或放弃更改

图中，左侧是原始代码，右侧是 Copilot 建议的新代码。如果用户接受更改，左侧红色突出显示的代码将被删除，右侧绿色突出显示的代码将添加到文件中。右侧标有斜线的区域表示空白区域，当用户接受更改时，该区域不会出现在代码中。Copilot 添加空白区域的目的在于使更改后的代码位置与原始代码对齐。

如图 7-13 所示，Copilot 有可能会对代码进行更大的更改，而不仅仅修复用户要求的单个错误。其实对于未使用变量问题，正确的修复方法很简单，就是删除包含未使用变量的单行代码。

查看 Copilot 建议的更改，我发现 Copilot 同时修复了代码中的多个问题。我很好奇，如果我运行修复程序，linting 错误数量是否会减少不止一个，因此我选择了"接受"。

然后，我再次运行 ESLint，查看 Copilot 到底修复了多少错误。然而，ESLint 报告显示，Copilot 修复后的代码居然比修复之前多了 7 个错误，如图 7-14 所示。

我按下 Ctrl+Z，撤销了 Copilot 的建议，然后应用了 Explain 工具最初建议的（正确的）修复方法。再次运行 ESLint，我发现 linting 错误数量减少了一个。

更改规则

ESLint 报告中的其他错误有许多与样式规则有关，例如代码行应缩进 8 个空格，而不是 6 个空格。

这是由于 Prettier 代码格式化程序强制执行的格式化样式与 ESLint 检查的格式化样式相冲突。二者的冲突不易调和，因此我打算更改规则。

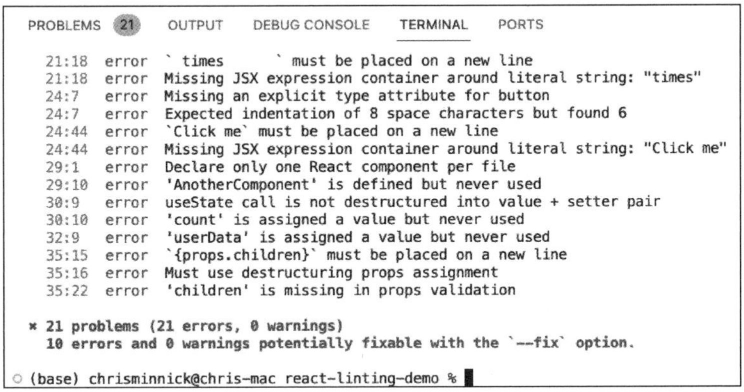

图 7-14　我再也不会求助 Copilot 修复错误了

《星际迷航》的粉丝们肯定会发现，这是一种"小林丸号"境况：当面临必输局面时，要像柯克船长那样去改变规则。

牢记

在代码格式方面，如果 linter 和您的代码格式化程序不一致，请调整 linter 的规则。

为了让 ESLint 忽略代码缩进问题，可以修改其配置文件。ESLint 的项目范围设置位于 .eslintrc 文件中，该文件位于项目目录的根目录下。根据用户设置项目的方式，.eslintrc 可能具有扩展名，例如.cjs 或.mjs。

.eslintrc 文件包含一个具有多种属性的配置对象。访问 https://eslint.org/docs/latest/use/configure/ 可以了解.eslintrc 中的所有属性。可以使用 rules 属性来调整 ESLint 报告的错误。在这个 React 示例项目中，rules 属性当前仅包含一条规则，如图 7-15 所示。

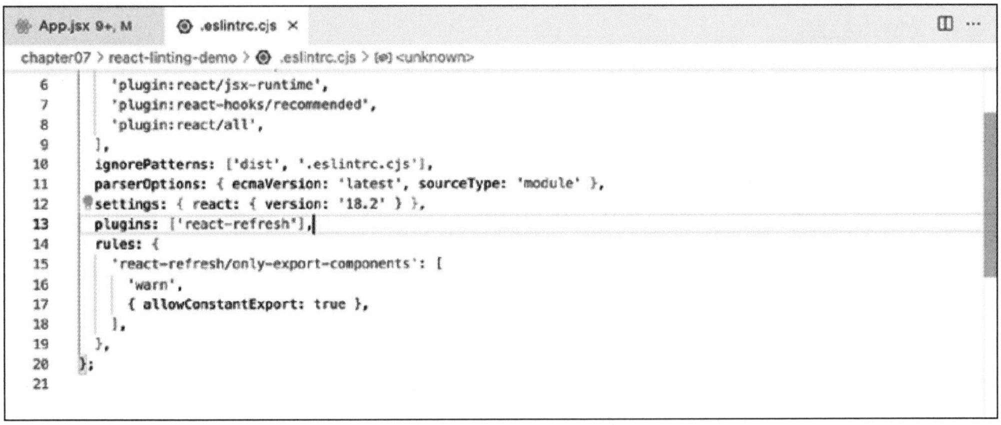

图 7-15　.eslintrc 中的 rules 属性

ESLint 规则可以用来改变 ESLint 及其插件的默认行为。规则设置以规则名称开头，后面跟着一个表示该规则严重性的级别，分为以下三类：

- Off 或 0：禁用规则，意味着不检查代码是否符合该规则。
- Warn 或 1：启用规则，但规则仅作为警告，意味着违反此规则不会影响代码编译，但可能会导致潜在的问题，应该予以解决。
- Error 或 2：激活规则，意味着一旦违反该规则，代码将无法编译。这是一种强制性规则，要求必须遵守。

运行 ESLint 时，被违反的规则名称都会显示在分析报告的右侧，而规则严重性的级别会显示在左侧，如图 7-16 所示。

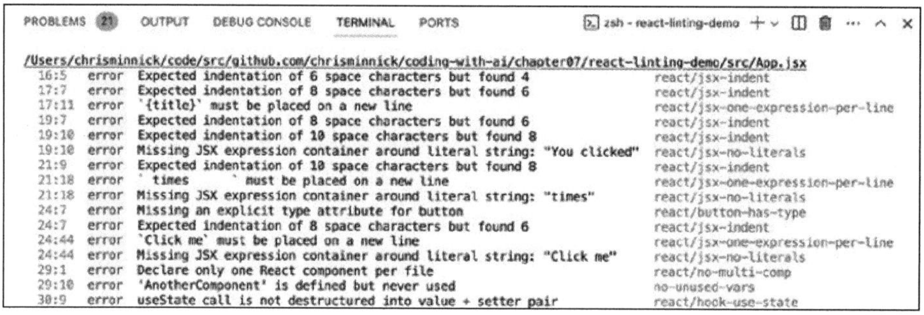

Microsoft Corporation

图 7-16　查看规则的名称和默认严重性级别

如果代码分析报告显示某些内容为错误，但是您认为这不是严重问题或压根不是错误时，请从分析报告中复制该规则的名称并将其添加到规则对象中。例如，如何禁用正在与 Prettier 工具冲突的 jsx-indent（规范 JSX 代码的缩进格式）规则，如图 7-17 所示。

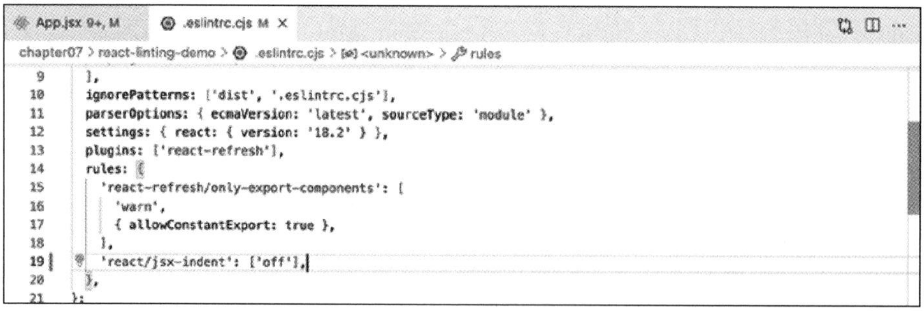

Microsoft Corporation

图 7-17　调整规则的严重性级别

为了解决其余问题，我禁用了其他几个与 Prettier 冲突的规则，以及我认为不是问题的规则，还删除了一个未使用的函数，并纠正了我使用 React 的 useState( ) 函数的方式。

使用 AI 检测漏洞

虽然使用静态代码分析工具和代码格式化程序可以帮助您更好地优化代码，避免许多常见错误，但总存在一些在开发阶段没有发现，而是在测试过程中发现的甚至最终由用户发现的问题。

AI 之外的调试工具多种多样，但工作方式基本相同。当代码中的某些部分没有按预期工作时，可以使用调试工具在问题所在位置中断程序的运行，并使用调试工具检查变量、事件监听器等。

通过暂停程序或简单地输出代码中的值，就可以找出可能出错的地方。最重要的两个调试工具是日志和断点。

日志记录是写入消息的过程，其中包含有关正在运行的程序和运行中发生的错误信息。在 JavaScript 中，日志记录通常采用控制台模块及其 log( ) 方法。在 Python 中，通常使用 print( ) 语句或日志记录模块。

断点是指在代码中（使用调试器）指示程序暂停运行，以检查程序变量的位置。Web 浏览器有内置调试工具，供用户调试浏览器中运行的 JavaScript 代码。例如内置于 Google Chrome 浏览器的调试工具，如图 7-18 所示。

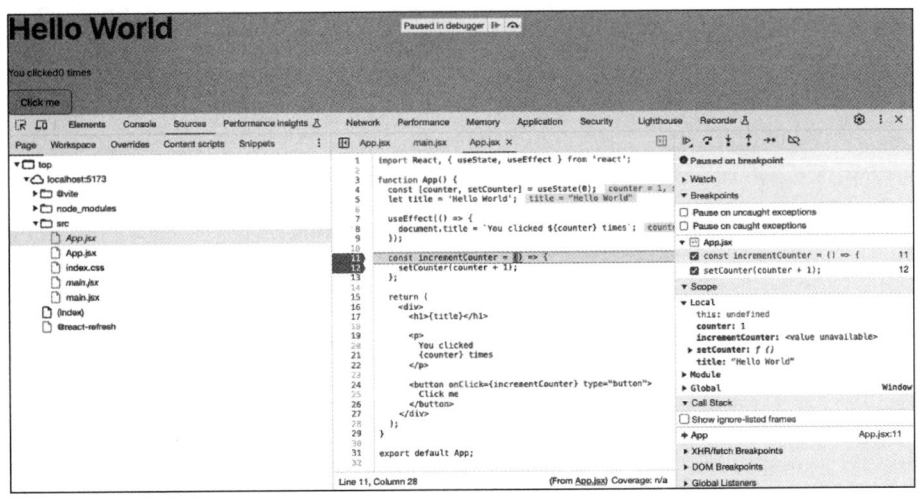

图 7-18　Chrome 浏览器的 JavaScript 调试器

即使采用调试工具，检测程序中的问题并进行修复也是令人发狂的事情，而且很多情况下，找到的问题都是打字错误。

像 Copilot Chat 或 ChatGPT 这样的 AI 聊天机器人，不仅可以追踪问题原因，而且能够提出修复建议，这样就可以减轻一些手动调试的工作量。与生成式 AI 模型一样，使用 AI 检测错误的效果是否令人满意，关键取决于能否为模型提供足够的上下文信息，能否给 AI 提供正确的提示信息。

以下代码清单展示了一个 Python 函数，其中至少包含两个简单的单元级错误。

```python
def calculate_average(numbers):
    total = 0
    for number in numbers:
        if not isinstance(number, (int, float)):
            raiseTypeError("Invalid data type. All values must
                be numbers.")
        total += number
    average = total / len(numbers)
    return average
```

calculate_average( ) 函数的语法没有问题。问题在于该函数期望接收一个数字列表，但是并没有检查传递给它的参数是否为列表。当传递给此函数的值不是一个列表时，就会引发 TypeError（类型错误），提示这些值必须是数字，但实际上这并不是真正的问题所在。如果向该函数传递一个空列表，将会引发 ZeroDivisionError（除数为 0 的错误）。该函数的运行情况如图 7-19 所示。

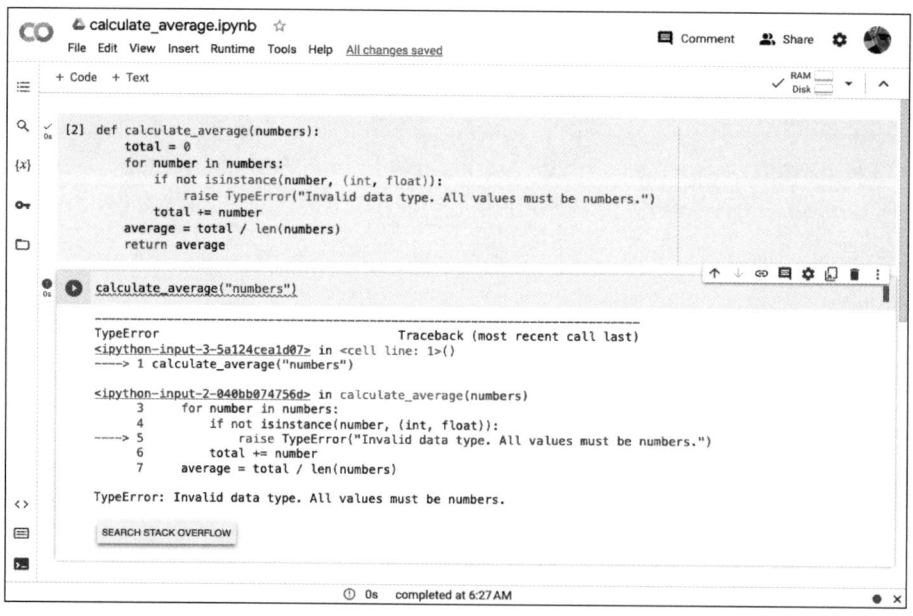

图 7-19　运行 calculate_average( ) 函数，引发错误

在我第一次尝试让 AI 聊天机器人修复这个错误时，在 VS Code 中打开了一个包含该函数的文件，并在 Copilot Chat 中输入 /fix。Copilot Chat 识别出了 ZeroDivisionError（除数为 0 的错误）问题，如图 7-20 所示，但没有解决向函数传递的值不是列表的问题。

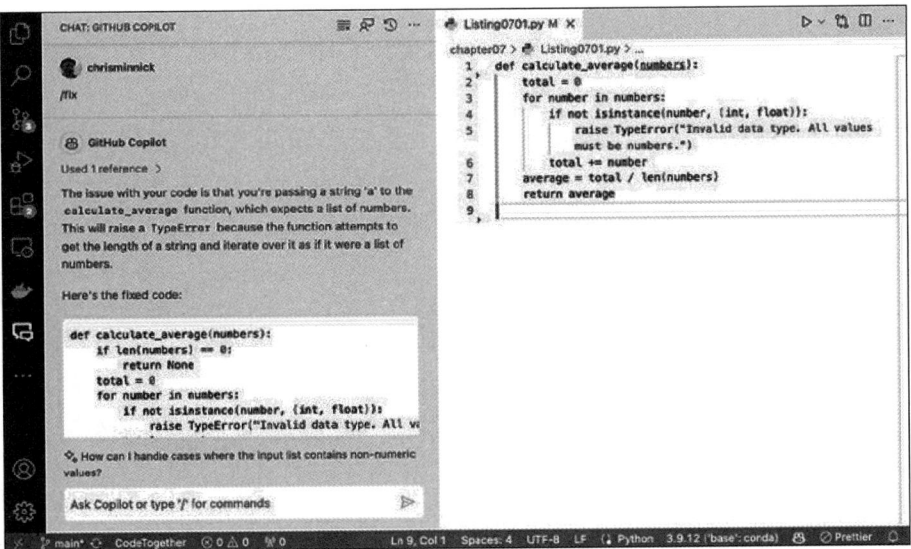

图 7-20　Copilot 修复了一个问题

修复

AI生成

代码中存在的问题：将字符串"a"传递给 calculate_average 函数，而该函数期望接收的是数字列表。这样会引发 TypeError（类型错误），因为该函数试图获取这个字符串的长度，并像对待数字列表那样对其进行迭代操作。

以下是修复后的代码：

（代码）

根据 Copilot 的建议，我更新代码，并提供了一个使用字符串调用该函数的示例，然后要求 Copilot 再次修复。这一次，Copilot 正确地指出了错误调用函数的问题，并展示了如何使用数字列表来调用该函数，但 Copilot 并没有解决该问题。

我又提供了以下提示词：

```
How can I fix the function so it doesn't raise an error when it doesn't get a list?
我该如何修复该函数，使其在未获取到列表时不会引发错误？
```

对于以上明确的提示，Copilot 给出了修复问题的代码。更正后的代码如下：

```
def calculate_average(numbers):
    if not isinstance(numbers, list):
        return "Error: Input should be a list of numbers."
```

```
    if len(numbers) == 0:
        return None
    total = 0
    for number in numbers:
        if not isinstance(number, (int, float)):
            raise TypeError("Invalid data type. All values must
                be numbers.")
        total += number
    average = total / len(numbers)
    return average

print(calculate_ave rage('a'))
```

使用 AI 自动修复漏洞

在理想情况下，AI 编程助手可以自动扫描代码并提出修复建议，而无须依赖手动检测，也无须将代码粘贴到聊天机器人中。如果将 AI 漏洞检测和修复集成到软件开发生命周期中，用户就可以发现并纠正许多类型的错误和安全问题，这些问题和错误也许是 linter 无法检测到，也可能是用户未曾想到，也从未向 AI 编程助手询问过。

Snyk 简介

Snyk（https://snyk.io/）是一个与许多流行软件开发工具和版本控制系统集成的平台，用于扫描、优先处理、修复安全漏洞以及其他类型的错误。与 Snyk 集成的软件开发工具和平台包括：

- 流行的集成开发环境（IDE），例如 VS Code、WebStorm、Android Studio、Eclipse
- 源代码控制系统，例如 GitHub、Bitbucket、GitLab
- 容器注册表，例如 Amazon ECR、Docker Hub、Azure ACR
- 容器编排系统：Kubernetes
- 持续集成平台，例如 AWS CodePipeline、Azure Pipelines、Bitbucket Pipelines、GitHub Actions
- 通知和票务系统，例如 AWS CloudTrail Lake、Jira、Slack

由于 Snyk 集成了大量工具，因此可以自定义使用方式，使其成为工作流程中的重要组成部分。

要使用 Snyk 检测代码存储库中的错误和漏洞，请按照以下步骤进行注册。

1. 访问 https://app.snyk.io/login。

您会看到一个使用 GitHub 进行注册的按钮，下面还有其他几种注册方式，如图 7-21 所示。

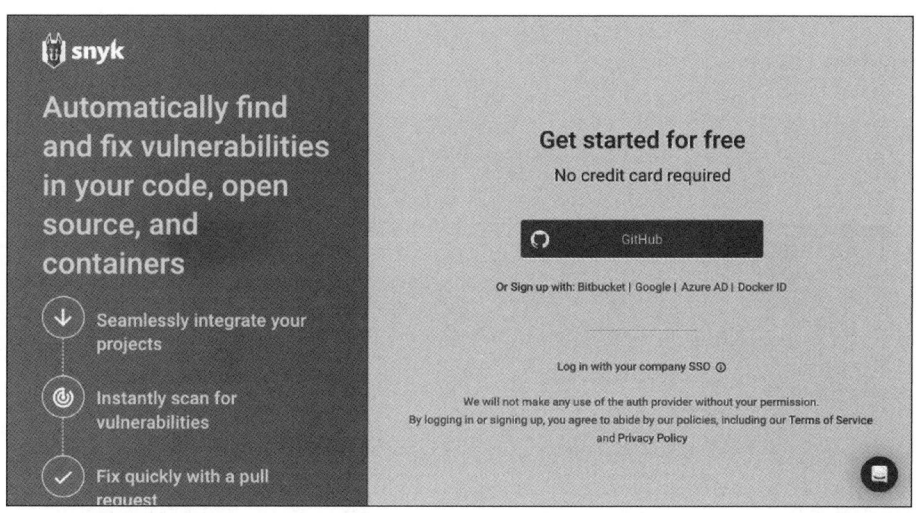

Snyk Limited

图 7-21　Snyk 注册页面

2. 单击 GitHub 按钮（或选择其他注册方式）。

无论选择哪种方式注册，都要确保该平台上有您需要检查错误和漏洞的代码。

3. 逐步完成注册步骤，并授权 Snyk 访问您选择注册的服务。

一旦授予 Snyk 从您的存储库读取的权限，将看到一个页面，可以导入和扫描您的第一个项目，如图 7-22 所示。

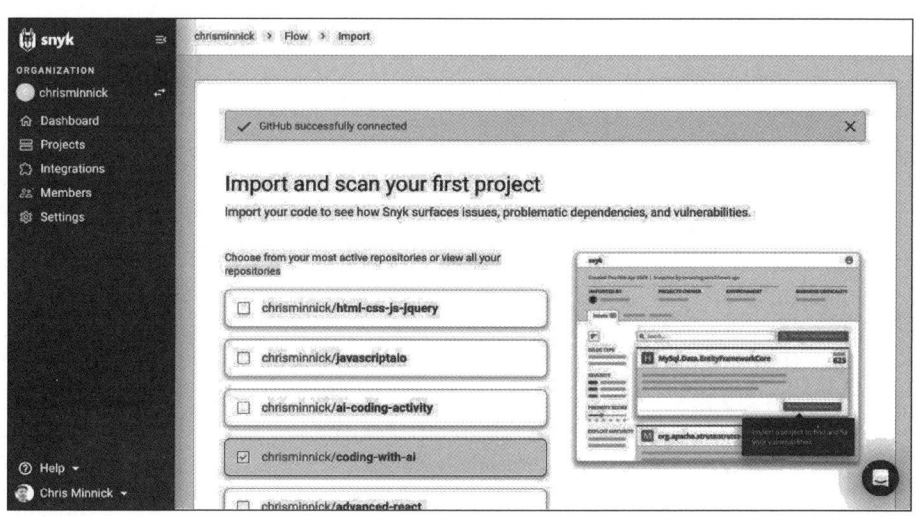

Snyk Limited

图 7-22　可以导入和扫描项目的 Snyk 页面

4. 选择要导入的存储库，然后单击 Import（导入）和 Scan（扫描）按钮。

   您将看到项目列表。

5. 单击要导入的项目名称。

   片刻之后，Snyk 就会展示检测到的问题，以及严重程度，如图 7-23 所示。

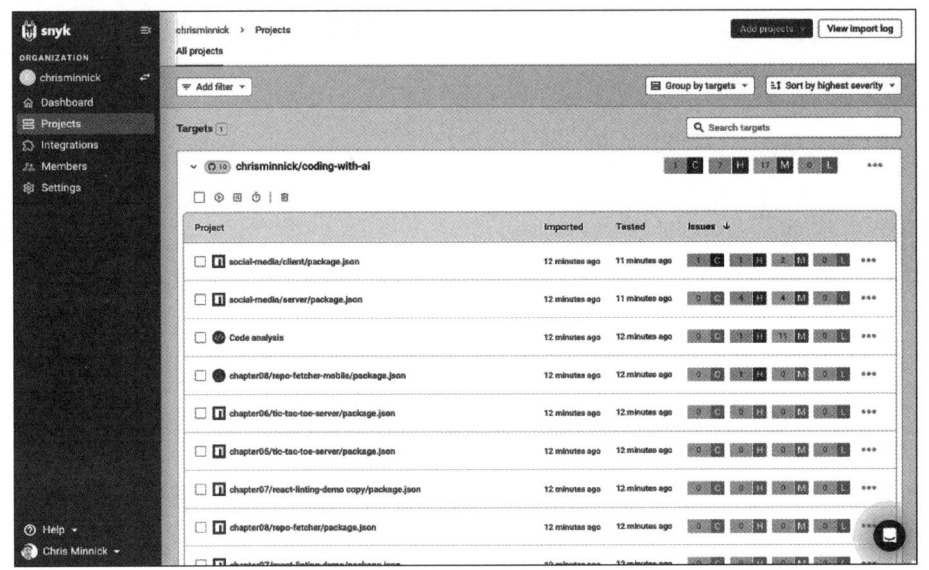

Snyk Limited

图 7-23　Snyk 显示漏洞并根据严重程度对其进行排序

6. 单击检测到问题的第一个文件的文件名，查看有关错误的更多信息。

   在我的存储库中，问题出在 package.json 文件上，包含一些有安全漏洞的过时依赖项。

Snyk 自动修复

Snyk 能够自动修复在代码或依赖关系中发现的一些问题。请按照以下步骤，使用 Snyk 来修复代码存储库。

1. 在左侧，单击 Dashboard（仪表板）链接。

   仪表板将显示您的项目列表，并且对于每个 Snyk 可以自动修复的问题，都会出现一个 Fix Vulnerabilities（修复漏洞）链接。

2. 单击您的项目或文件旁边的 Fix Vulnerabilities 链接。

   Snyk 会显示它可以自动修复的问题，并提供打开拉取请求（PR）的选项，如图 7-24 所示。拉取请求（PR）会建议并解释对代码存储库的特定更改，在获得存储库所有者批准之前，PR 不会更改存储库中的任何内容。

第 7 章　发现和消除漏洞　　165

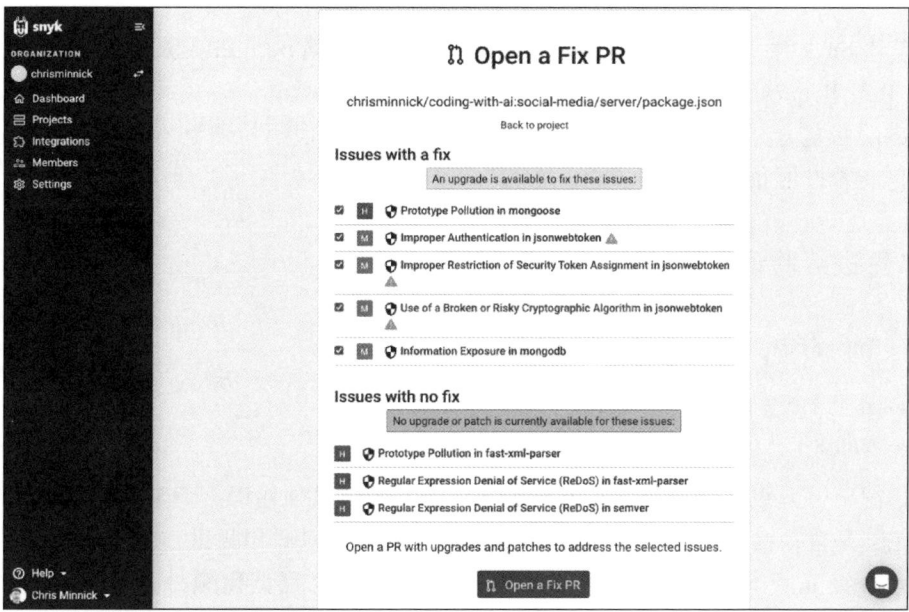

Snyk Limited

图 7-24　Snyk 提供打开拉取请求（PR）的选项

3. 选择或取消您希望 Snyk 修复的问题，然后单击 Open a Fix PR（打开 Fix PR）按钮。GitHub 显示 Snyk 生成的拉取请求（PR），如图 7-25 所示。

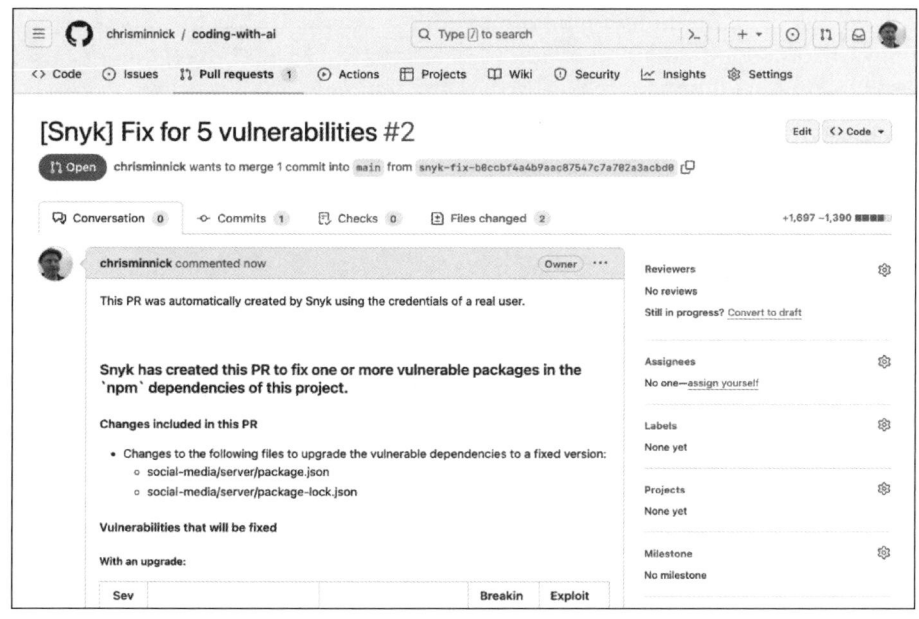

Snyk Limited

图 7-25　Snyk 为其推荐的修复程序打开拉取请求（PR）

4. 仔细阅读 Snyk 提供的有关漏洞信息，并查看其更改建议，然后滚动到 PR 底部并单击 Merge Pull Request（合并拉取请求）按钮。

在将错误修复合并到您的存储库后，就可以将更改的代码拉取到本地代码中，并运行测试以验证它能否按照预期运行。

对自动修复进行验证

在上一节内容中，我的项目应用了以下修复：

- jsonwebtoken 包的版本从 8.5.1 升级到了 9.0.0。
- mongoose 包的版本从 6.7.1 升级到了 6.12.0。

通常情况下，升级依赖项的版本不会破坏代码或导致其他错误。但是，对于重大升级，还需谨慎，尤其是自动错误修复，不可盲目信任，还需充分理解和测试。由于本次 jsonwebtoken 升级是重大升级（版本从 8 级升到了 9 级），所以有可能需要我额外地修复代码中的其他内容。

要了解软件包新旧版本之间的差异，特别是新版本是否会破坏代码，首先需要查看新版本的变更日志。对于重大变更，软件包可能还会提供迁移说明，告知用户需要对代码进行哪些更改才能支持新版本。

jsonwebtoken 从版本 8 升级到版本 9 的迁移说明，如图 7-26 所示。

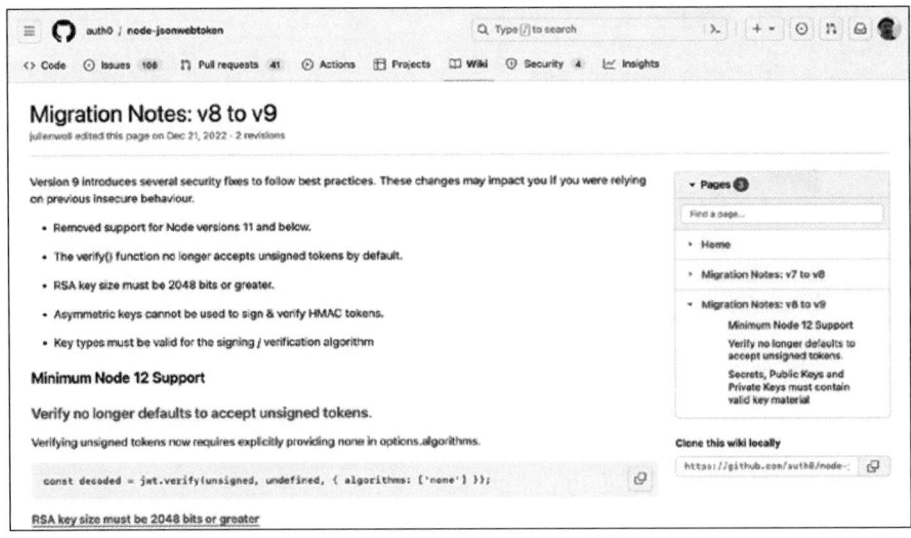

Snyk Limited

图 7-26　jsonwebtoken 版本 9 的迁移说明

> **语义版本控制**
>
> Node 软件包使用语义版本控制（简称 semver）系统进行版本编号，该系统由 XYZ 三部分组成，格式为 X.Y.Z。当 Node 软件包发布新版本时，会更改 semver 版本号中的一个或多个部分，以表明新版本更改的内容。
>
> 第一个数字（X）表示主要版本更改：更改使用软件包的方式。这种更改称为破坏性更改，可能会导致软件不兼容，因为升级到新的主要版本可能会破坏依赖于该软件包的软件。
>
> 第二个数字（Y）表示次要版本更改：软件包中添加了新功能，但旧功能仍然有效。通常不会影响软件兼容性。
>
> 第三个数字（Z）代表补丁版本：漏洞被修复，但软件包中未添加任何新功能。用户应该始终升级到最新的补丁版本。

一旦对代码进行了所有必要的升级，比如迁移说明或变更日志中指定的升级，就要重新测试以确保代码能够正常运行。第 9 章将介绍如何编写测试以及如何使用 AI 辅助编写测试。

判断是否适合自动修复

针对有安全隐患的过期依赖项，非常适合自动升级更新。而其他类型的漏洞，可能不适合自动修复。

除了检查项目的依赖项之外，Snyk 还会检查代码，查找安全漏洞。在 Snyk 的 Projects（项目）视图的问题列表中，可能会出现一个标有 Code Analysis（代码分析）的项目，如图 7-27 所示。如果存在代码分析问题，说明代码中可能存在安全漏洞。

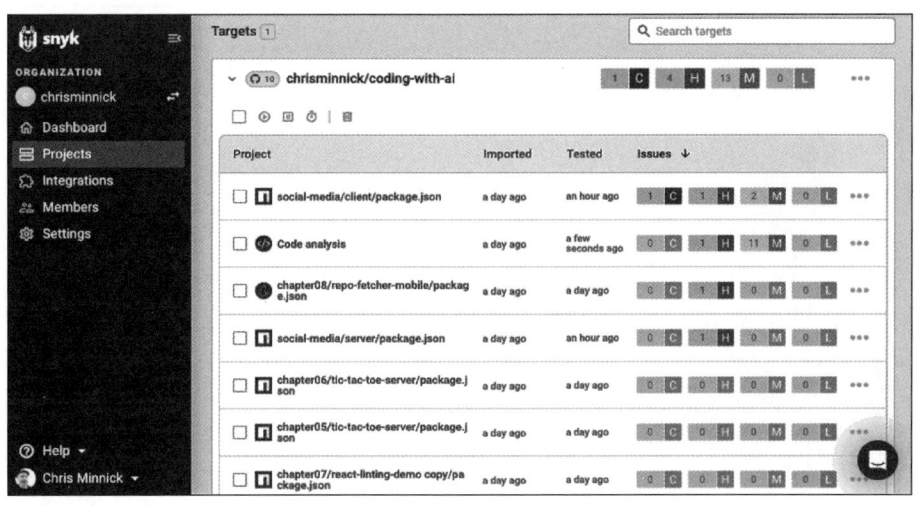

Snyk Limited

图 7-27　Snyk 分析代码并报告问题

单击 Code Analysis（代码分析），然后单击列表中的内容以查看更多信息。例如，本书第 5 章中描述的 AI 井字棋游戏中检测到的代码问题，如图 7-28 所示。

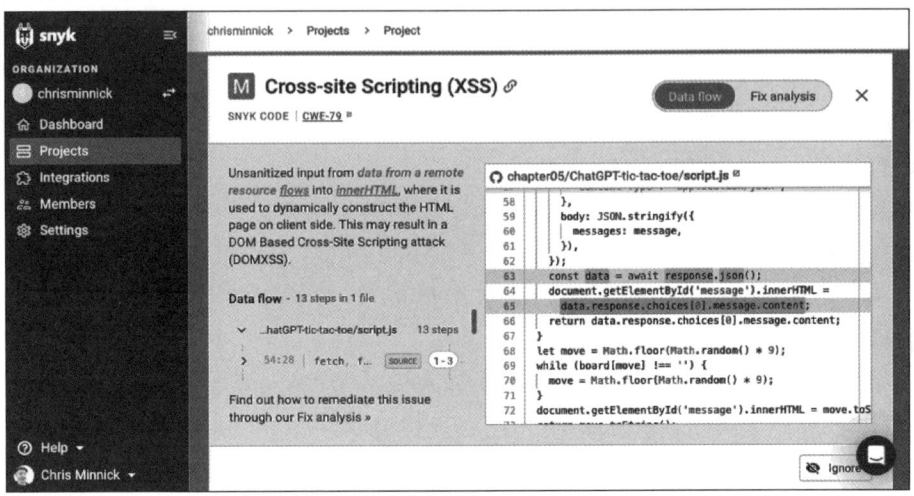

Snyk Limited

图 7-28　在井字棋游戏中检测到的错误

要了解有关该错误的更多信息并获得解决方案建议，请单击屏幕右上角的 Fix Analysis（修复分析）按钮，修复分析界面会显示如何修复错误，并展示一个类似的解决方案，该方案源自 Snyk 训练数据中的不同代码库，如图 7-29 所示。

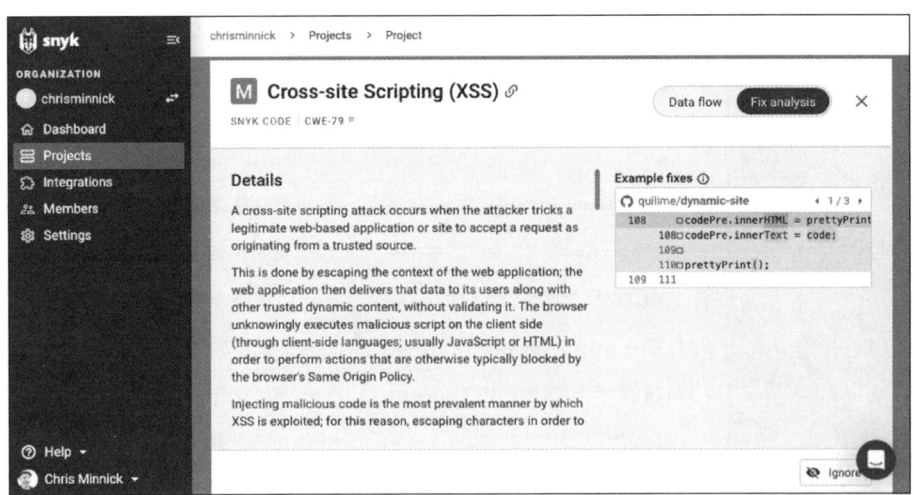

Snyk Limited

图 7-29　Snyk 提供了一个类似的解决方案

与 AI 聊天机器人不同，Snyk 不会直接为客户的问题提供解决方案，但是它会提供参考信息，用户通过查看类似项目的修复方法，弄清楚如何在自己的代码中进行修复。在本示例中，我所面临的问题是在浏览器中使用 DOM 的 innerHTML 属性来设置直接来自远程数据源的数据，这有可能会使客户端应用程序遭受跨站脚本（XSS）攻击。

为了解决上述问题，我将浏览器中设置文本的属性更改为 innerText，导致浏览器将服务器响应内容中包含的任何代码都显示为纯文本，因此就不会对其进行解析。

> **本章内容：**
> - 使用 AI 翻译代码
> - 验证翻译后的代码
> - 探索代码优化
> - 使用 AI 优化代码
> - 提高代码性能

第 8 章

代码翻译与优化

在编写完一个可运行的程序后，您可能希望将其翻译成另一种编程语言，也可能希望提高其质量或效率。要将这两个想法付诸实践，请务必谨慎。

代码翻译和代码优化的共同之处在于，试图在不改变代码功能和用途的前提下，以某种方式对代码进行变更。本章将介绍 AI 工具在该领域所能提供的帮助。

代码翻译

编译是一种最常见的代码翻译，编译就是将程序员编写的原生代码（比如使用 C++、Java 等语言编写的代码）翻译成由 CPU 执行的机器代码。编译是程序从编写阶段到运行阶段不可缺少的一步，这个过程必须非常可靠，编译器严格按照编程语言的语法规则进行翻译。

将代码从一种高级编程语言翻译成另一种语言，是一个充满危险的过程。如果翻译的目的仅仅是炫耀或满足个人喜好，那多半是徒劳无功的，且没有实际价值，也不会为软件用户带来好处，甚至可能损失软件的部分功能。(别问我是怎么知道的！)

当然有些情况下，确实有充分的理由需要在高级语言之间翻译代码。最常见的原因就是硬件或操作系统不支持当前的编程语言。例如，您希望 Web 应用程序（使用 HTML、CSS 和 JavaScript 编写）在移动设备上原生运行，则需要将 Web 应用程序翻译成移动应用。再比如，您有一个使用过时编程语言构建的老旧应用程序，现在想在现代硬件上使用，就需要翻译该应用程序。

译前准备

相比于不同编程语言之间的翻译，在相同底层语言的不同框架或库之间进行翻译通常会容易一些，例如，将使用 Angular 编写的 Web 应用程序翻译为使用 React 的应用程序，原因在于这些框架或库在底层实现上有很多相似之处。然而，即使是同一种语言，不同框架或库的语法、API 和设计模式也可能存在差异，因此仍然需要仔细做好译前的准备工作。

为了提高代码翻译的成功率和质量，译前准备应该遵循以下规范。

- » **备份原始代码**。无论是 AI 辅助翻译还是手动翻译，请务必确保未来总是能够恢复到原始代码。
- » **对代码进行注释和文档说明**。AI 编程助手可能会使用注释和文档说明来解释代码的用途。
- » **清理和重构代码**。删除所有不必要或冗余的代码，尽可能简化代码。
- » **确保编程风格一致**。使用 linter 和代码格式化工具，确保代码具有一致的命名约定、缩进和括号位置。
- » **使用描述清晰的变量和函数名称**。描述清晰的名称可以帮助 AI 更好地理解代码的结构和用途。
- » **处理语言的专属特征**。在编程语言之间进行翻译时，存在一个大问题，就是某种语言的专属特征和约定在另一种语言中并不存在。因此，请尽量减少使用这些专属特征，若不能避免，就尽量搞清楚它们的用法，这将有助于在翻译后的代码中识别和修复相关问题。
- » **代码模块化**。将代码分解为小型模块化组件，有利于 AI 更有效地翻译代码。如果代码由独立模块组成，可以将其拆分为更小的模块，这将有助于提高代码翻译的准确性，简化排除故障的过程。

翻译策略

为了了解大语言模型如何处理编程语言之间的翻译，让我们从下面这个简单的 JavaScript 函数开始探索。

```javascript
//将数组转换为一个HTML无序列表
function makeUnorderedList(array) {
    let listItems = array.map(element => {
        return `<li>${element}</li>`;
    });
    return `<ul>${listItems.join("")}</ul>`;
}
```

该函数将传入的数组转换为 HTML 项目符号列表，makeUnorderedList( ) 函数的运行情况如图 8-1 所示。

用户可以使用 Copilot Chat 将代码从一种语言翻译成另一种语言。在 VS Code 中打开一个仅包含 makeUnorderedList( ) 函数的文件，然后向 Copilot Chat 提供以下提示词：

```
translate this function to python.
请将此函数翻译为 python。
```

Copilot 的翻译结果如下：

```
> function makeUnorderedList(array) {
    let listItems = array.map(item => {
      return `<li>${item}</li>`;
    });
    return `<ul>${listItems.join('')}</ul>`;
  }
< undefined
> const animalsILike = ['cats','dogs','chickens']
< undefined
> makeUnorderedList(animalsILike)
< '<ul><li>cats</li><li>dogs</li><li>chickens</li></ul>'
>
```

Microsoft Corporation

图 8-1 在浏览器控制台中运行的 JavaScript 版 makeUnorderedList( )

```
def make_unordered_list(array):
    list_items = [f"<li>{element}</li>" for element in array]
    return f"<ul>{''.join(list_items)}</ul>"
```

这个解决方案看起来不错。为了测试效果，将其输入 Google Colab，并运行该函数。结果符合我的预期，如图 8-2 所示。

```
[1] def make_unordered_list(array):
        list_items = [f"<li>{element}</li>" for element in array]
        return f"<ul>{''.join(list_items)}</ul>"

[2] rooms = ['kitchen','living room','dining room']

    make_unordered_list(rooms)
    '<ul><li>kitchen</li><li>living room</li><li>dining room</li></ul>'
```

Google Colab

图 8-2 测试翻译后的函数

由以上示例可见，Copilot 可以将一个简单的函数在两种常见的编程语言之间进行转换。为了测试 Copilot 的翻译能力，我打算把一个简单的 Python 函数翻译成 Nim 语言，Nim 是一种不太常见的编程语言。

技术细节

Nim 是一种静态类型的编译语言，借鉴了 Python、Lisp 和 Ada 等其他编程语言的优点。

翻译后的函数如下：

```
import strutils

proc makeUnorderedList(array: seq[string]): string =
    var listItems =""
    for element in array:
        listItems = listItems & "<li>" & element & "</li>"
    return "<ul>" & listItems & "</ul>"
```

我并不熟悉 Nim 语言，但乍一看，这个结果似乎很合理。于是，我要求 Copilot 提供如何使用该函数的示例。Copilot 生成了一个示例，并对其输出结果进行了说明，如图 8-3 所示。

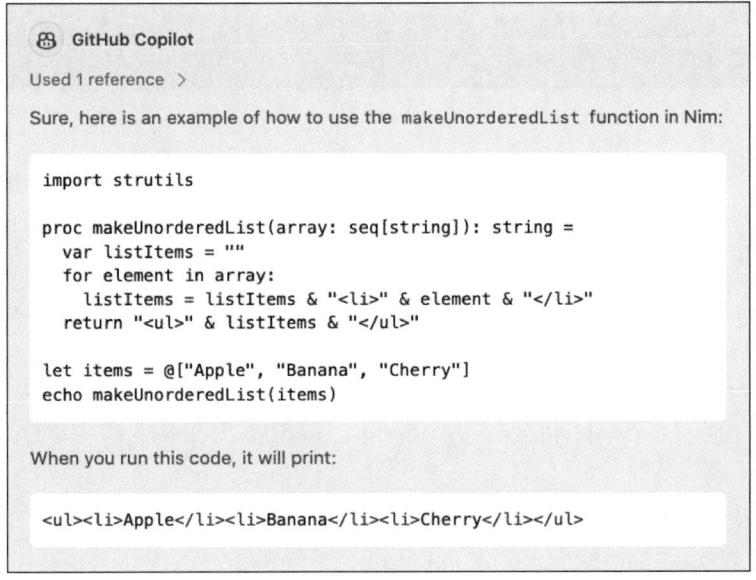

图 8-3　Copilot 生成的示例代码以及运行该代码的预期结果

Nim 语言中使用 makeUnorderedList 函数的示例如下。
（代码）
运行这段代码时，将会输出：
（代码）

为了验证 Copilot 生成的 Nim 代码是否有效，是否能够产生预期输出，我将示例代码复制到 https://play.nim-lang.org/ 上的 Nim Playground 中（Nim 代码在线测试平台），输出结果完全符合 Copilot 的预期，如图 8-4 所示。

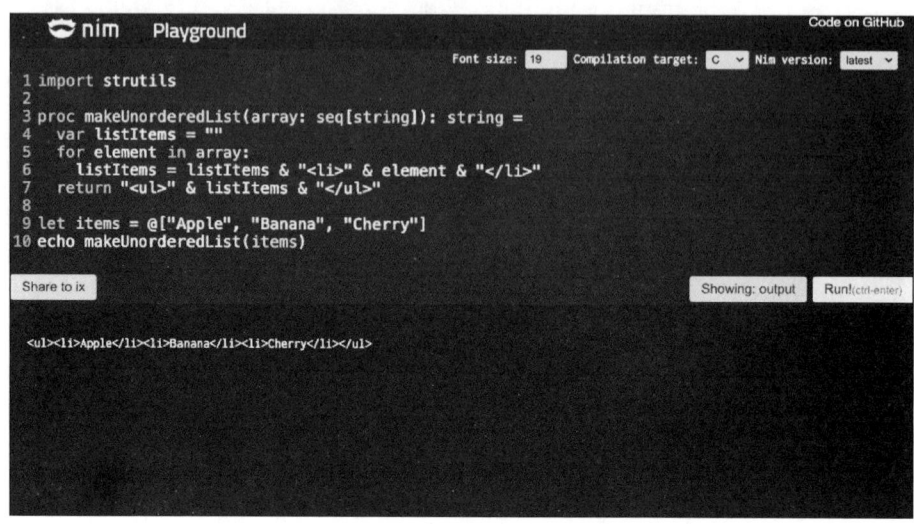

图 8-4　Copilot 生成的第一个 Nim 程序运行良好

　　虽然以上简单示例翻译得很好，但并不能依此认为这是在 Nim 中编写此函数的最佳方式。一般来说，请避免使用 AI 编程助手将代码转换为自己不熟悉的语言。

　　以上从 JavaScript 到 Nim 的翻译看似成功。接下来，我想看看 Copilot 是否可以帮助我完成一项日常工作：将 JavaScript 转换为 TypeScript。很遗憾，在第一次尝试中，Copilot 只取得了部分成功：

```
converts an array to an HTML unordered list
function makeUnorderedList(array: any[]) {
    let listItems = array.map((element) => {
        return `<li>${element}</li>`;
    });
    return `<ul>${listItems.join("")}</ul>`;
}
```

　　我看到这段代码有两个问题：

» 注释没有被标记为注释。
» makeUnorderedList( ) 接受的参数被注释为 any[ ] 类型。

　　由于原始函数未指定数组元素的数据类型，因此这个翻译在技术上是正确的。但是，人类程序员会使用更具体的数据类型。

我要求 Copilot 再次进行翻译，结果有所改善，但仍然不正确：

```
converts an array to an HTML unordered list
function makeUnorderedList(array: string[]): string {
    let listItems: string[] = array.map((element) => {
        return `<li>${element}</li>`;
    });
    return `<ul>${listItems.join("")}</ul>`;
}
```

在以上翻译中，注释依然没有被标记为注释，并且函数返回值和 listItems 的类型标注是不必要的。我让 Copilot 进行第三次翻译，结果近乎完美，只是注释被删除了：

```
function makeUnorderedList(array: string[]) {
    let listItems = array.map((element) => {
        return `<li>${element}</li>`;
    });
    return `<ul>${listItems.join("")}</ul>`;
}
```

当您阅读本书时，Copilot 所用的模型可能已经升级，能够更好地处理代码翻译。但是您仍然要保持质疑态度和独立判断，一定要确保自己非常了解目标语言，否则盲目信任 AI 翻译是有风险的。

使用 GPT-4 翻译完整程序

GPT-4 所用的模型比 Copilot 大很多，因此能完成更艰巨的任务。为了测试 GPT-4 在复杂翻译中的表现，我使用 OpenAI Playground 创建了一个代码翻译助手，提示如下：

```
You are an expert JavaScript programmer. Translate my code from a web app to a mobile
app written in React Native.
你是一位 JavaScript 编程专家。请将我的代码从 Web 应用程序转换为使用 React Native 编写的移
动应用程序。
```

这款用于测试代码翻译助手而编写的 Web 应用程序使用了单个 React 组件，该组件为用户提供一个输入框，可输入 GitHub 用户名，如图 8-5 所示。当用户单击 Get Repositories（获取存储库）链接时，该应用程序使用 GitHub API 获取并显示用户的 GitHub 存储库列表。

在 OpenAI Playground 中，我粘贴了该应用程序的单个组件代码，并将其渲染成用户提示的代码。我选择 GPT-4 模型，并将温度设置为 0.5，以便模型更倾向于准确的预测而不是创造性的预测。为了确保响应不被截断，我将最大长度设置为远高于预期的必要值。我的提示和设置如图 8-6 所示。

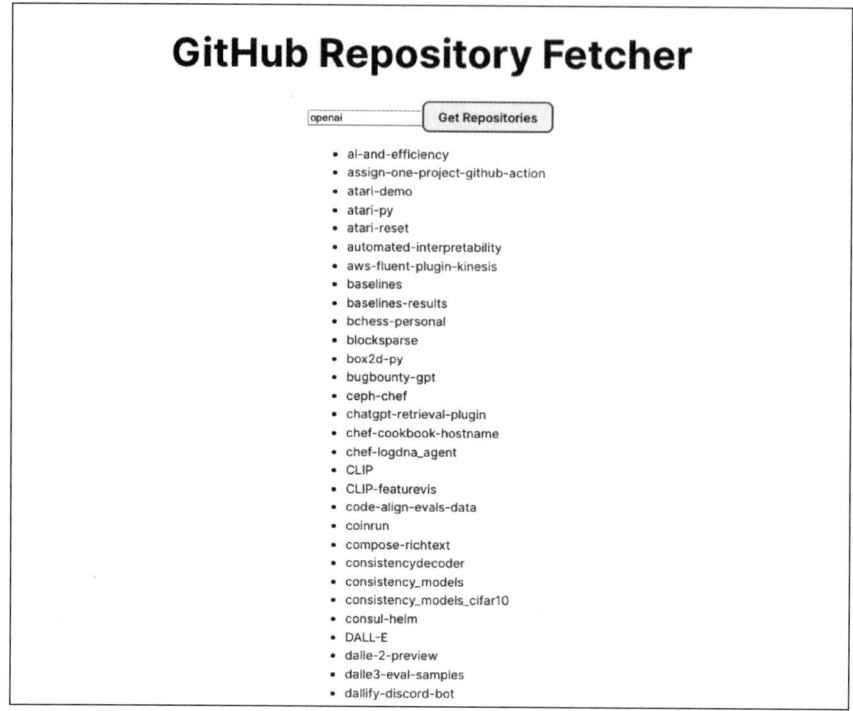

图 8-5　用于获取 GitHub 存储库列表的 Web 应用程序

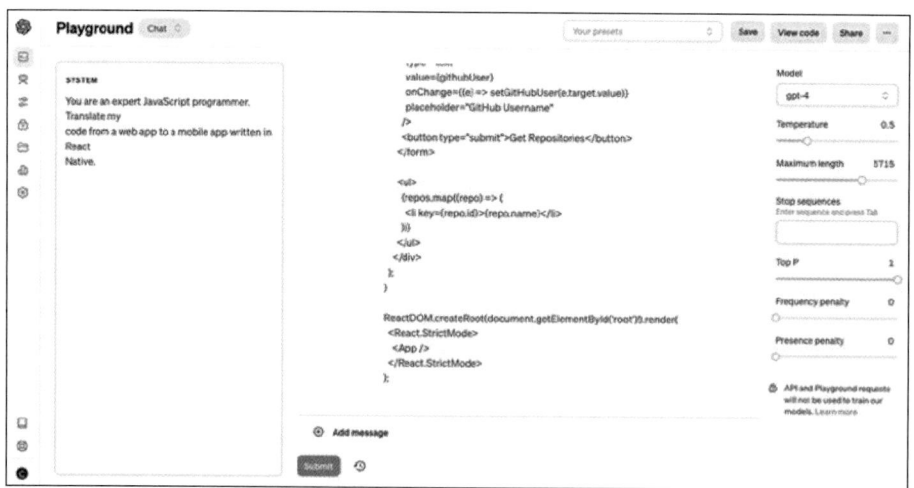

图 8-6　在 OpenAI Playground 中设置翻译要求

提交以上提示词后，我得到翻译后的组件，将其复制并粘贴到 React Native 模板中运行。除了在 iOS 上存在一个小的样式问题外，该组件在 iOS 和 Android 设备上都运行得很好，如

图 8-7 所示。

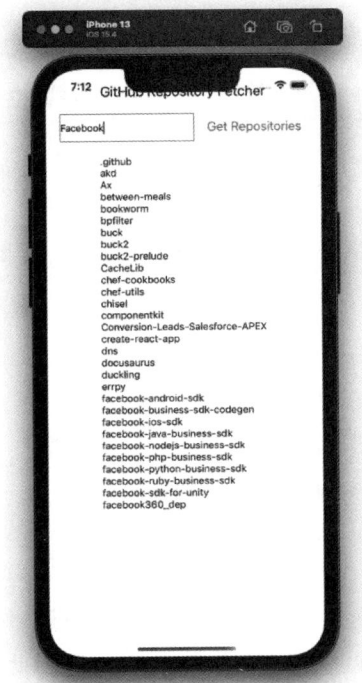
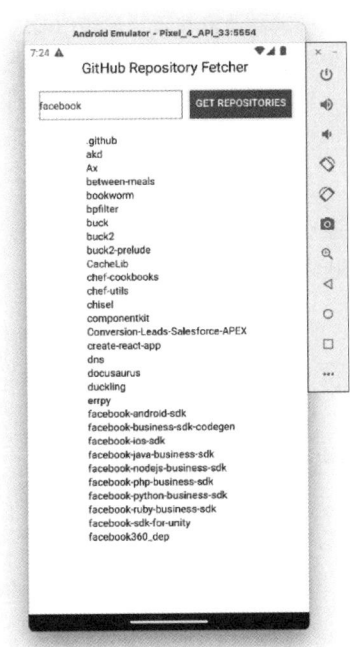

GitHub, Inc.

图 8-7　在 iOS（左）和 Android（右）设备上的移动应用程序 GitHub Repository Fetcher

验证译后代码

将代码从一种语言翻译成另一种语言之后，需要验证翻译后的代码是否可运行，这是确保翻译准确的必需步骤。AI 编程助手翻译的代码必须经过更多步骤才能部署。

我们需要将翻译后的代码视为新编代码。验证包括以下步骤：

- **理解源代码**：首先，请充分理解已翻译应用程序的源代码以及原始代码。AI 聊天机器人工具可以帮助您更好地理解这些代码。（本书第 3 章和第 4 章介绍过聊天机器人。）
- **测试**：翻译有可能给程序带来新的错误。我们可以把为原始代码编写的测试用例改写成适合新代码的测试用例，以验证新代码是否实现了与原始代码相同的功能。AI 有助于翻译后新代码的测试。（本书第 9 章将介绍代码测试。）
- **代码审查**：最好是在 AI 编程助手的帮助下，与另一位人类程序员一起进行代码审查。（本书第 11 章将介绍如何使用 AI 进行代码审查。）
- **静态代码分析**：使用 linter 对新代码进行检查，查找潜在的语法、格式、样式问题。（本书第 7 章介绍过静态代码分析。）
- **交叉引用输出**：为应用程序翻译前后的两个版本提供相同的输入，查看是否会产生相同的输出。（本书第 9 章将介绍相关测试工具和技术。）

» 文档：检查新代码中的文档和注释，以验证其是否仍然准确，并根据需要进行更新。（本书第 10 章将介绍如何使用 AI 辅助创建文档。）

» 安全审查：不同的编程语言和运行环境（比如 Web、Android、iOS）都有自己独特的安全特性和潜在漏洞。例如，Web 应用程序相关的安全漏洞与 Android 或 iOS 应用程序的安全漏洞大相径庭。因此，需要对翻译后的代码进行安全审查。使用专门的安全扫描工具，例如 Snyk（第 7 章介绍过）有助于进行此类的审查。

验证翻译代码所使用的工具和流程，与编写和优化原始代码所使用的工具和流程相同。

使用 AI 优化代码

有些代码虽然可以运行，但效率不高，运行效果不好，达不到预期。几乎所有的代码都有改进空间。通过优化代码可以使其运行更快、质量更高、更加适应特定的硬件或环境条件。

Python 作为一种最常用的编程语言，在机器学习领域特别流行。然而，与其他编程语言相比，Python 的运行速度很慢。机器学习任务对计算机资源要求较高，因此使用 Python 进行机器学习，程序的运行速度可能会很慢。

程序运行缓慢的原因不仅来自语言、编译器和底层硬件，编程过程中做出的决策也会在很大程度上影响程序的性能。

找到一个程序中可以优化的点并不容易，开发者需要有足够的时间和经验。代码优化，首先需要对代码进行分析，检测程序中每个函数的运行时间以及执行频率。分析结果将提示您，程序的哪些部分需要优化。这种执行分析任务的工具称为分析器。

将传统分析器与 AI 聊天机器人的建议相结合，我们可以更有效地优化代码，找出运行缓慢的代码并获得改进建议。

获取代码优化建议

Scalene 是一个适用于 Python 的 CPU、GPU 和内存性能分析器，Scalene 可以分析代码，并利用 AI 技术提供代码优化建议。

我在 macOS 系统上安装并运行了 Scalene。截至本书撰写时，Scalene 的 Windows 版本并不支持与 Linux 或 macOS 版本相同的所有功能。

在安装 Scalene 之前，需要安装和配置 Python。由于 Scalene 使用了 OpenAI 的模型，因此您还需要一个具有余额的 OpenAI 账户才能使用 AI 功能。有关如何获取 OpenAI 账户和

API 密钥，请参阅第 4 章。

然后，按照以下步骤安装 Scalene 并进行测试：

1. 访问 Scalene 的 GitHub 存储库可以了解更多信息，网址为 https://github.com/plasmaumass/scalene。

2. 在 macOS、Linux 或 Windows Subsystem for Linux（WSL2）上，使用以下 pip 命令安装 Scalene 包：

```
pip install -U scalene
```

3. 在终端窗口中输入以下命令，将 Scalene 的 GitHub 存储库克隆到本地计算机上：

```
git clone https://github.com/plasma-umass/scalene
```

在 GitHub 存储库中，有一个文件夹包含 Python 文件，我将使用这些文件来测试 Scalene。

4. 在 VS Code 中打开 Scalene 的 GitHub 存储库。

5. 在 VS Code 的 Extensions（扩展）面板中，找到并安装 Scalene VS Code 扩展，如图 8-8 所示。

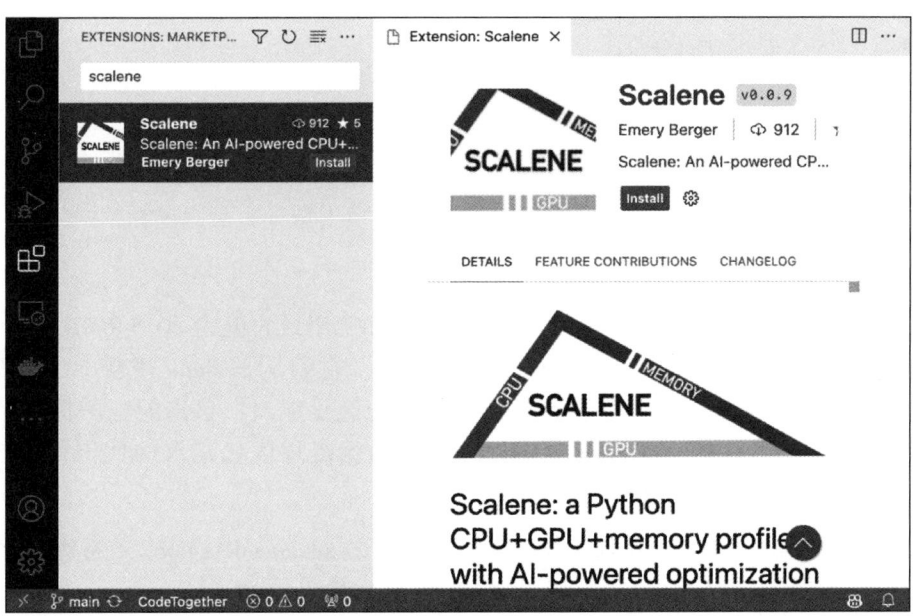

Microsoft Corporation

图 8-8　安装 Scalene VS Code 扩展

6. 在 VS Code 中打开 test/testme.py。

这个程序本身没什么用，我们可以用它来演示 Scalene 的功能。

7. 按下 Command+Shift+P 键（macOS）或 Ctrl+Shift+P 键（Windows），打开 VS Code 的命令面板。

8. 在命令面板中输入 Scalene，命令面板会自动列出一些匹配的命令。向下滚动鼠标，直到"Scalene：AI-Powered Profiling..."命令，单击运行该命令。

   VS Code 中会显示一条消息，显示 Scalene 正在分析代码。完成之后，VS Code 将显示一份报告，如图 8-9 所示。

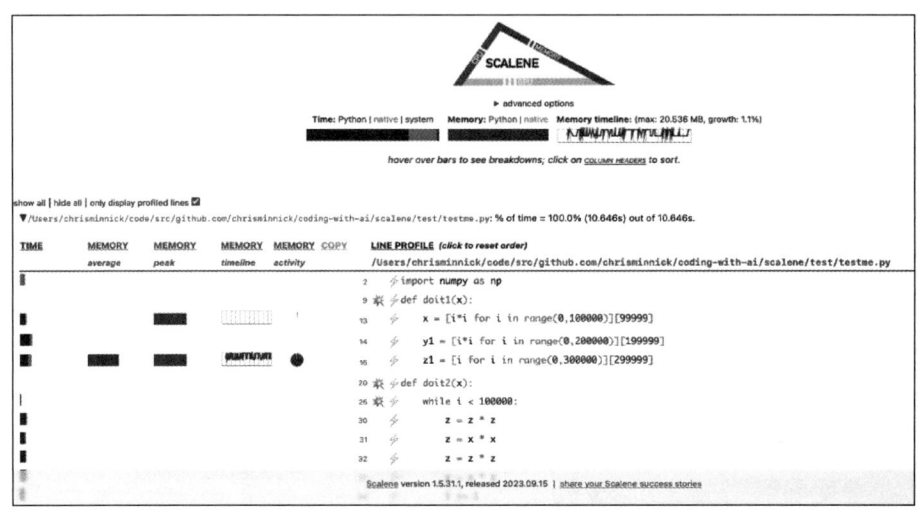

Microsoft Corporation

图 8-9　Scalene 的 testme.py 报告

9. 查看报告。

   在我的计算机上，该程序运行耗时 10.646s，内存使用最大值为 20.536MB。

   请注意，有些代码行的左侧带有闪电或烟花图标，它们是 Scalene 报告中用来标记可优化代码的图标。单击烟花图标，可查看 Scalene 提出的优化建议；单击闪电图标会让 Scalene 为最初没有找到优化的代码行提出优化建议，或者为已提过优化建议的代码行生成不同的代码。

10. 要将您的 OpenAI API 密钥输入 Scalene，请单击 advanced options（高级选项）链接（位于 Scalene 报告顶部的 Scalene 标志下方），如图 8-10 所示。

11. 在高级选项区域的输入字段中，粘贴您的 OpenAI API 密钥，再次单击 advanced options（高级选项）链接，关闭高级选项。

12. 单击 Scalene 报告中的烟花图标。

    片刻之后，在标有烟花图标的代码行下方会出现一个优化建议，如图 8-11 所示。

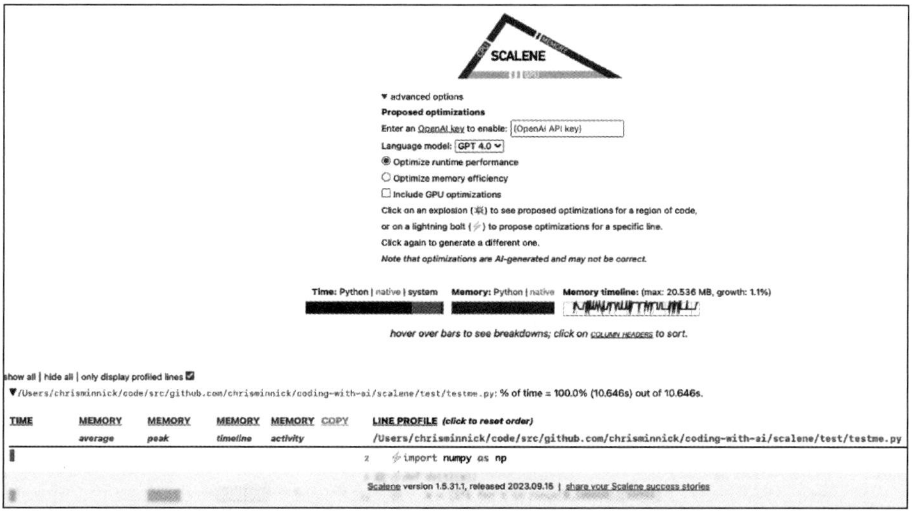

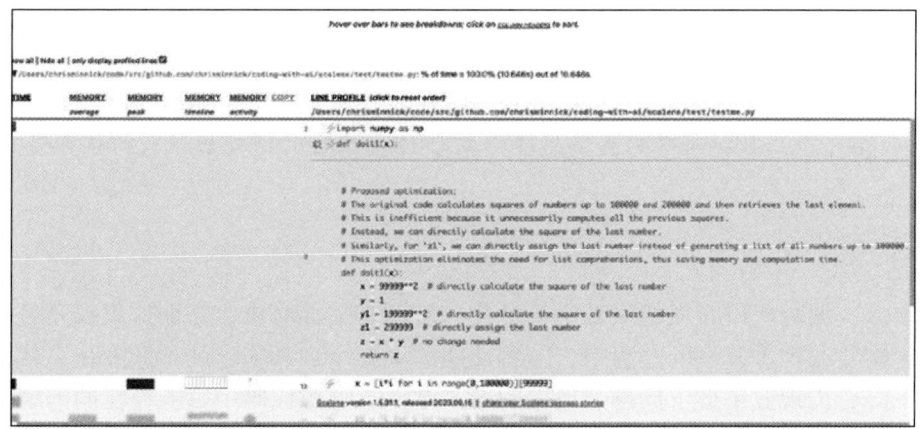

Microsoft Corporation

图 8-10　打开高级选项输入 API 密钥

Microsoft Corporation

图 8-11　Scalene 提出的优化建议

13. 查看优化建议。

如果您对这个建议不满意，可以再次点击烟花图标，获取更多建议。

14. 一旦找到满意的优化建议，请将其应用到您的代码中，再次运行 Scalene。

VS Code 中的新选项卡中会出现一个新报告，如图 8-12 所示。请保留包含原始报告的选项卡，以便您可以将其与新报告进行比较。

15. 如果您的第一份报告仍处于打开状态，请比较这两份报告，以确定实施优化建议后是否提高了程序的性能。

图 8-12　对优化后的代码进行分析

以上 testme.py 文件被故意设计得非常低效，以演示 Scalene 的功能。通过优化第一个函数，将其内存使用降低到 0MB，执行时间缩短了大约 4.5s。

避免过早优化

如果在首次编写代码时就能对其进行优化，可谓是最佳时机，然而这仅仅是一种理想状态，并不现实。在软件开发的过程中，随着功能的不断增加和需求的不断变化，代码质量可能会逐渐下降，出现效率低下问题。请参阅第 6 章，了解源代码中可能存在的问题（也称为代码异味），它们可能对软件性能产生负面影响。

在打算优化代码来提高性能之前，应当率先确定是否值得这样做。如果程序运行正常，并且您确定可以通过重构使其运行更快，再谨慎付诸行动，避免所谓的"过早优化"。著名计算机科学家 Donald Knuth（《计算机编程艺术》的作者）曾说过："过早优化是万恶之源。"

Knuth 在提醒程序员，不要对效率过度担心，过度优化有可能得不偿失。如果为了节省几微秒时间，花费大量的时间和精力去优化代码，反而可能引入新的错误，这样的优化是不划算的。想要大幅提升程序的运行速度，更加简单有效的方法是升级计算机 CPU，这样做程序性能会显著提升，而且不需要对代码进行任何修改。

当然，如果应用程序的用户反映该软件运行速度缓慢或存在其他缺陷，那么相比于其他可能存在的优化点，针对用户反馈进行优化应该是优先考虑的首要任务。

第 3 部分
测试、记录和维护代码

本部分内容：

- 生成测试并验证代码功能
- 在 AI 编程助手的帮助下编写高质量文档
- 在 AI 编程助手的帮助下编写易于维护的文档

本章内容：
- 制定测试计划
- 自动化测试
- 平衡 AI 测试和人工测试
- 生成测试用例
- 使用 AI 进行测试驱动开发

第 9 章

测试代码

在 AI 可以辅助完成的编程各个环节中，测试环节应该是最安全的，因为 AI 只是检查软件是否能按照设计运行，不会影响代码或软件的设计。

但是，使用 AI 辅助测试并不能保证测试全面或完全正确。在本章您将看到，从 AI 获得测试和测试建议的质量取决于人对 AI 模型的提示是否清晰和准确，以及人是否能正确判断哪些测试任务更适合由 AI 完成，哪些更适合由人工来完成。

自动化测试就是用计算机程序来代替人工，自动执行测试的过程。在 20 世纪 80 年代之前，大多数软件测试都是由测试人员完成，测试人员需要亲自操作软件，一步步地验证功能是否有效。这种方法效率较低。在 20 世纪 80 年代后期，出现了录制和回放测试方式。测试人员首先手动操作一遍，并使用工具录制他们与软件交互的所有操作步骤，以后再测试时，就可以直接重放这些步骤，相当于让计算机按照录制的步骤重复执行一遍。这种方法相比于纯手动测试，效率显著提高。

测试领域的第三次重大变革发生在 20 世纪 90 年代。当时大部分测试都是脚本驱动，测试人员不再使用软件来测试软件，而是使用编程语言编写脚本来自动化测试任务。因此，测试变得更加灵活，但更加需要专业技能，需要软件开发人员的编程技能，而不是软件测试人员的测试技能。21 世纪 10 年代以来，出现了 AI 辅助测试软件，使测试和编写测试都变得更容易，非程序员也能够参与测试工作了。

编写测试计划

测试计划用于描述您计划测试的内容、测试方法以及测试时间表,还可以列出项目中预期的风险,以便确定测试的优先级。

选用传统还是敏捷计划

在传统测试方法中,测试是软件开发生命周期中的一个独立阶段,包含预先设定好的步骤。传统测试方法最适合需求明确的软件,比如为飞机、宇宙飞船或 IRS(美国国内收入署)编写的软件。对于这类重要的软件,应该创建和遵循正规的测试计划:明确测试人员、内容、地点、时间和方式。

如今,大多数软件开发都遵循敏捷方法,软件开发和测试迭代进行,而不是按照固定的线性顺序依次进行。

在敏捷软件开发中,测试计划侧重于持续测试。由于认识到需求会发生变化而且计划也不可能完美,因此敏捷测试强调测试过程的灵活性和适应性,目标是测试软件以确保其满足用户的最终需求,比如用户故事(第 5 章曾介绍)和验收标准中指定的需求。

测试计划采用传统的正式文档还是敏捷计划,取决于您正在构建的软件类型以及开发方法。

测试计划的分步骤流程

测试是软件开发过程不可或缺的一部分,即使软件完全正常运行,还是需要进行额外的测试。为确保软件质量,有必要将测试视为一个独立于软件开发的项目,无论它是否真的独立。

对于小型项目和个人项目,开发人员自己就可以完成所有开发和测试。在大型项目中,开发人员也需要参与测试,但是由质量保证(QA)团队制定测试计划并官宣产品"已通过测试"。

创建一个测试计划通常包括以下步骤:

- **分析软件**。查阅软件文档,与开发人员交流,并详细了解待测试软件。
- **定义测试策略**。明确测试项目的目标和目的。
- **确定测试范围**。确定待测试内容以及将使用的测试方法。测试方法包括单元测试、系统测试、性能测试、安全测试等。
- **定义测试标准**。定义退出标准(即测试成功或测试失败的条件)和暂停标准(即应该暂停测试的条件)。
- **准备测试环境**。确定测试所需的资源(例如软件、硬件和操作系统)。
- **创建测试计划**。将测试过程分为多个任务和活动,并分别设定截止日期。

> **确定测试交付成果**。确定测试流程的可交付成果，比如测试计划、测试用例创建，以及最终的测试报告。

我们可以在 AI 编程助手的帮助下快速启动测试计划流程。针对 AI 生成的计划，虽然还需要人工修改和扩展，但有时 AI 模型会提供一些意想不到的想法。

若要明晰如何全面测试一个程序，开发人员不仅需要了解正在测试的功能，还需要了解用于编写测试的框架。尽管创建测试应该是软件开发过程中不可或缺的部分，但由于编写高质量的测试通常很困难且耗时，以至于测试常常会沦为事后才想起的补救办法。

我认识的大多数开发人员都愿意将测试外包给 AI，这样他们自己就可以将更多精力放在软件开发的有趣部分（即编写代码）上。

AI 在测试计划中的作用

在测试计划过程中可以多种方式使用 AI，包括：

> - 模拟用户行为，以识别失败或成功模式。
> - 分析软件需求，生成相应的测试步骤来验证这些需求。
> - 解释代码，并确定需要测试的功能。
> - 编写测试用例。

使用 AI 创建测试计划的好处是：

> - **自动分析**：AI 系统可以快速分析大量数据，包括复杂的代码库和测试结果。
> - **细微模式检测**：AI 能够检测人类可能忽略的模式和异常。
> - **未来问题预测**：通过使用历史数据，AI 可以预测未来的故障，并为主动开展测试规划提供依据。
> - **风险评估**：AI 可以识别代码的高风险区域，并帮助确定测试工作的优先级。
> - **场景模拟**：AI 可以模拟各种测试场景以确定最有效的测试方法。

识别核心功能

在测试软件之前，需要先了解软件的功能。对于复杂的软件或自己未曾编写过的软件，在开始制定测试计划之前，最好先记录其核心功能。

软件需求规范（SRS）可以帮助我们了解软件最初的设计用途。但是，在软件开发过程中，需求可能会发生变化。可以让 AI 编程助手解释软件的功能，并依此做记录。

在第 5 章，我曾在 AI 的帮助下创建了一个井字棋游戏。目前，该游戏仅能够部分满足 SRS 需求。要测试该游戏，首先需要明确其功能。

我打开客户端应用程序的 JavaScript 文件，提示 Copilot Chat：

```
@workspace What are the core functionalities in this tic-tac-toe game?
@workspace 这款井字棋游戏的核心功能是什么？
```

Copilot 反馈了一个精确列表，对井字棋游戏的每个功能逐一描述，如图 9-1 所示。

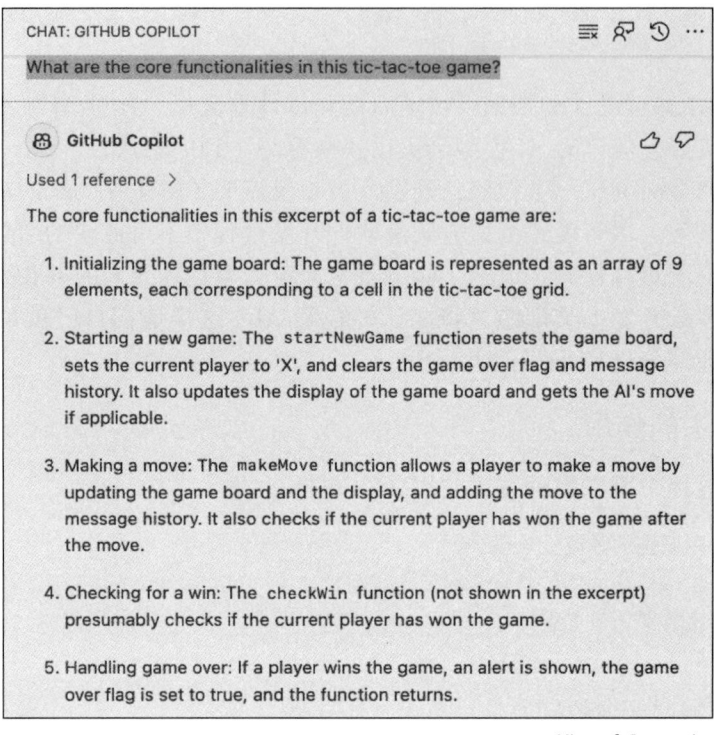

图 9-1 Copilot 成功识别了井字棋游戏的各个功能

> **提示词**
>
> 这款井字棋游戏的核心功能是什么？

AI生成

这款井字棋游戏的核心功能如下：
1. 初始化游戏棋盘：游戏棋盘用一个 9 元素的数组表示，每个元素对应井字棋的一个格子。
2. 开始新游戏：startNewGame 函数会重置游戏棋盘，将当前玩家设置为"X"，清除游戏结束标志和消息记录。该函数还会更新游戏棋盘的显示内容，获取 AI 走棋。
3. 走棋：makeMove 函数更新游戏棋盘和显示内容，并将当前玩家的走棋添加到消息记录。该函数还会检查当前玩家在走完这步棋后是否获胜。
4. 检查是否获胜：checkWin 函数（在节选内容中未展示）用于检查当前玩家是否赢了。
5. 结束游戏：如果某一玩家获胜，就会弹出一个提示框，将游戏结束标志设置为 true，该函数返回。

生成测试场景

接下来，我给 Copilot 以下提示：

```
@workspace Tell me how I should test this program.
@workspace 告诉我应该如何测试这个程序。
```

Copilot 对程序的每个函数都提供了一系列测试建议，如图 9-2 所示。

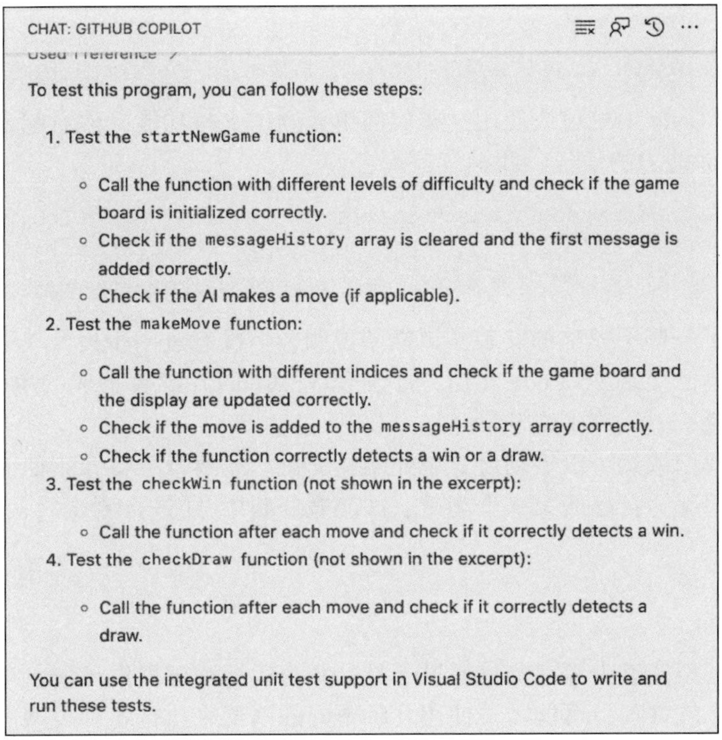

> CHAT: GITHUB COPILOT
>
> To test this program, you can follow these steps:
>
> 1. Test the `startNewGame` function:
>   - Call the function with different levels of difficulty and check if the game board is initialized correctly.
>   - Check if the `messageHistory` array is cleared and the first message is added correctly.
>   - Check if the AI makes a move (if applicable).
> 2. Test the `makeMove` function:
>   - Call the function with different indices and check if the game board and the display are updated correctly.
>   - Check if the move is added to the `messageHistory` array correctly.
>   - Check if the function correctly detects a win or a draw.
> 3. Test the `checkWin` function (not shown in the excerpt):
>   - Call the function after each move and check if it correctly detects a win.
> 4. Test the `checkDraw` function (not shown in the excerpt):
>   - Call the function after each move and check if it correctly detects a draw.
>
> You can use the integrated unit test support in Visual Studio Code to write and run these tests.

Microsoft Corporation

图 9-2　Copilot 创建测试用例列表

【AI生成】

要测试这个程序，可以按照以下步骤进行：

1. 测试 startNewGame 函数：
- 使用不同的难度级别调用该函数，检查棋盘是否正确初始化。
- 检查 messageHistory 数组是否清空，第一条消息是否正确添加。
- 检查 AI 是否走棋。
2. 测试 makeMove 函数：
- 使用不同的索引调用该函数，检查棋盘和显示内容是否正确更新。
- 检查该走棋是否正确添加到 messageHistory 数组中。
- 检查该函数是否能够正确检测到一方获胜或平局。
3. 测试 checkWin 函数（在节选内容中未显示）：
- 在每次走棋后调用该函数，检查其是否能够正确检测到一方获胜。
4. 测试 checkDraw 函数（在节选内容中未展示）：
- 在每次走棋后调用该函数，检查其是否能够正确检测到平局。

可以使用 Visual Studio Code 中集成的单元测试支持功能，编写并运行上述测试。

以上，Copilot 给出的最后一条建议是：

> You can use the integrated unit test support in Visual Studio Code to write and run these tests.
> 你可以使用 Visual Studio Code 中集成的单元测试支持功能，编写并运行上述测试。

我从未在 VS Code 中见过或使用过集成的单元测试支持功能，但看起来这是个不错的计划。鉴于对 Copilot 能力的信任，我继续提问：

> How can I use the integrated unit test support for Visual Studio Code to write and run these tests?
> 我该如何使用 Visual Studio Code 集成的单元测试支持功能，编写和运行这些测试？

Copilot 回复了一些不完整的安装测试框架说明，但没有进一步提及 VS Code 中集成的测试支持功能。我自己搜索 VS Code 文档，才发现 VS Code 并没有集成的单元测试支持功能。原来这个建议只是 Copilot 的信口开河！

尽管如此，我们依然可以手动设置单元测试支持。后续章节将介绍如何在项目中设置单元测试支持、如何编写自己的第一个测试、如何充分利用 AI 进行测试。

使用测试框架

测试自动化框架能够为编写测试提供工具，并为运行测试提供环境。市场上有许多可用的测试框架，一个软件项目可能需要使用几种不同的框架来执行各种类型的测试。

开发人员最常参与的是单元测试，这是一种测试单个软件模块的方法，目的是确保各个模块的功能正常。在单元测试中，由开发人员创建测试（也称规范），通过比较函数的预期输出与实际输出，描述和测试函数的输出，这种预期输出和实际输出之间的比较称为断言。

全面测试一个函数通常需要多个断言，每个断言可以测试函数的一个方面或可能的输出。单个函数或模块的许多测试集合称为一个测试套件。

用于编写和运行 JavaScript 代码单元测试的测试框架是 Jest（https://jestjs.io），Jest 的运行环境是 Node.js。如果您尚未安装 Node.js，请访问 https://nodejs.org/ 下载并安装，然后再学习下一节内容。

安装 Jest

本节介绍如何安装 Jest 测试框架。在安装之前，请先访问 www.dummies.com/go/Codingwithaifd，下载本书代码，然后在 VS Code 中打开 chapter09 文件夹。

如果您对设置 Jest 的过程没有兴趣，想直接学习如何编写测试，请在终端窗口打开 tic-tac-toe-client-final 文件夹，运行 npm install。我已经在该文件夹中完成了设置 Jest 的烦琐步骤，因此您可以跳过本节内容，直接进入下一节内容：运行 Jest。

安装 Jest 的步骤如下。

1. 打开一个新的终端窗口，输入以下内容，切换到正确的文件夹：

```
cd tic-tac-toe-client
```

确保使用第 9 章文件夹中的游戏版本。此版本包含一些额外的错误修复和优化，这些内容在第 6 章文件夹的版本中并不存在。

2. 在终端输入以下命令，以初始化客户端目录中的 Node 项目：

```
npm init
```

3. 回答 npm init 脚本提出的问题。对于每个问题，都可以接受默认回答。

用户的回答用于配置 Node.js 包。请注意，后续可以通过编辑 package.json 文件更改此处的回答。

4. 在终端窗口中输入以下命令，安装 Jest：

```
npm install jest --save-dev
```

5. 安装 JSDom 环境：

```
npm install jest-environment-jsdom --save-dev
```

JSDom 是一个类似浏览器的环境，Jest 将在其中运行测试，这样可以确保测试结果与真实浏览器中运行的结果一致。

6. 为 Jest 创建基本配置：

```
npx jest --init
```

Jest 初始化脚本会提出几个问题，问题列表以及我的回答如下所示。

```
Would you like to use Jest when running "test" script in "package.json"? yes
Would you like to use Typescript for the configuration file? no
Choose the test environment that will be used for testing jsdom (browser-like)
Do you want Jest to add coverage reports? yes
Which provider should be used to instrument code for coverage? v8
Automatically clear mock calls, instances, contexts and results before every test? yes
```

你想在"package.json"中运行"test"脚本时使用 Jest 吗？是
你想将 Typescript 用于配置文件吗？否
请选择用于测试 jsdom 的测试环境(类似浏览器环境)
你想让 Jest 添加覆盖率报告吗？是
使用哪个提供程序来检测代码的覆盖率？v8
在每次测试前,自动清除模拟调用、实例、上下文和结果吗？是依照以上回答，Jest 会在项目中创建一个名为 jest.config.js 的文件。

由于 Jest 在 Node 中运行，因此项目可能会包含一些 Node 不支持的语法。为解决这个问题，必须安装一些额外的软件包。

7. 在终端窗口中输入以下内容：

```
npm install babel-jest @ babel/preset-env @ babel/core
--save-dev
```

Babel 是一个 JavaScript 转译器，可将代码从一种语言版本转换为另一种语言版本。本示例将使用 Babel 把在浏览器中运行的代码转换为在 Node 中运行的代码。

8. 配置 babel-jest 插件：

a. 打开 jest.config.js。显示许多注释掉的指令。

b. 找到以"transform:"开头并被注释掉的指令，取消注释。

用户可以在 transform 指令中指定要匹配的文件名模式，然后在测试之前更改这些文件。本示例将使用 babel-jest 插件转译 JavaScript 文件。

c. 将 transform 指令更改为以下内容：

```
transform: {
   '\\.[jt]sx? $':'babel-jest',
}
```

9. 配置 Babel：在项目中创建一个名为 babel.config.json 的文件，向文件中添加以下内容：

```
{
   "env": {
      "test": {
         "presets": [
            "@ babel/preset-env"
         ]
      }
   }
}
```

安装完毕！过程并不复杂，对吧？下一节内容将介绍如何运行 Jest，以及如何编写您的第一个测试。

运行 Jest

现在，Jest 测试框架已经安装并配置完毕，下一步是运行 Jest。请在终端窗口中输入 npm test。

Jest 会检查该项目（当前 Node.js 包中的所有内容），以查找即将运行的测试套件。目前，该项目还没有任何测试，因此 Jest 会回应消息"No tests found（未找到测试）"，如

图 9-3 所示。

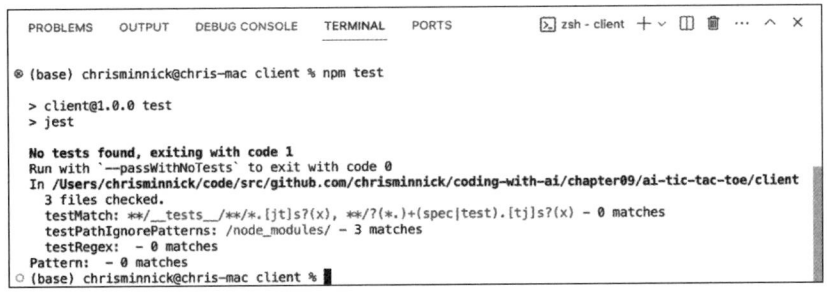

Microsoft Corporation

图 9-3　Jest 回应：找不到任何测试

除此之外，Jest 还会指出它所检查的文件夹、项目中的文件数量以及正在查找测试的文件名。默认情况下，Jest 会在以下文件中查找测试：

- 名为 __tests__（前面是两个下画线，之后是单词 tests，再后面又是两个下画线）文件夹中的 JavaScript 或 TypeScript 文件。
- 文件扩展名前带有 .spec 的 JavaScript 或 TypeScript 文件，例如 MyComponent.spec.js。
- 文件扩展名前带有 .test 的 TypeScript 或 JavaScript 文件，例如 MyComponent.test.js。

生成测试用例

在 Copilot Chat 中使用 /tests 命令，可以为代码编辑器中选择的代码生成测试，步骤如下：

1. 在 VS Code 中打开 script.test.js 和 script.js。

2. 在 script.js 中，选择 checkWin( ) 函数。
checkWin( ) 函数检查是否有玩家获胜。

3. 在 Copilot Chat 中输入 /tests。

Copilot 自动在 /tests 命令前加上 @workspace，然后为 checkWin( ) 函数生成测试，如图 9-4 所示。

@workspace 命令是一个 Copilot 智能体（本书第 4 章介绍过智能体），它指示 Copilot 在生成响应时考虑当前 VS Code 工作区的所有文件。

Copilot 建议对 checkWin( ) 函数进行三个测试：

- 当棋盘为空时，checkWin( ) 是否返回 false。
- 当棋盘没有获胜棋盘组合时，checkWin( ) 是否返回 false。
- 当棋盘有获胜棋盘组合时，checkWin( ) 是否返回 true。

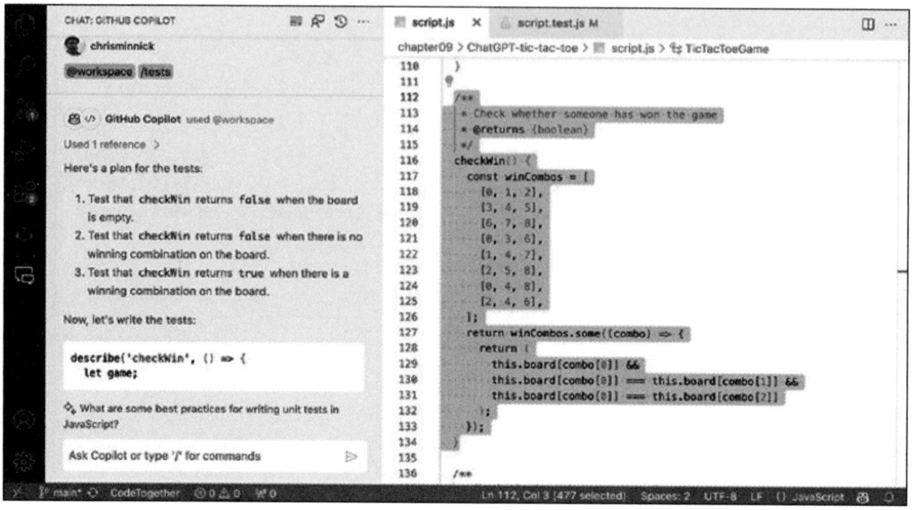

Microsoft Corporation

图 9-4　Copilot 为 checkWin( ) 函数生成测试

提示词

@workspace 测试

AI生成

以下是测试计划：

1. 测试当棋盘为空时，checkWin 函数返回 false。
2. 测试当棋盘上没有获胜棋盘组合时，checkWin 函数返回 false。
3. 测试当棋盘上有获胜棋盘组合时，checkWin 函数返回 true。

下面，我们来编写测试。

代码

以上三个测试似乎涵盖了该函数可能出现的所有情况，可以创建一个测试套件，将这三个测试添加到其中。为了给井字棋（tic-tac-toe）游戏中的 script.js 文件设置测试套件，我创建了一个名为 script.test.js 的文件，并向其中添加以下导入语句：

```
import {TicTacToeGame } from './script';
```

我把 Copilot 生成的测试复制粘贴到 script.test.js 文件的 import 语句后面，然后运行 npm test，结果如图 9-5 所示。

Copilot 成功编写了三个测试，并且全部通过！

checkWin( ) 函数不与浏览器交互，纯粹是基于函数内部的逻辑和传入的参数进行计算，由于这个函数的独立性和简单性，很适合创建简单测试。checkDraw( ) 函数的功能是检查所有方格是否已填满且双方均未获胜，这个函数也非常简单，可以使用相同的方法为该函数生成测试。步骤如下：

第 9 章 测试代码 195

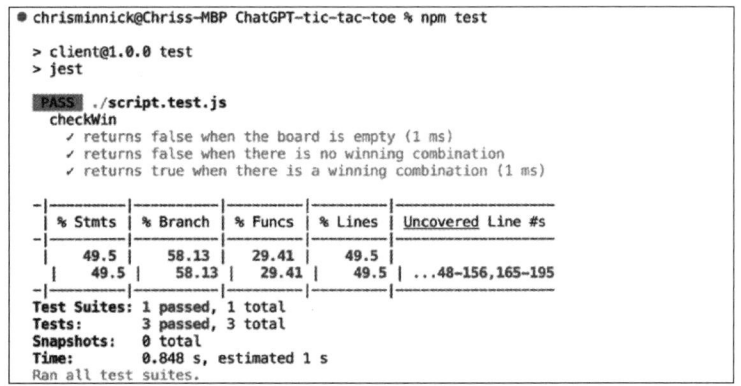

图 9-5　运行 Copilot 生成的测试

1. 确保 script.test.js 在相邻选项卡中打开，然后在 script.js 中选择 checkDraw( ) 函数。
2. 在 Copilot Chat 中输入 /tests 并按 Enter（回车键）。

　　第一次运行 /tests 时，我选择了 checkDraw( ) 及其注释。除了 checkDraw( ) 之外，Copilot 还生成了程序中其他函数的测试。接下来，我仅选择了 checkDraw( ) 函数（未选择相关文档），然后再次输入 /tests，得到了我需要的答案。

　　Copilot 建议对 checkDraw( ) 函数进行以下测试：

» 当棋盘为空时，checkDraw( ) 是否返回 false。
» 当棋盘部分填满时，checkDraw( ) 是否返回 false。
» 当棋盘完全填满且双方均未获胜时，checkDraw( ) 是否返回 true。

　　以上建议看上去不错。在提供了测试 checkDraw( ) 的计划后，Copilot 又为每个建议的测试用例编写了测试，如图 9-6 所示。

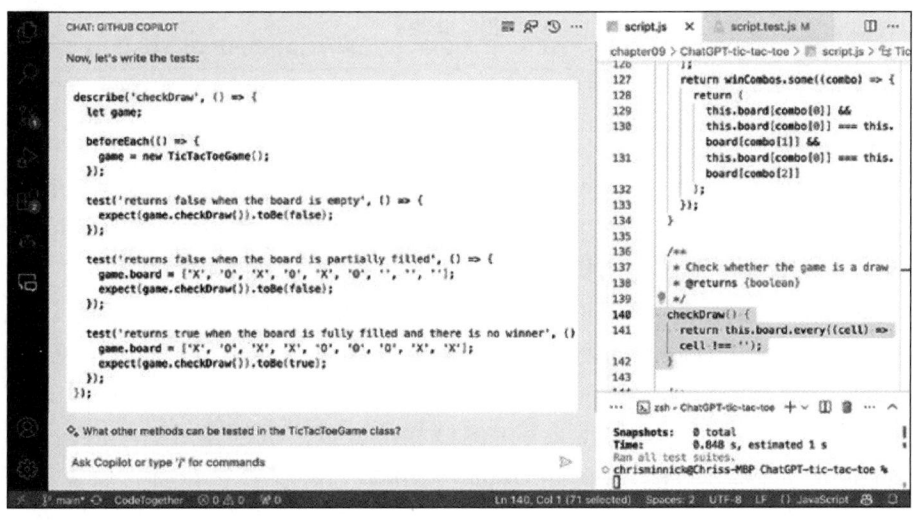

Microsoft Corporation

图 9-6　Copilot 为 checkDraw( ) 函数建议的测试

我复制以上测试，将其粘贴到 script.test.js 中，然后再次运行测试。结果如图 9-7 所示。

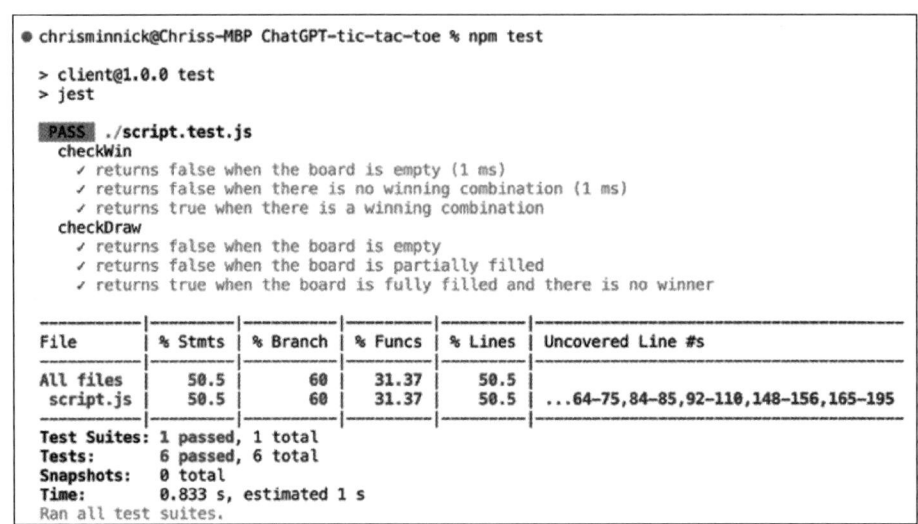

图 9-7　运行 checkDraw( ) 测试和 checkWin( ) 测试的结果

阅读覆盖率报告

使用 Jest 这样的测试框架运行测试用例时，测试框架会自动分析代码，并生成一份覆盖率报告，显示该测试用例覆盖了代码的哪些部分，还有哪些部分没有被覆盖，如图 9-8 所示。

File	% Stmts	% Branch	% Funcs	% Lines	Uncovered Line #s
All files	50.5	60	31.37	50.5	
script.js	50.5	60	31.37	50.5	...64-75,84-85,92-110,148-156,165-195

图 9-8　覆盖率报告显示代码的测试量

到目前为止，Copilot 在生成测试方面表现不错，测试覆盖率报告显示，近三分之一的函数已被测试覆盖。然而，被覆盖的都是最容易测试的函数，程序中具有外部依赖关系的其他函数（例如浏览器和服务器），测试起来会更加复杂。

例如，clearBoardDisplay( ) 函数将棋盘重置为默认状态，它需要与浏览器交互，并需要一个正确查询浏览器中棋盘状态的测试。为了查看 Copilot 是否能胜任这项任务，我选择该函数并运行/tests 命令。

Copilot 生成一个测试，貌似与我编写的测试相仿。该测试创建了一个由 X 和 O 填充的游戏棋盘元素副本，然后运行 clearBoardDisplay( ) 函数，并检查棋盘是否恢复为默认状态。当我将该测试套件复制到 script.test.js 文件中并运行测试时，新的测试通过了，如图 9-9 所示。

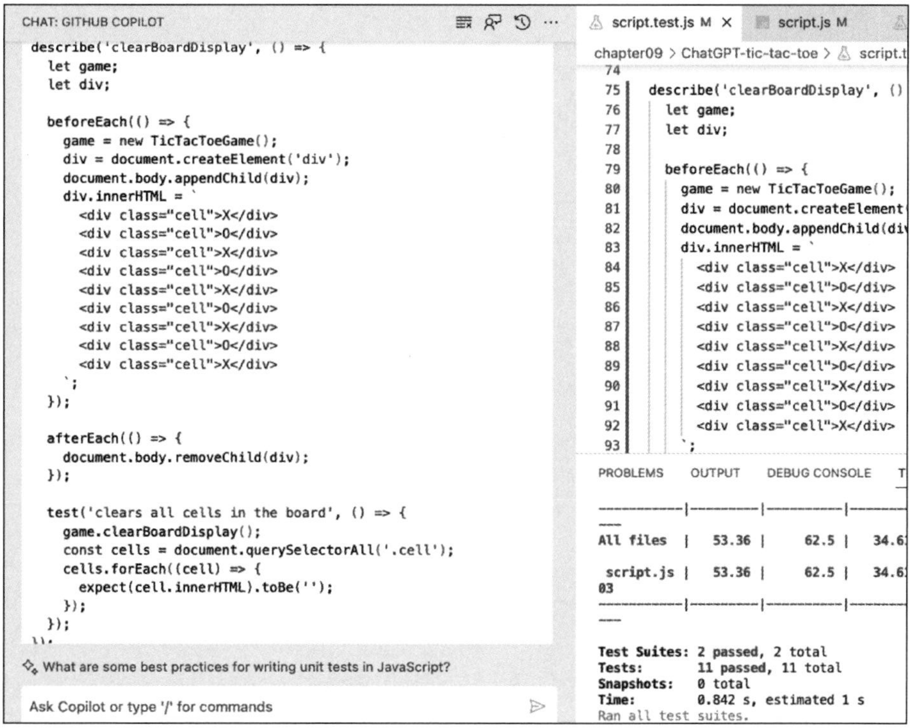

Microsoft Corporation

图 9-9　clearBoardDisplay( )测试已通过

至此，Copilot 编写的所有测试都通过了，但是这些测试是否真的有效？下一节内容将介绍如何分析 AI 模型编写的测试。

分析测试结果

在上一节中，Copilot 生成的所有测试都通过了，但这并不意味着代码运行正常。如果测试本身存在错误，那么即使被测代码不正确，测试也可能通过。本节内容将对测试以及运行测试的结果进行分析。

如果您编写的代码有错误，要求生成式 AI 模型为这段有错误的代码编写单元测试，该模型可能会反馈一个验证代码（包括所有错误在内）当前功能的测试。例如，以下函数：

```
sumNumbers(num1, num2) {
    return `${num1} + ${num2}`;
}
```

正如函数名称所示，该函数的预期用途是将两个数字相加。但是，它的编写方式会导致该函数返回一个字符串。

我选择以上 sumNumbers( ) 函数，并要求 Copilot 为其编写测试。Copilot 建议如下：

```
describe('sumNumbers', () => {
    test('returns correct string for positive numbers', () => {
        expect(game.sumNumbers(1, 2)).toBe('1 + 2');
    });

    test('returns correct string for negative numbers', () => {
        expect(game.sumNumbers(-1, -2)).toBe('-1 + -2');
    });

    test('returns correct string for zero', () => {
        expect(game.sumNumbers(0, 0)).toBe('0 + 0');
    });

    test('returns correct string for mixed positive and negative
        numbers', () => {
        expect(game.sumNumbers(-1, 2)).toBe('-1 + 2');
        expect(game.sumNumbers(1, -2)).toBe('1 + -2');
    });
});
```

以上 Copilot 编写的测试成功地测试了 sumNumbers() 函数的功能，并且全部通过。但是，所编写的函数本身是错误的。换作理解该函数预期用途的人类开发者，绝对不会编写出这样的测试。

 虽然以上 sumNumbers() 函数经过了简化和专门设计，但确实反映了 AI 生成测试时的潜在问题：AI 编写测试只是验证函数本身是否正确，而不能验证该函数是否达到了开发者预期的功能。

为了解决上述问题，可以采用以下策略：在使用 AI 生成测试用例之前，先对函数进行详细的文档说明，明确函数的目的。例如，我为该函数添加了一条描述性注释，如下所示：

```
/**
 * 将两个数字相加。
 * @returns {number}
 */
sumNumbers(num1, num2) {
    return `${num1} + ${num2}`;
}
```

然而，即使添加了以上注释，当我运行 /tests 命令时，Copilot 依然只是针对所编写函数本身生成测试，而不是为该函数的预期功能生成测试。

接下来，我特别要求 Copilot 生成一个能够验证该函数是否实现文档描述中所指定功能的测试：

> Write a test to verify that the sumNumbers function does what it's supposed to do, as specified in its JSDoc comment.
> 编写测试来验证 sumNumbers() 函数是否按照其 JSDoc 注释中指定的方式执行操作。

即使有了这个特定的注释，Copilot 生成的测试仍然是验证该函数返回的是字符串而不是数字，如图 9-10 所示。

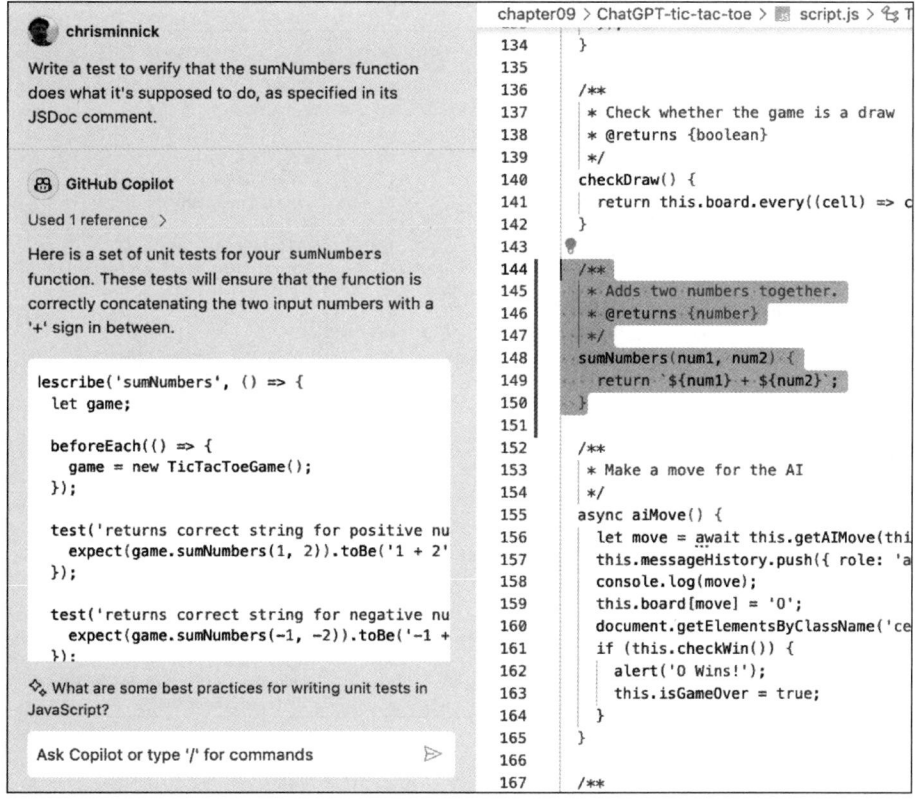

图 9-10　Copilot 仍然无法生成符合预期的测试用例

> **提示词**
>
> 编写一个测试用例，用以验证 sumNumbers 函数是否按照其 JSDoc 注释中所规定执行相应操作。

以下是一组针对 sumNumbers 函数的单元测试。这些测试将确保该函数能够正确地将两个输入数字用一个"+"号连接起来。

我决定再试一次。这一次，我明确地告诉它我想要的是什么：

> The sumNumbers function should take two numbers as its arguments and return the sum of the two numbers.
> Write tests to check whether this is what it does.
> sumNumbers()函数应该接受两个数字作为参数，并返回两个数字的总和。
> 请编写测试来检查它是否执行了这个操作。

这一次，Copilot 终于写出了我想要的测试，如图 9-11 所示。

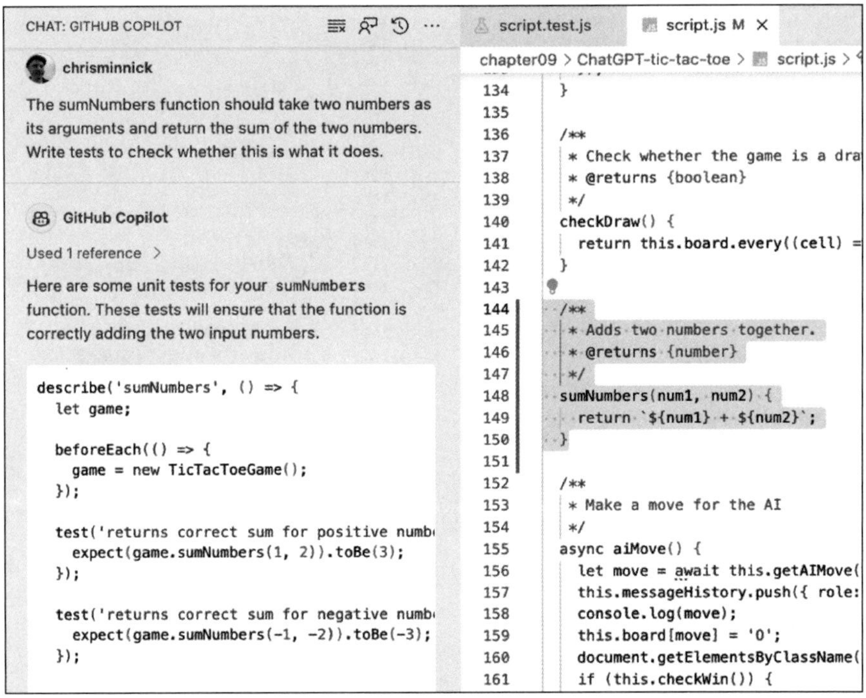

图 9-11　提示中包含清晰的描述可以帮助我们获得更好的测试结果

提示词

sumNumbers()函数应该接受两个数字作为参数，并返回两个数字的总和。
请编写测试来检查它是否执行了这个操作。

AI生成

以下是一些针对 sumNumbers 函数的单元测试，将确保该函数能对两个输入数字进行相加运算。
(代码)

我将以上测试复制到一个名为 sumNumbers.test.js 的文件中运行。不出所料，Copilot 生成的所有三个测试都失败了，如图 9-12 所示。

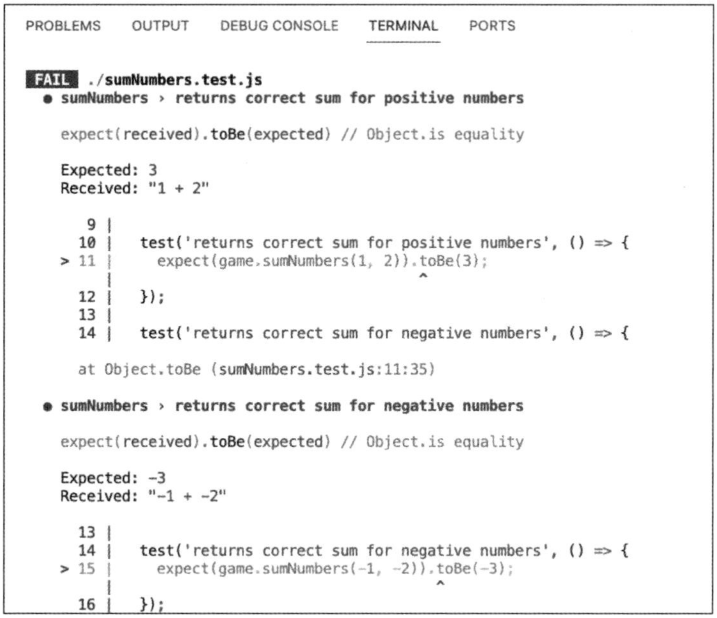

图 9-12　不出所料，新的测试失败了

我对 sumNumbers() 函数进行修改，然后重新运行测试。函数修复之后，所有测试都通过了，如图 9-13 所示。

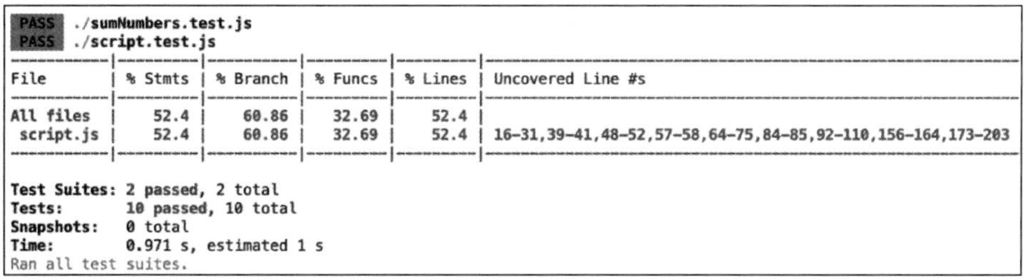

图 9-13　修复函数后，测试通过

生成式 AI 并非总能编写出我们想要的测试。请始终保持质疑，生成式模型做出的预测只是极可能正确，而非一定正确。

　　对于看似简单的问题，GenAI 模型有时会反复给出相同的错误答案，这时人们常常会指责它工作不力。然而，问题通常在于，针对您所提出的问题它已经提供了完美的答案。因此我们需要认识到，只有您正确地提问，才会收到模型满意的回答。

借助 AI 进行测试驱动开发

由于生成式 AI 依赖于上下文，因此很难让 AI 为本来就存在漏洞的功能生成测试用例。但是，如果我们将流程颠倒过来，要求 AI 根据失败的测试生成可工作的代码，会怎么样？这就是测试驱动开发背后的想法，或许也是促使 AI 编程助手准确编写契合需求代码的最优途径。

测试驱动开发（Test-driven development，简称 TDD）是一种软件开发实践，专注于为尚不存在的功能创建测试。在测试驱动开发中，开发人员先为单个代码单元编写测试，然后再编写代码以通过测试。在未预先完成测试编写的情况下，不会开展任何代码编写工作。如此一来，正确运用测试驱动开发（TDD）能够确保代码覆盖率达到 100%，并提升代码质量。

测试驱动开发流程包括三个步骤，称为 TDD 循环，这些步骤可以根据需要重复执行，以此构建出契合要求的软件：

» 编写测试（红色阶段）：编写一个准确描述单个功能片段的测试，然后运行测试以确认它失败（因为该功能尚不存在）。
» 编写代码（绿色阶段）：仅编写最少量的代码，使上述测试得以通过。
» 重构代码：对代码和测试进行重构，以改进代码质量。

在重构步骤之后，TDD 循环重新开始，进行另一个测试。

开发人员练习 TDD 的目标是在经过测试的小段代码中构建测试和软件。TDD 强调编写良好的测试，然后编写最少量的代码以通过测试，不要关注代码质量多么惨不忍睹，代码通过测试后，可以在重构阶段进行改进。

当得到清晰指令时，AI 很擅长编写少量代码，因此非常适合 TDD 的要求。但是，开发人员需要自己编写测试。如果让 AI 既编写测试又编写代码，很可能两者都不可靠。在 TDD 中编写测试体现了开发人员对软件的设计，所以正确编写测试至关重要。

从技术层面讲，进行测试驱动开发时，开发人员并不一定需要完全手工编写所有的测试代码，可以借助像 Copilot 这样的 AI 辅助编程工具，利用其代码补全功能进行编程。

为了找到一个适合用 TDD 开发的功能，我查看了井字棋游戏软件需求规格说明书（在第 5 章中使用 ChatGPT 生成的）中未完成的功能。尚未创建的最大功能，在游戏历史和统计标题下有具体说明：

```
- The game will keep track of player stats such as:
    - Total games played.
    - Number of games won.
    - Number of games lost.
```

-游戏将跟踪玩家统计数据,例如:
  -玩过的游戏总数。
  -获胜的游戏次数。
  -失败的游戏次数。

首先,我编写了一个测试,检查游戏结束后 totalGamesPlayed 变量是否增加,代码如下:

```
describe('Game stats', () => {
   let game;
   beforeEach(() => {
      game = new TicTacToeGame();
   });
   test('increments total games played after a game ends',
        () => {
      expect(game.totalGamesPlayed).toBe(0);
      game.isGameOver = true;
      game.updateGameStats();
      expect(game.totalGamesPlayed).toBe(1);
   });
});
```

然后,运行 Jest,确认该测试失败,如图 9-14 所示。

```
FAIL  ./script.test.js
 ● Game stats › increments total games played after a game ends

    expect(received).toBe(expected) // Object.is equality

    Expected: 0
    Received: undefined

      113 |    });
      114 |    test('increments total games played after a game ends', () => {
    > 115 |       expect(game.totalGamesPlayed).toBe(0);
          |                                     ^
      116 |       game.isGameOver = true;
      117 |       game.updateGameStats();
      118 |       expect(game.totalGamesPlayed).toBe(1);

      at Object.toBe (script.test.js:115:35)
```

图 9-14　不出所料,第一次测试失败了

接下来,我打开 script.js、script.test.js 和 srs.md 文件,并使用 Copilot Chat,提示如下:

@workspace Write the code to pass this test:
@workspace 请编写代码,通过该测试

提示之后,我将该测试粘贴到聊天窗口中。请注意,我使用@workspace 命令告诉 Copilot 将项目中的所有文件视为其响应的参考,如图 9-15 所示。

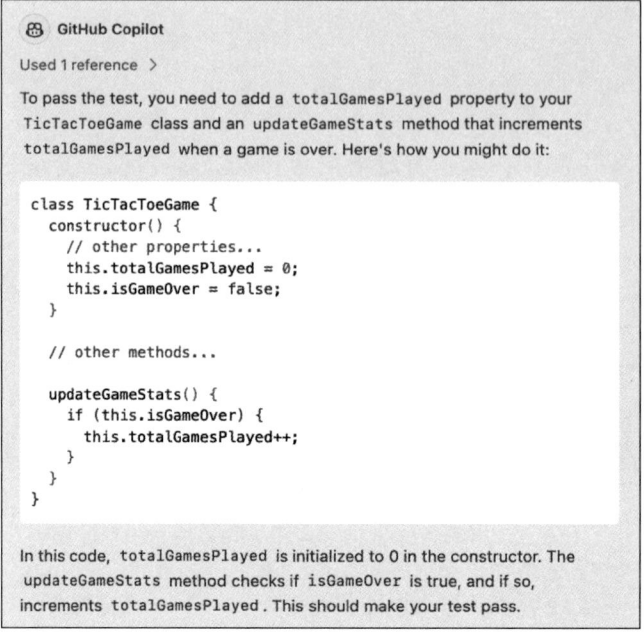

图 9-15　Copilot 告诉我如何才能通过测试

为了通过测试，需要在 TicTacToeGame 类中添加一个 totalGamesPlayed 属性，以及一个 updateGameStats 方法，该方法在游戏结束时使 totalGamesPlayed 的数值递增。代码如下：
（代码）
注释：
//添加属性
//添加方法

在以上代码中，totalGamesPlayed 在构造函数里被初始化为 0。updateGameStats 方法检查 isGameOver 是否为 true，如果是 true，就会使 totalGamesPlayed 的数值递增。这样测试应该可以通过了。

我实施了 Copilot 建议的解决方案，并再次运行测试。一切顺利，测试通过，所以我准备继续重构代码。

改进上述测试的一种方法是模拟游戏的结束，而不是手动将 isGameOver 设置为 true，这样会更贴近实际使用情况。

于是，我将测试修改为：

```
test('increments total games played after a game ends', () =>{
    expect(game.totalGamesPlayed).toBe(0);
```

```
  game.endGame()
  expect(game.totalGamesPlayed).toBe(1);
});
```

再次运行测试,测试失败。我询问 Copilot 如何更改程序才可以通过该测试,得到的响应如图 9-16 所示。

图 9-16　更新游戏,以通过重构测试

> **提示词**
>
> 该如何修改我的类,才能让下面这个测试通过呢?
> test ('increments total games played after a game ends', ( ) => { expect (game.totalGames Played).toBe (0);
> // 模拟游戏结束
> game.endGame ( ); expect (game.totalGamesPlayed) .toBe (1);});

为了使测试通过，需要在 TicTacToeGame 类中添加 endGame 方法。该方法将 isGameOver 设置为 true，然后调用 updateGameStats 方法来更新游戏统计数据。代码如下：

(代码)

在以上代码中，endGame 方法将 isGameOver 设置为 true，然后调用 updateGameStats 方法来更新游戏统计数据。这样测试应该可以通过了。

以上建议奏效，测试通过了。我对上述测试和解决方案都很满意，于是继续进行重构。我仔细检查所有内容，然后编写下一个测试。

 在修改测试并实现测试驱动开发之后，请检查是否有代码冗余现象。第 6 章曾介绍过无用代码，这些代码曾经有用但现在已经不再被程序使用。我们应该在 TDD 的重构阶段删除这些没用的代码。

目前，endGame() 方法在游戏的正常运行中从未被调用，因此我决定将结束游戏功能设定为下一个要编写的目标功能。为了了解 Copilot 如何编写测试，我给出以下提示：

@workspace How can I write a unit test to check whether the endGame method runs when a player wins?
@workspace 我该如何编写一个单元测试来检查 endGame() 方法是否会在玩家获胜时运行？

不知何故，Copilot 回答说它只能帮助解决与编程相关的问题，如图 9-17 所示。

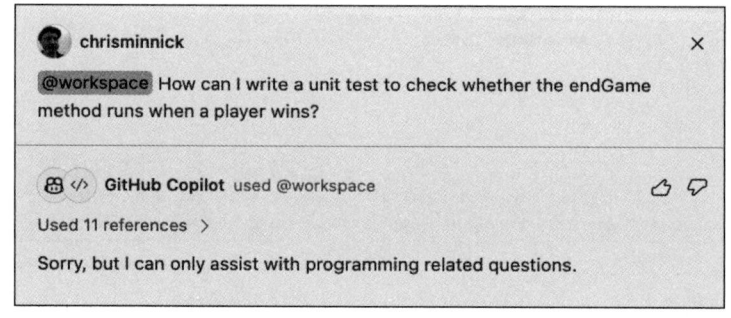

图 9-17　Copilot 似乎有些困惑

提示词

@workspace 我该如何编写一个单元测试来检查 endGame() 方法是否会在玩家获胜时运行？

对不起，我只能协助处理与编程相关的问题。

看来 Copilot 无法理解我的要求。当然，通过改进提示可以让 Copilot 理解我的要求，但同时我感觉自己的另外一个观点正在得以证实：在进行 TDD 时，不要让 AI 生成测试。因此我自己动手，编写了以下测试套件：

```
describe('Game end', () => {
    let game;
    beforeEach(() => {
        game = new TicTacToeGame();
    });
    test('sets isGameOver to true after a player wins', () => {
        expect(game.isGameOver).toBe(false);
        game.board = ['X','X','X','O','O','','','',''];
        game.checkWin();
        expect(game.isGameOver).toBe(true);
    });
});
```

我多次尝试让 Copilot Chat 生成自己所需的代码。我在提示符前加上 @workspace，让它分析我项目中的所有文件。有一次，我只提供 script.js 作为参考，还有一次，我只提供 script.test.js，但是每一次，它都拒绝提供我认为可以接受的响应。与其继续与 Copilot Chat 争论浪费时间，还不如我自己动手编写这段代码，这样效率会更高，速度也会更快。

其实，正确答案应该是当一个玩家获胜时就调用 endGame() 函数。以下是修改后的 checkWin() 函数，其中我为通过此测试而编写的代码以粗体显示：

```
/**
 * 检查游戏是否有一方获胜
 * @returns {boolean}
 */
checkWin() {
    const winCombos = [
        [0, 1, 2],
        [3, 4, 5],
        [6, 7, 8],
        [0, 3, 6],
        [1, 4, 7],
        [2, 5, 8],
        [0, 4, 8],
        [2, 4, 6],
    ];
    const win =winCombos.some((combo) => {
        return (
            this.board[combo[0]] &&
```

```
            this.board[combo[0]] === this.board[combo[1]] &&
            this.board[combo[0]] === this.board[combo[2]]
        );
    });
    win ? this.endGame() : null;
    return win;
}
```

我实施以上解决方案，并且通过了测试。以上经历能够总结出本章最重要的经验：在借助 AI 开展测试驱动开发的过程中，如果开发者自己知晓让测试通过的正确方法，即使只是简单的方法，那么也没必要寻求 AI 帮助。请务必相信自己的能力和判断。

要完成 SRS 中的游戏历史与统计部分所描述的功能，还需要做更多的工作。如果您想借助 AI 开展测试驱动开发，可以在本书代码 chapter09 文件夹中的 tic-tac-toe-final 文件夹中，找到井字棋游戏的完整代码。

本章内容：
- 使用 AI 实现文档化
- 为代码添加注释
- 创建图表
- 使用 AI 实现 API 文档化

第 10 章

代码文档化

在其他章节中，我们都在学习如何使用 AI 将自然语言翻译成代码，本章却反其道而行之，介绍如何使用 AI 将代码翻译成自然语言。无论您是在编写注释描述一个函数还是为软件用户创建使用手册，代码文档化（或记录代码运行结果）都是在用目标受众（人）更容易理解的语言解释代码能够做什么或者应该做什么。

软件文档通常分为两大类：内部文档和外部文档。每个软件项目都需要这两类文档。

内部文档通常由软件开发人员和项目经理创建，用于指导开发过程，包括管理文档（例如，状态报告和会议记录）以及开发人员文档（例如，需求、注释和软件架构图）。

外部文档用于帮助用户使用软件，包括软件的最终用户在部署和使用软件时所需的全部文档，例如 README（软件说明）文件、发行说明、教程、常见问题解答、故障排除指南、系统文档、API 文档和博客文章。

本章将介绍如何使用 AI 为软件创建内部文档和外部文档。

使用文档化机器人

我们可以使用任何 GenAI 工具来创建文档，但其实还有其他更好的选择。有许多软件包专门用于创建和维护文档，而且大多具有 AI 选项。

目前流行的软件文档化工具包括：

- Bit.ai（https://bit.ai）：该平台允许团队和个人创建和组织内部文档和外部文档。付费用户可以添加该平台的 AI 聊天机器人 AI Genius。

- Document360（https://document360.com）：提供了一个拖放界面，用于创建内部和外部文档。它包含一个生成式 AI 聊天机器人 Eddy，该机器人能够依据用户的文档提供相应回答。
- GitBook（https://gitbook.com）：是一个强调协作的平台，能够生成 Markdown 格式的文档。Markdown 是一种轻量级的标记格式，经常用来为 Git 仓库（托管在诸如 GitHub、BitBucket 和 GitLab 等网站上）形式分发的项目编写文档。Markdown 文件的扩展名为.md。GitBook 也有 AI 助手，使用聊天机器人生成新内容。
- Notion（https://notion.so）：是一款集笔记、项目管理和文档于一体的多功能工作区工具。它有 AI 插件，可以根据用户的文档生成内容。
- Nuclino（https://nuclino.com）：追求简洁易用，其 AI 聊天机器人 Sidekick 可以起草电子邮件、翻译、撰写营销文案等。
- Swimm（https://swimm.io）：专用于创建内部文档，其 AI 助手 Swimm AI 可以生成代码解释并帮助创建代码文档。

大多数软件文档化工具使用 AI 的方式是先训练一个基础的 AI 模型，然后用特定的代码数据对该模型进行微调，使其适应特定的文档生成任务。接下来，这个微调后的模型被集成到一个聊天界面中，用户通过与聊天机器人对话的方式来获取文档。下面将探讨如何微调模型以创建自己的 AI 助手。

构建文档助手

本节将介绍如何使用 OpenAI 平台构建自己的文档编写助手，该助手针对用户上传的代码进行训练，并解释用户的代码以生成内部和外部文档。

首先，登录 OpenAI 平台 https://platform.openai.com，单击左侧导航中的 Assistants（助手）图标，进入助手界面（也可以直接访问 https://platform.openai.com/assistants 进入助手界面）。然后，按照以下步骤设置和训练新助手：

1. 单击 Assistants（助手）页面上的 Create（创建）按钮。
   出现如图 10-1 所示的窗口，用户可以指定一些选项并上传文件。
2. 为助手命名，例如"My Helpful Documentation Assistant（我的得力文档助手）"。
3. 在 Instructions（指令）文本区域中，输入指令。
   以下是我最初输入的内容：

```
You are an experienced technical writer who is also proficient in many different
programming languages. You can interpret code and use your knowledge of programming
and technical writing to create both internal and external software documentation.
你是一个经验丰富的技术作家，并且精通多种不同的编程语言。你可以解释代码，并结合你在编程和技术
写作方面的知识，为软件创建内部和外部文档。
```

待我对新助手进行测试之后，我发现有必要对以上指令加以完善。不过，就目前而言，这已然是一个不错的开端了。

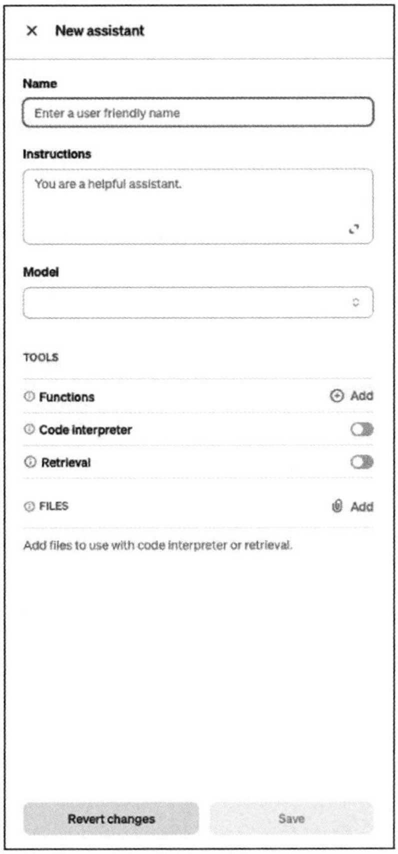

ChatGPT

图 10-1 开始创建新助手

4. 选择一个模型。

目前，最新的 GPT 模型是 gpt-4-1106-preview，于是我就选了它。

5. 在 Tools（工具）选项中，启用 Code Interpreter and Retrieval（代码解释器和检索）工具。

代码解释器工具使助手能够编写和运行代码。

检索工具使助手能够从用户上传的文件中检索内容。

6. 上传项目文件。

在第一次测试助手前，我故意从井字棋游戏的服务器和客户端中删除了 node_modules 文件夹，从服务器文件夹中删除了 .env 文件，制作了一个 .zip 文件，然后单击 New Assistant（新助手）窗口的 Files（文件）区域中的 Add（添加）按钮，将其上传。

7. 保存新建的助手，然后单击 New Assistant 窗口右上角的 Test（测试）按钮。

一个新会话将在 Playground 中打开，如图 10-2 所示。

图 10-2　启动一个文档助手会话

测试文档助手

我终于拥有了自己的文档助手！接下来看看它是否好用。作为第一次测试，我要求它为项目创建 README 文件，提示如下：

```
Create a README.md file for my tic-tac-toe game.
为井字棋游戏创建 README.md 文件。
```

该提示让文档助手从我上传的文件中检索代码，并生成一个包含外部文档的 Markdown 文件。您可能需要提供额外信息来明确 README 文件中应该包含哪些内容，但对于初次尝试，我只想看看它的反应如何。

单击 Add and Run（添加并运行）按钮，OpenAI 回应，它需要有关项目的信息才能创建 README，完整的响应内容如图 10-3 所示。

OpenAI 的提示输入框有附件上传功能，因此我将 .zip 文件上传到新的提示中，输入提示：

```
Please consult with the attached files to get the answers to your questions.
请查阅附件以获取问题的答案。
```

文档助手无法打开 .zip 文件，这也许可以解释为什么它最初没有查阅那些基于训练的代码文件。

我提供了游戏 GitHub 存储库的 URL，它回复说无法访问互联网，不过，还是提供了一个 README 文件的基本模板。

我分别上传客户端 JavaScript、HTML、CSS 和 package.json 文件，清除当前对话内容，然后从头再试，新的提示如下：

第 10 章　代码文档化

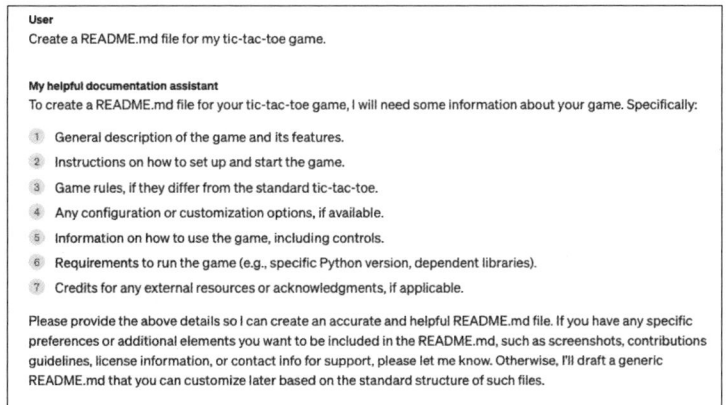

图 10-3　我的文档助手并没有查阅代码文件

> Please use the files I uploaded to create a README.md file for my tic-tac-toe game.
> 请使用我上传的这些文件为井字棋游戏创建一个 README.md 文件。

这次成功了！文档助手查阅了我上传的每个文件并确定其数据类型。一旦判断为代码，就会解析代码，搞清其作用，然后生成了一个 README 文件，该文件对游戏进行了相当准确的描述。但是，其中也存在一个问题：它对如何安装和运行 Python 脚本进行了说明，而我的井字棋游戏并不是 Python 脚本。

在我弄清楚如何提供文件以及如何给出足够的提示之后，生成 README 的过程大约只需要 3 分钟。结果如图 10-4 所示。

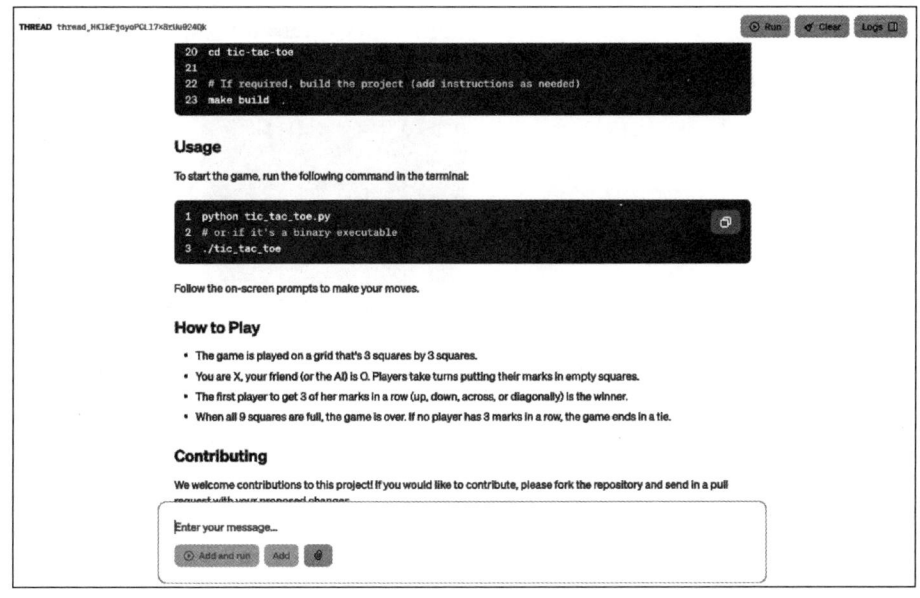

图 10-4　对于文档助手生成第一个 README 文件的表现，我给的评分是 C+

生成代码注释和注解

Mintlify Doc Writer 是一个 VS Code 插件，用于生成代码注释。它使用机器学习为每种流行的编程语言代码编写注释，目前支持九种语言。

拥有一个可以立即理解代码并为其编写准确注释的 AI 工具，我们可以更加高效地编写代码，还有助于理解其他程序员的编程意图。

对于接手一份新工作的程序员来说，常常需要处理一些离职前任遗留的代码问题，如果这些代码的注释不清楚，问题就会很棘手。为了避免这种混乱，大家最好从一开始就养成编写清楚注释的习惯。

安装和测试 Mintlify Doc Writer

请按照以下步骤安装和测试 Mintlify Doc Writer 插件：

1. 在 VS Code 中打开 Extensions（扩展）面板，搜索 Mintlify。

在 Extensions（扩展）列表中的 Mintlify Doc Writer，如图 10-5 所示。

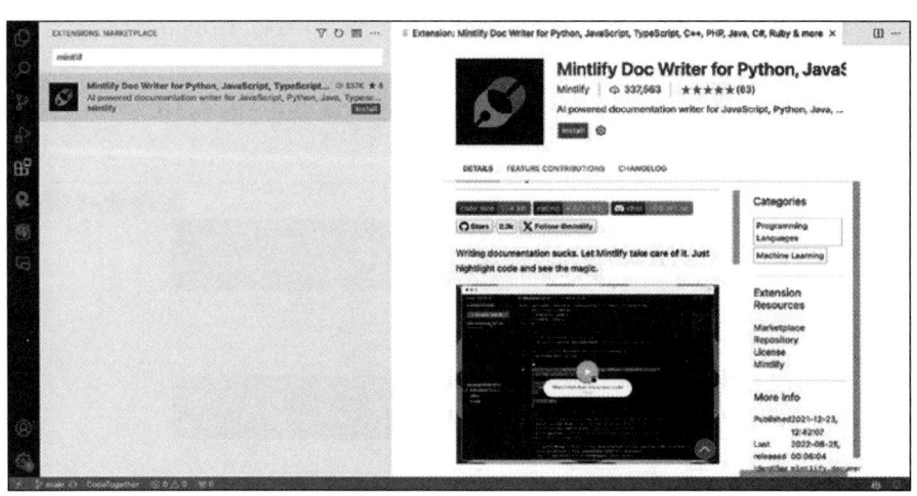

Microsoft Corporation

图 10-5　Mintlify Doc Writer 扩展页面

2. 单击 Install（安装）按钮。

3. 在 VS Code 中打开用户想要生成文档的代码。

本次测试使用的是前面章节中编写的 AI 井字棋游戏。

4. 找到用户想要为其编写文档的函数，并在代码窗口中选择该函数。

5. 单击 VS Code 左侧的 Mintlify Doc Writer 图标。

将出现一个面板,如图 10-6 所示。

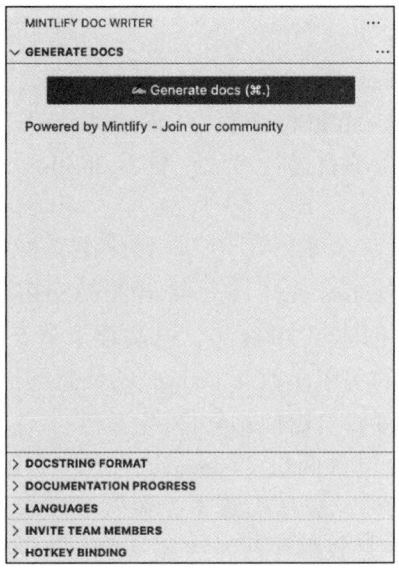

图 10-6 Mintlify Doc Writer 面板

6. 在代码窗口中选择函数,然后单击 Mintlify Doc Writer 工具中的 Generate docs(生成文档)按钮。

片刻之后,该函数上方就会添加一条注释,描述该函数的用途,如图 10-7 所示。

```
/**
 * The `init` function initializes the game by adding event listeners to the cells, start button, and
 * difficulty slider, and updating the difficulty level based on the slider value.
 */
init() {
    document.addEventListener('DOMContentLoaded', (event) => {
        let cells = document.querySelectorAll('.cell');
        cells.forEach((cell, i) => {
            cell.addEventListener('click', () => this.makeMove(i));
        });
        document
            .getElementById('start')
            .addEventListener('click', () => this.startNewGame());

        let slider = document.getElementById('slider');
        document.getElementById('difficulty').innerHTML =
            'Level of difficulty: ' + slider.value;
        slider.addEventListener('change', (e) => {
            document.getElementById('difficulty').innerHTML =
                'Level of difficulty: ' + e.target.value;
            this.difficulty = e.target.value;
        });
    });
}
```

图 10-7 Mintlify 添加代码注释

```
注释内容：
/**
 * init 函数对游戏进行初始化操作：为所有单元格、开始按钮以及难度滑块添加事件监听器。
 */
```

在我首次对 Mintlify 进行测试时添加的代码注释很准确，这对未来其他程序员或者未来我自己使用都会很有帮助。但是 Mintlify 编写的代码注释与人工相比如何呢？为了寻找答案，我选用一个带有很多注释的开源项目进行对比，看看 Mintlify 文档撰写工具的做法有何不同。

测评 Underscore

Underscore（https://underscorejs.org）是一个开源的实用函数库，用于常见的 JavaScript 编程任务，由 Jeremy Ashkenas 创建于 2009 年，已被数千个（甚至可能数百万个）JavaScript 项目所采用，是当前更受欢迎的实用函数库 Lodash 的灵感起点。Underscore 依照 MIT 许可证发布，只要包含版权声明，就可以自由使用软件。

本书代码第 10 章文件夹中包含两份 Underscore 副本。其中一份副本（名为 underscore-esm.js）是 Underscore 函数库的原始未压缩版本，包含开发人员的注释。另一个副本（名为 underscore-esm-no-comments.js）是我删掉所有注释（版权声明除外）的版本。

正如 Underscore 函数库网站所描述，未压缩版本带有“大量注释”，如图 10-8 所示。

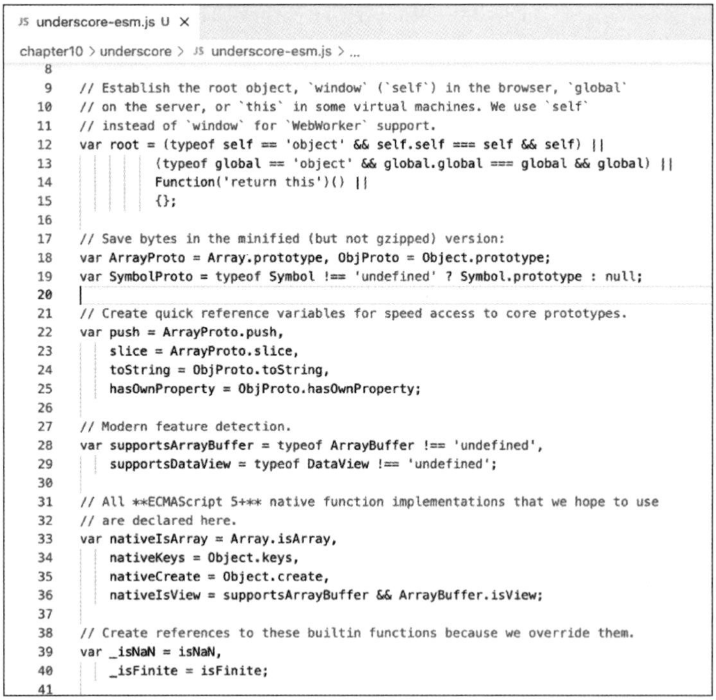

Microsoft Corporation

图 10-8　Underscore 中的每个函数都包含注释

为了比较 Mintlify 与人工的差异，我在 VS Code 中并排打开了原始文件和无注释版本，左侧是原始文件，右侧是无注释版本。我在无注释版本中选择一个函数，并使用 Mintlify Doc Writer 生成注释，如图 10-9 所示。

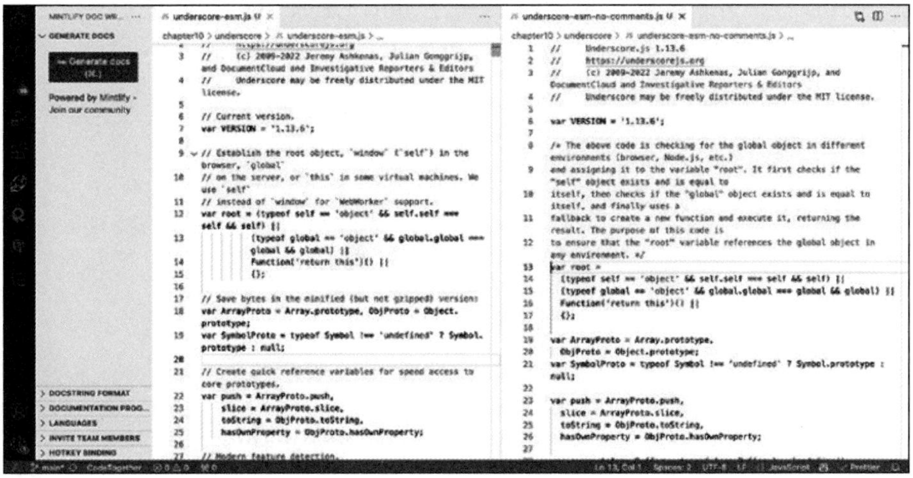

Microsoft Corporation

图 10-9　Mintlify 为 Underscore 生成注释（右侧）

以上测试非常顺利！Mintlify 生成的注释准确地描述了被选中代码的用途，但是，生成的注释过于冗长，可以适度精简。此外，Mintlify 生成的注释仅包含了功能描述，而人工编写的注释还描述了功能背后的动因。

原始（人工编写）注释，如下：

```
// Establish the root object, `window` (`self`) in the browser, `global`
// on the server, or `this` in some virtual machines. We use `self`
// instead of `window` for `WebWorker` support.
//建立根对象,在浏览器中是'window'(也可表示为'self'),在服务器端是'global',在某些虚拟机中是'this'。为了支持'WebWorker',我们使用'self'代替'window'。
```

Mintlify Doc Writer 生成的注释如下所示：

```
/* The above code is checking for the global object in different environments (browser, Node.js, etc.) and assigning it to the variable "root".It first checks if the "self" objectexists and is equal to itself, then checks if the "global" object exists and is equal to itself, and finally uses a fallback to create a new function and execute it, returning the result. The purpose of this code is to ensure that the "root" variable references the global object in any environment. */
/* 上述代码正在检查不同环境(浏览器、Node.js 等)中的全局对象,并将其赋值给变量"root"。它首先检查"self"对象是否存在且等于自身,然后检查"global"对象是否存在且等于自身,最后使用 fallback 创建新函数并执行,然后返回结果。此代码的目的是确保"root"变量在任何环境中都引用全局对象。*/
```

第一轮人机对决，我宣布人类胜出，人工注释的长度恰到好处，并且提供了额外的上下文，对于想要了解代码功能的人来说，这可能很重要。

第二轮人机对决，我选择 Underscore 中一个更简单的函数 isNull( )。isNull( ) 函数接受一个对象作为其参数，并根据该对象的值是否为 Null，返回 true 或 false。

isNull( ) 函数的原始（人工编写）注释如下所示：

```
// Is a given value equal to null?
//所给的值是否为null?
```

Mintlify Doc Writer 生成的注释如下所示：

```
/**
 * The function checks if an object is null.
 * @param obj - The parameter "obj" is a variable that
 * represents any object or value that we want to
 * check if it is null.
 * @returns The function isNull returns true if the obj
 * parameter is null, and false otherwise.
 */
/**
 *该函数检查对象是否为null。
 * @param obj:参数"obj"是一个变量,表示我们要检查其是否为null的任何对象或值。
 * @returns 如果obj参数为空,则函数isNull返回true,否则返回false。
 */
```

Mintlify 生成的以上注释还是准确的，但描述语言异常冗长。其实，对于这个函数，不需要任何文档就能够很容易理解。

第三轮人机对决，我选择 Underscore 中一个更复杂的函数 restArguments( )。

以下是 Underscore 官方对 restArguments( ) 函数功能的描述：

```
// Some functions take a variable number of arguments, or a few expected
// arguments at the beginning and then a variable number of values to operate
// on. This helper accumulates all remaining arguments past the function's
// argument length (or an explicit 'startIndex'), into an array that becomes
// the last argument. Similar to ES6's "rest parameter".
//有些函数能够接受数量不定的参数,或者在开头接受几个预期参数,然后再接受可变数量的值进行操作。这个辅助函数会将超过函数参数长度(或明确的"起始索引(startIndex)")的所有多余参数收集到一个数组中,该数组将成为最后一个参数,类似于 ES6 的 rest 参数。
```

以上注释清晰易懂，结尾处画龙点睛。对熟悉 JavaScript 的开发者来说会很有帮助，显然，这个函数的功能类似于 JavaScript 中的 rest 参数。

以下是 Mintlify Doc Writer 创建的注释：

```
/**
 * The restArguments function allows a function to accept a variable number
 * of arguments and treats the remaining arguments as an array.
 * @param func - The `func' parameter is the function that you want to modify
 * to accept rest arguments.
 * @param startIndex - The `startIndex' parameter is the index at which the
 * rest arguments should start. It determines how many initial arguments
 * should be passed to the `func' function before the rest arguments are passed.
 * If `startIndex' is not provided or is `null', it defaults to `func.length
 * - 1',
 * @returns The function `restArguments` returns a new function.
 */
/**
 * restArguments 函数允许函数接受可变数量的参数,并将多余参数视为一个数组。
 * @param func :func 参数是用户想要修改以便能接受剩余参数的函数。
 * @param startIndex:startIndex 参数是剩余参数的起始索引。它决定在传递剩余参数之前应向
 * func 函数传递多少个初始参数。如果未提供 startIndex 或为 null,则默认参数长度减 1"func.
 * length - 1"。
 * @returns 函数 restArguments 返回一个新函数。
 */
```

以上 Mintlify 生成的注释采用了恰当的 JSDoc 格式,并包含@param 和@returns 标签。此外,生成的注释还提供有关使用该函数的详细信息,而原始注释中并未提及。此轮人机对决,我认为 AI 胜出。不过,在将其放入到我的代码之前,我还是会对其进行大幅删减,去除多余文字。

创建可视化文档

图表、模型和其他类型的可视化文档对于创建有效且引人入胜的内部和外部文档至关重要。在项目的规划阶段,创建软件架构图和需求图可以帮助团队中的每个成员了解全局;在用户界面设计过程中,可以使用模型和线框图;在为软件的外部用户创建文档时,可以使用屏幕截图、工作流程图、动画以及视频等。

生成式 AI 可以创建某些类型的可视化文档,但对于准确性要求高的文档,可能效果不好。例如,当我要求 GPT-4 为 AI 井字棋游戏创建一个示意图时,结果不尽如人意,如图 10-10所示。GenAI 系统可以通过将 AI 系统的文本生成功能与绘图或图表程序的功能相结合,创建其他类型的可视化文档,例如图表。

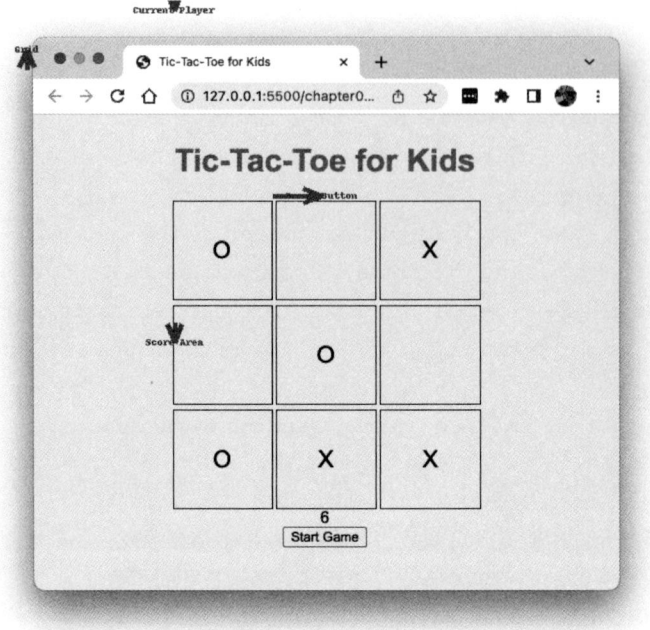

图 10-10　GPT-4 为井字棋游戏创建示意图，失败

生成序列图

本节介绍如何使用一款名为 draw.io 的免费图表工具（https://diagrams.net）生成序列图。draw.io 有许多内置模板，用于创建不同类型的图表。用户可以选择一个模板，然后填充内容。

draw.io 还具有智能模板功能，用户可以从模板列表中进行选择（参见图 10-11），再输入图表描述，然后，该工具就会根据用户提供的信息，自动填充图表内容。

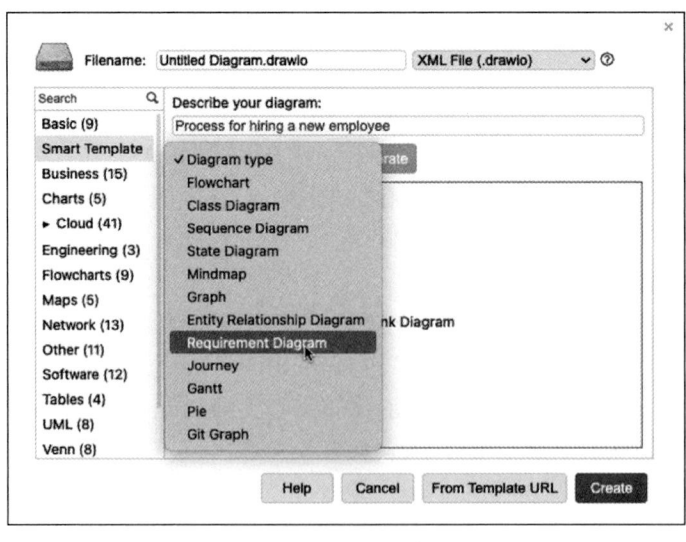

图 10-11　智能模板的列表

如上，选定某一智能模板，提供一个图表描述，然后单击 Generate（生成）按钮，AI 模型就会为该图表创建内容，用户可以将其保存到计算机并进一步编辑。

Draw.io 根据以下提示创建了一个序列图，如图 10-12 所示。

```
Make an apple pie.
做一个苹果派。
```

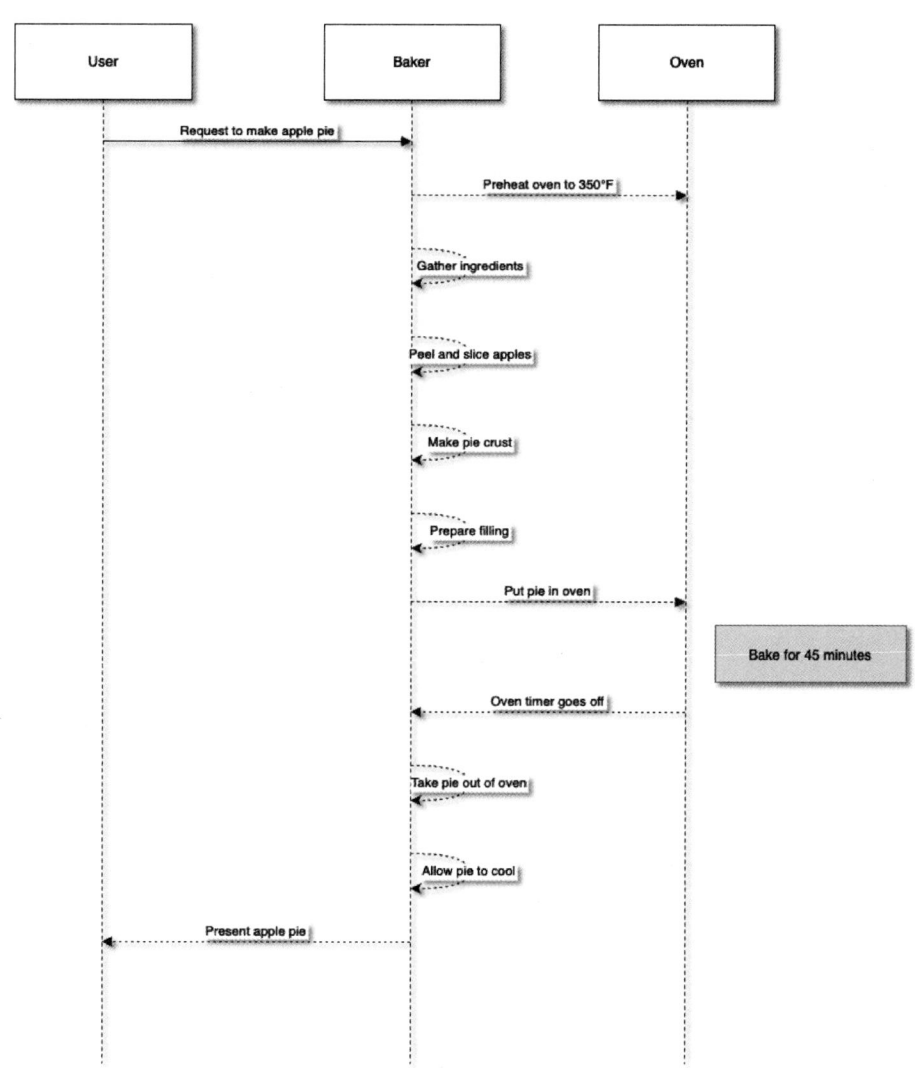

图 10-12　如何制作苹果派

生成需求图

软件需求图是将系统中的众多需求以及各需求之间的关系进行可视化呈现的工具。通过需求图，我们可以更好地理解所有需求，并确定工作的优先级。然而，人工编写需求图并非易事，生成式 AI 可以提供很好的助力。

乍一看，让生成式 AI 模型提出需求似乎有些离谱。因为在一般情况下，需求是由客户、产品负责人和业务分析师提出的。然而，大多数软件项目都具有相似的特征和功能，Web 应用程序的某些组件过于司空见惯，例如用户身份验证和搜索功能，以至于客户或产品负责人往往会想当然地认为这些基本功能早已具备，从而将其忽略，而更多地关注其他特殊功能。

为了弄清楚生成式 AI 模型是否可以编写基本需求，并以需求文档的形式呈现，我想到了一个项目并给出简短描述：

```
A web app for writers to use to manage all aspects of a book-writing project.
一款供作家使用的网络应用程序,供作家管理写作项目的各个方面。
```

我打开 Draw.io，选择 Requirement Diagram Smart Template（需求图智能模板），在提示文本框中输入以上描述，然后单击 Generate（生成）按钮。生成的需求图并不理想，如图 10-13 所示。

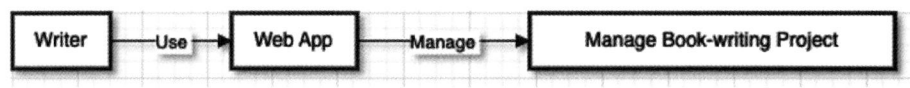

图 10-13　第一稿需求图

第二次尝试，我使用以下提示：

```
Create requirements, specified as user stories, for a web app for writers that helps
them manage writing projects.
为一款帮助作家管理写作项目的网络应用程序创建需求,以用户故事的形式表述。
```

这次生成的结果比第一稿糟糕很多，与我的要求完全不相关。如图 10-14 所示：

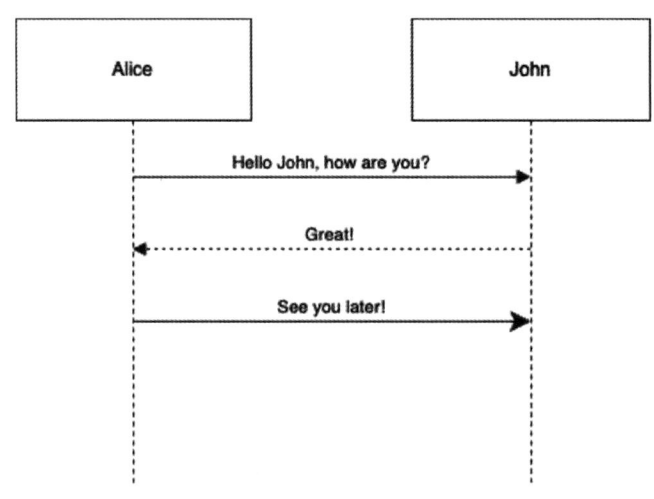

图 10-14　这是什么

第三次尝试，我使用以下提示：

> Requirements for web app to help writers organize and track writing projects.
> 网络应用程序需求,用于帮助作家组织和跟踪写作项目。

我尽量向模型提供足够的提示，使用"组织"和"跟踪"这两个关键词，希望它能够将我想要的内容与项目管理工具的需求联系起来。这一次，终于生成了一些我需要的东西。

图 10-15 显示了该图的一部分近景特写。请注意，该模型以用户故事的形式编写需求，这些需求是任何项目管理工具都可能需要的。

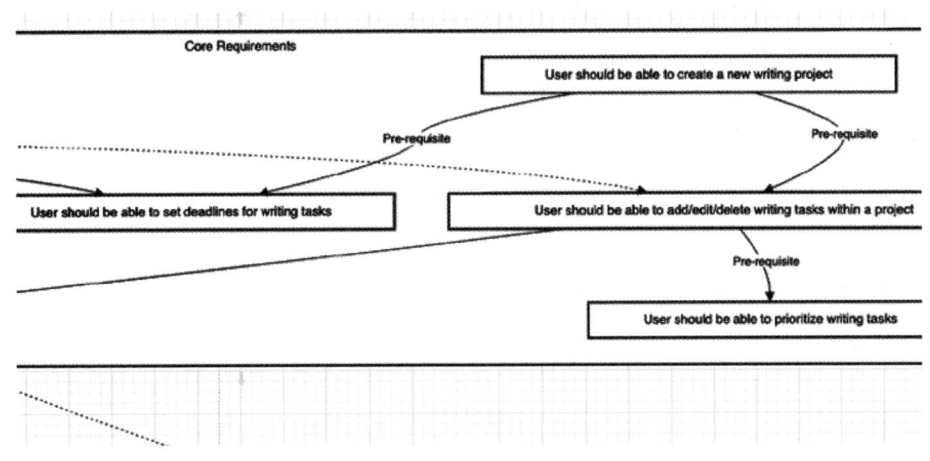

图 10-15　需求图近景特写

使用 AI 实现 API 文档自动化

API 文档是内部和外部软件文档的一种最常见形式，指定了其他开发人员编写的软件与您的软件之间的交互方式。

与服务器交互的 Web 应用程序通常使用 RESTful 或 REST（表述性状态转移）API，这是一种使用 HTTP 请求来创建、更新、读取和删除数据的体系结构风格。用户可以使用描述 API 用途的简单 URL 来访问 REST API。REST API 使用的 URL 称为端点。

例如，使用 REST 架构的服务器可能有一个/user 端点。如需创建用户记录，客户端应用程序可以使用所需数据向/user 端点执行 HTTP POST 请求。如需从服务器检索特定的用户记录，客户端应用程序可以向该端点执行 HTTP GET 请求。如需更新现有记录，客户端应用程序可以执行 HTTP PUT 请求。如需删除记录，客户端应用程序可以执行 HTTP DELETE 请求。

创建 REST API 文档

我们可以使用 OpenAPI 规范（OAS）创建 REST API 文档，OAS 是一种与编程语言无关的格式，可用于描述、生成、使用和可视化 API。用于 API 文档化和创建 OAS 文件的工具包括 Postman（https://www.postman.com）、Swagger（https://swagger.io）和 ReadMe（https://readme.com）。

理想情况下，API 文档的创建时间应在定义 API 的服务器开发之前或开发期间。然而，现实中往往需要通过对代码进行逆向工程来创建 API 文档。这项任务通常是将有关 API 的信息输入在线工具，或者手工编写 OAS 文件来完成。

现在，我们使用生成式 AI 工具辅助逆向工程，可能会减轻一些人工负担。请按照以下步骤使用 GitHub Copilot，为服务器创建 OAS 文件。

1. 在 VS Code 中，打开从本书网站（www.dummies.com/go/codingwithaifd）下载的代码/chapter10 文件夹中名为/soliloquy 的文件夹。

   此文件夹包含 Soliloquy 社交媒体应用的服务器和客户端应用程序。之所以取这个名字，是因为目前该应用只允许用户自言自语，而不能和他人交谈㊀。

2. 打开 server/routes 文件夹中的两个文件 user.js 和 posts.js。

   这两个文件用于定义 API 端点。

3. 打开以上两个路由文件后，在 GitHub Copilot（或其他聊天机器人）中输入以下提示：

```
@workspace Generate an OAS file for this rest server.
@workspace 为这个 rest 服务器生成一个 OAS 文件。
```

使用上述提示，Copilot 生成了一个（乍一看）似乎有效且准确的 YAML 语言 OAS 文件，如图 10-16 所示。

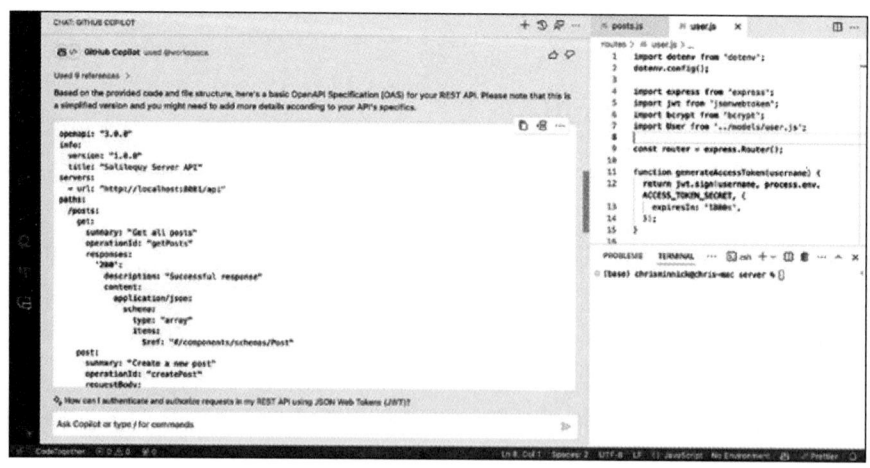

图 10-16　Copilot 生成的 OAS 文件

㊀ soliloquy 意为独白。——译者注

技术细节

YAML 的全称是"YAML Ain't Markup Language"（YAML 不是标记语言），通常用于编程语言的配置文件，文件名一般以 .yml 为后缀。

为了确定 Copilot 生成的以上 OAS 文件是否有效和准确，我有两个选择：第一，可以仔细阅读整个文件并将其与程序代码进行比较；第二，可以将其导入到一个用于测试和可视化 API 的工具中，看看结果如何。显然，第二种选择听起来更简单、有趣，所以我采用第二种做法。

ReadMe 是一个可以创建 API 文档的工具，其免费版本可用于创建交互式 API 参考文档。请按照以下步骤，将以上 YAML OAS 文件导入 ReadMe。

1. 访问 https://www.readme.com，注册一个账户。
2. 单击 New Project（新项目）按钮。
3. 单击左侧边栏中的 Quickstart（快速启动），开始创建 API 参考文档，如图 10-17 所示。出现一个可以上传 OAS 文件的页面，如图 10-18 所示。

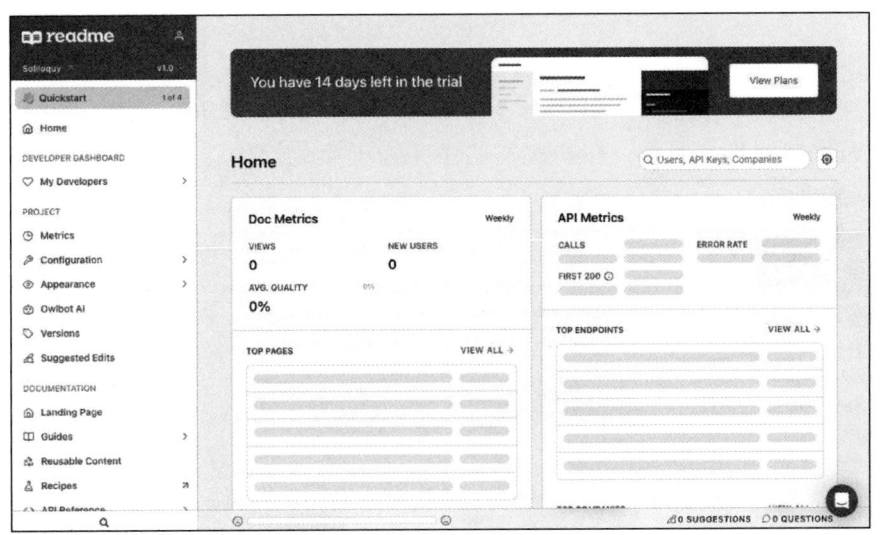

图 10-17　ReadMe 主页

4. 单击 OAS upload 按钮。

出现 Describe Your API（描述您的 API）弹出窗口。此窗口提供上传 OAS 文件的选项，包括使用命令行、从 GitHub 上传、手动上传。

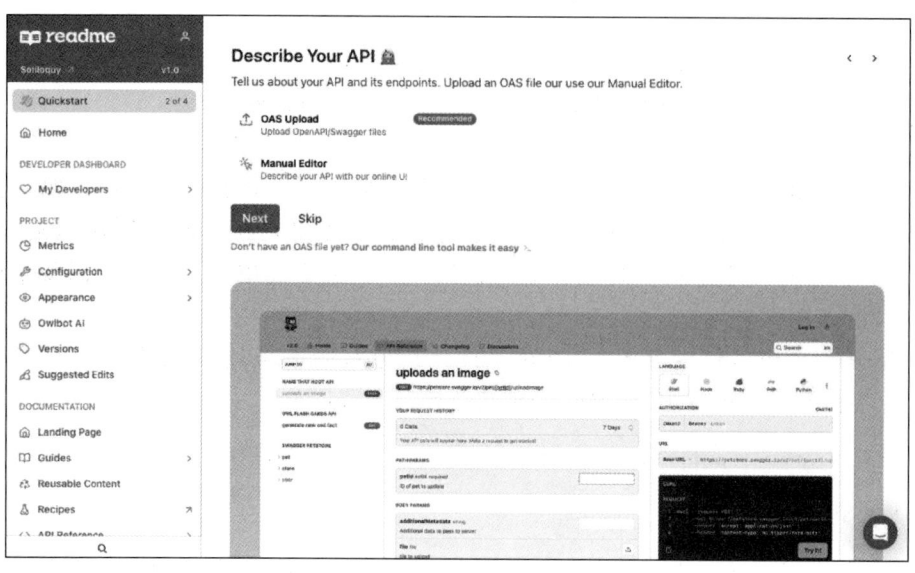

图 10-18　Quickstart（快速启动）页面上有 OAS upload（上传）按钮

5. 选择上传选项。

在以上三个选项中，推荐使用"命令行"或"从 GitHub 上传"，因为这两种方式可以使文档与更改保持同步。但是，在初次实验中，为了简化操作，我选择了"手动上传"文件，如图 10-19 所示。

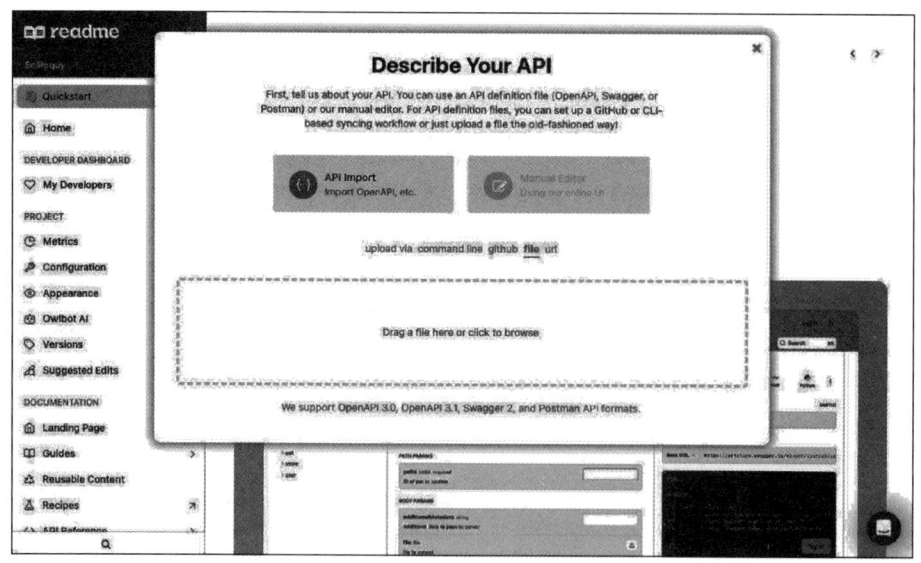

图 10-19　Describe Your API 窗口中的文件上传界面

6. 将 Copilot 生成的 OAS 代码保存在 soliloquy.yaml 文件中，然后将该文件上传到 ReadMe。

片刻之后，ReadMe 将显示 Next Steps（下一步）窗口，如图 10-20 所示。此窗口包含一个链接，可预览生成的 API 文档。

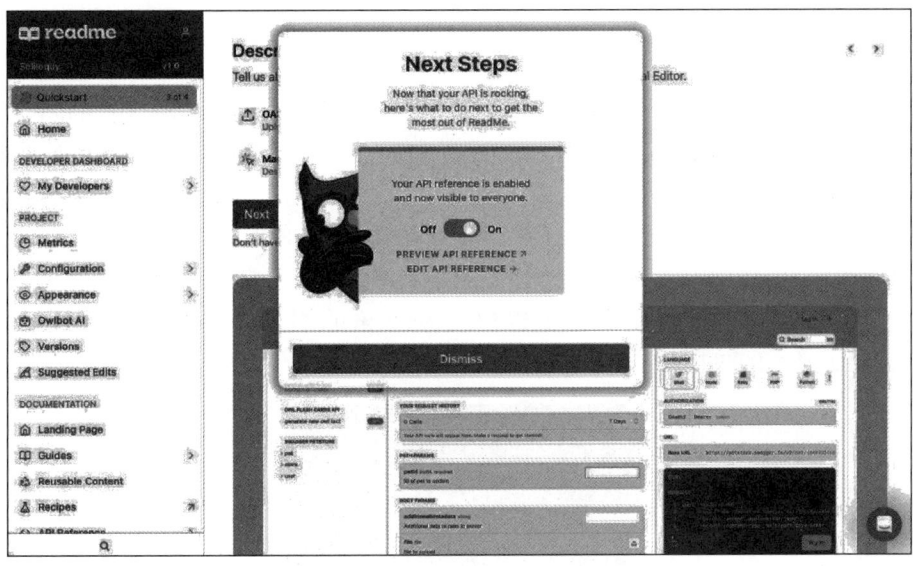

图 10-20　Next Steps（下一步）窗口

7. 单击 Preview API Reference（预览 API 参考）链接，导航到 Get All Posts（获取所有帖子）端点文档，如图 10-21 所示。

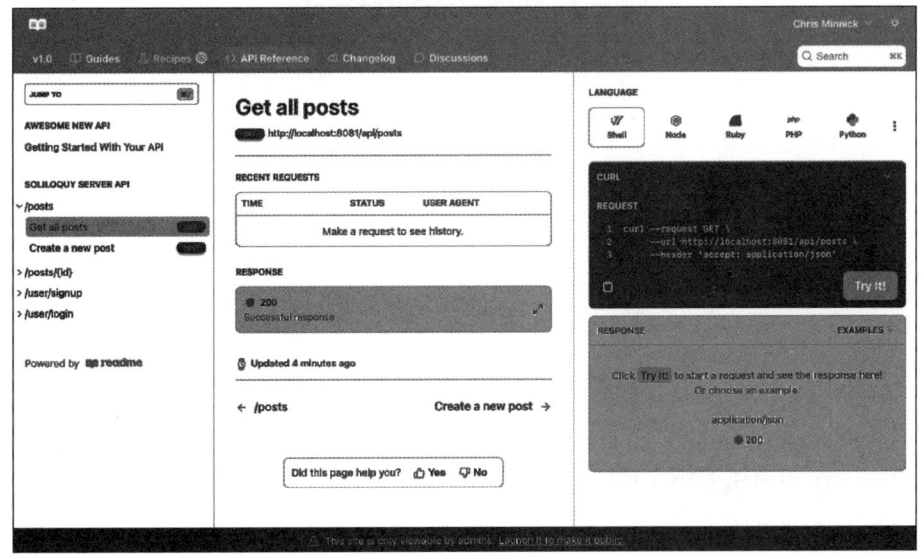

图 10-21　Get All Posts（获取所有帖子）端点文档

 我需要编写并运行测试，然后才能判断以上 Copilot 生成的 API 文档是否完全准确。不过，该文档至少看起来还不错，而且创建速度比我手动快得多。

创建 API 文档聊天机器人

ReadMe 的 Owlbot AI 插件可以为文档读者提供一个聊天界面，以便读者询问有关文档的问题。当然，您也可以使用 OpenAI 的 Assistants API，或者在 ChatGPT Plus 中创建 GPT 来构建属于自己的聊天机器人。

在以下示例中，我使用了 ChatGPT Plus。如果您想使用 Assistants API，可以参照"Building your own documentation bot（构建自己的文档机器人）"部分的说明。

如果您是 ChatGPT Plus 订阅者，可以单击左下角的用户图标并选择 My GPTs（我的 GPT），访问自定义 GPT 的配置界面，如图 10-22 所示。

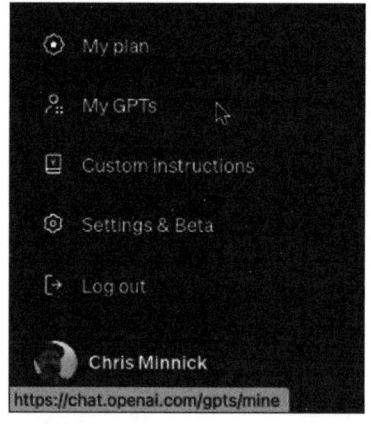

ChatGPT

图 10-22　访问您的 GPT

请按照以下步骤创建 API 文档聊天机器人。

1. 在 My GPTs（我的 GPT）页面上（https://chat.openai.com/gpts/mine）单击 Create a GPT（创建 GPT）。
   出现 New GPT（新 GPT）界面。

2. 单击 Configure（配置）按钮，访问 GPT 配置表单。

3. 填写 GPT 的名称和描述。
   我使用的名称和描述如图 10-23 所示。

4. 输入 GPT 的配置信息。
   我输入的配置信息如下：

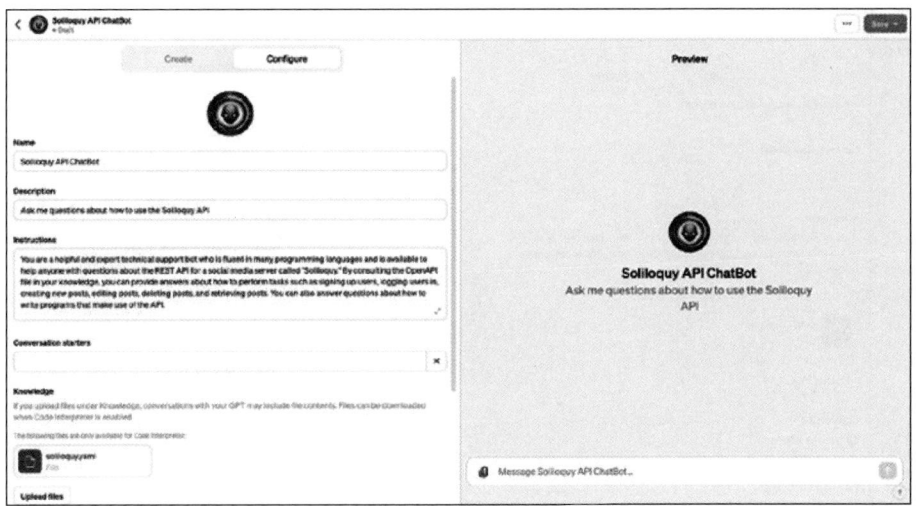

图 10-23 填写表单配置 GPT

> You are a helpful and expert technical support bot who is fluent in many programming languages and is available to help anyone with questions about the REST API for a social media server called "Soliloquy." By consulting the OpenAPI file in your knowledge, you can provide answers about how to perform tasks such as signing up users, logging users in, creating new posts, editing posts, deleting posts, and retrieving posts. You can also answer questions about how to write programs that make use of the API.
> 你是一个乐于助人、经验丰富的技术支持机器人。你精通多种编程语言,可解答有关社交媒体服务器"Soliloquy"的 REST API 问题。通过查阅你掌握的 OpenAPI 文件,你可以回答有关如何执行任务方面的问题,例如,如何注册用户、登录用户、创建新帖子、编辑帖子、删除帖子、检索帖子。你还可以回答有关如何编写使用该 API 程序的问题。

5. 在表单的 Knowledge(知识)部分,选择并上传您的 OAS 文件。
就是本书上一节"创建 REST API 文档"中创建的 YAML 文件。

6. 在表单的 Capabilities(功能)部分,选择 Web Browsing(网页浏览)和 Code Interpreter(代码解释器)。
也可以根据需要选择其他选项,例如 DALL-E Image Generation(DALL-E 图像生成)。

7. 通过单击右上角的 Save(保存)按钮,并从 Publish To(发布到)菜单中选择一个选项来保存您的 GPT。
我选择了 **Anyone with a link**(有此链接的所有人),如图 10-24 所示。
完成 GPT 配置后,就可以测试它了!第一次测试,我提示如下:

> How can I create a new user?
> 如何创建新用户?

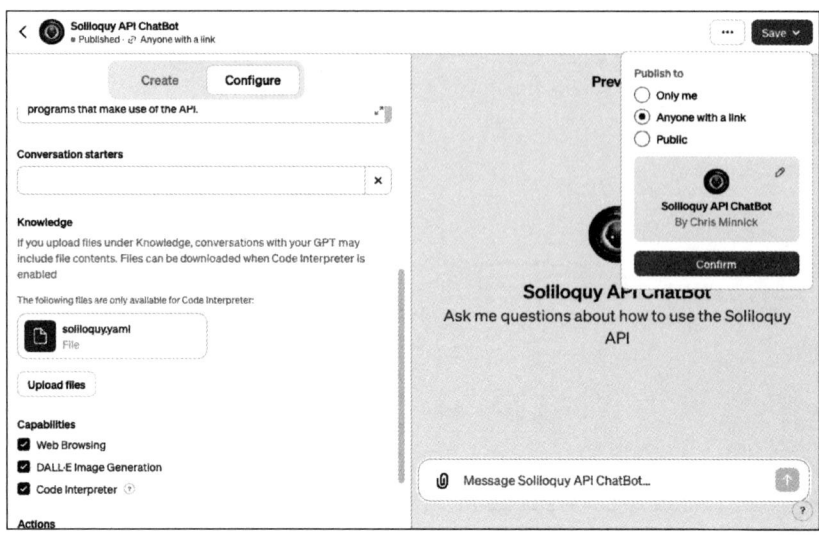

图 10-24　完成 GPT 配置

聊天机器人思考了一会儿，然后给出了完美答复，如图 10-25 所示。

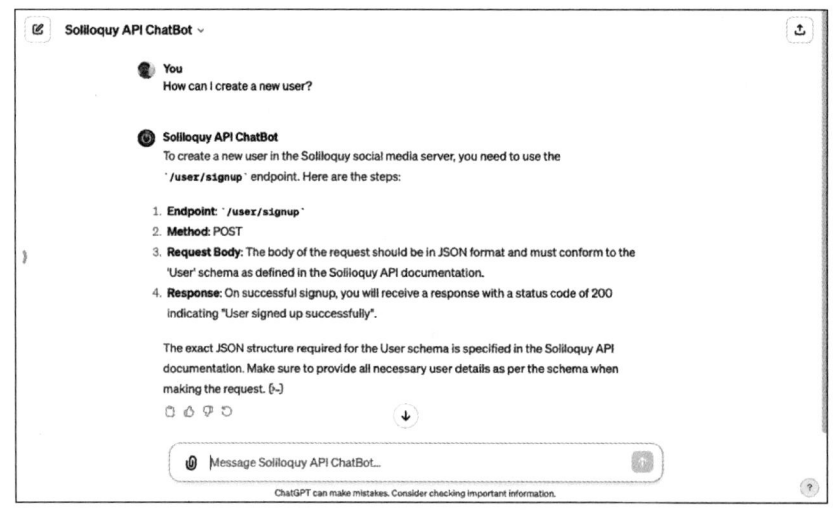

图 10-25　聊天机器人准确解释了如何使用/user/signup 端点

如何创建新用户？

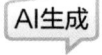

在 Soliloquy 社交媒体服务器上创建新用户，需要使用/user/signup 端点。具体步骤如下：

1. 端点：/user/signup
2. 方法：POST（即发送 POST 请求）
3. 请求体：请求的主体内容应采用 JSON 格式，必须符合 Soliloquy API 文档中所定义的"用户"（User）模式规范。
4. 响应：注册成功时，你将会收到一个状态码为 200 的响应，表明"用户已成功注册"。

"用户"（User）模式所需的 JSON 格式在 Soliloquy API 文档中有具体说明。在发起请求时，请务必按照该模式提供用户详细信息。

第二次测试，我打算试试运气，要求我的聊天机器人编写一个 JavaScript 程序和一个可用于创建用户的 HTML 页面，提示词如下：

> Can you write a web page and JavaScript program to create a new user?
> 你能编写一个网页和 JavaScript 程序来创建新用户吗？

聊天机器人的回复算是一个不错的开端，但还是犯了一些错误，并且做了一些不太理想的决策。例如，它在注册表单中添加了一个服务器不支持的额外字段（username），代码中的一些地方使用了 var 关键字而不是更现代的 let 或 const 关键字。以下是这个聊天机器人创建的完整程序。

```html
<!DOCTYPE html>
<html lang="en">
<head>
    <meta charset="UTF-8">
    <meta name="viewport" content="width=device-width,initial-scale=1.0">
    <title>Create New User</title>
    <script>
        function signupUser() {
            var xhr = new XMLHttpRequest();
            var url = "https://api.soliloquy.com/user/signup"; //替换为您自己的 API URL
            xhr.open("POST", url, true);
            xhr.setRequestHeader("Content-Type", "application/json");
            xhr.onreadystatechange = function () {
                if (xhr.readyState === 4 && xhr.status === 200) {
                    var jsonResponse = JSON.parse(xhr.responseText);
                    console.log("User created: ",jsonResponse);
                    alert("User successfully created! ");
                }
            };

            var username =document.getElementById("username").value;
```

```html
            var password =document.getElementById("password").value;
            var email = document.getElementById("email").value;

            var userData = JSON.stringify({
                "username": username,
                "password": password,
                "email": email
            });

            xhr.send(userData);
        }
    </script>
</head>
<body>
    <h2>Create New User</h2>
    <form onsubmit="event.preventDefault(); signupUser();">
        <label for="username">Username:</label><br>
        <input type="text" id="username" name="username"required><br>

        <label for="password">Password:</label><br>
        <input type="password" id="password" name="password"required><br>

        <label for="email">Email:</label><br>
        <input type="email" id="email" name="email"required><br><br>

        <input type="submit" value="Create User">
    </form>
</body>
</html>
```

  我用自己的服务器进行测试，程序尝试发出了 HTTP POST 请求，但由于浏览器的跨源资源共享（CORS）策略，该请求被阻止。然后，我将服务器配置为允许来自我开发程序的 POST 请求，并进行一些调整之后，该程序就可以正常工作了！

  如果 Soliloquy 是一款真正的产品，而我正在创建 API 聊天机器人，那么我会完善 Soliloquy 的相关说明，并上传使用该 API 客户端应用程序的示例。这样做会大幅提高机器人助手的准确性。

  总体而言，生成式 AI 系统在为软件创建文档方面表现不错，并且可以节省大量时间。但是，我们仍需谨记，不要盲目相信 AI 生成内容的准确性。

> 本章内容：
> - 了解代码维护的类型
> - 使用 AI 工具进行代码维护
> - 提高代码质量

第 11 章
代码维护

软件开发是一个持续的过程，即使一个软件已经完成设计、编程、测试、记录和部署并投入使用，它仍然需要维护。一项由 Stripe 公司开展的研究表明，开发人员将近一半的工作时间花在代码维护上（https://stripe.com/files/reports/the-developer-coefficient.pdf）。

维护工作并不是一项受欢迎的任务。Rollbar 公司进行的调查显示，21%的开发人员宁愿去看牙医，也不愿意处理烦琐的错误修复工作。（www.businesswire.com/news/home/20-210216005484/en/Rollbar-Research-Shows-That-Traditional-Error-Monitoring-Is-Missing-the-Mark）

本章介绍软件维护的相关内容，以及如何使用 AI 工具提高维护效率。

了解四种维护类型

如果汽车不进行日常维护，性能和安全性就会逐渐下降，直到出现重大问题。如果软件不进行维护，最终也会失效，表现为错误、漏洞、安全问题、用户不满意等。

软件维护主要分为四种类型：

- 纠正性软件维护
- 适应性软件维护
- 完善性软件维护
- 预防性软件维护

合理地组合使用以上四种维护类型，有助于软件保持健康状态，性能不断改进。开发人员在这四种软件维护上花费的时间比例，如图 11-1 所示。

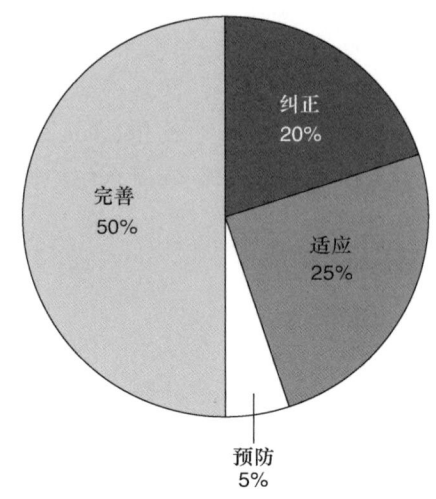

图 11-1　开发人员在每种维护上花费的时间比例

纠正性软件维护

无论软件历经过多么彻底的测试，还是会存在一些错误和漏洞，在软件部署并开始使用后才会被发现。纠正性软件维护，通常称为软件修复（software repair），是修复错误和漏洞的过程，目的是让它们不再影响用户体验、安全性和应用程序的逻辑。

内部测试人员或最终用户报告有问题之后，进行纠正性维护。部署软件之后，可能出现的问题包括登录失败、拼写错误、链接中断以及与其他软件或硬件不兼容。

　　纠正性维护通常是由错误报告触发。但是，用户提交的很多错误报告实际上都是改进建议，并不是真正的错误报告。

适应性软件维护

适应性软件维护是根据软件所处环境的变化对软件进行修改的过程。软件应用程序的环境包括硬件、操作系统、软件依赖关系，以及应用程序所依赖的业务规则和策略。

在现代 Web 应用程序中，很多依赖关系可能会发生变化，需要某种适应性软件维护。例如，应用程序中使用的软件库可能需要升级，第三方服务（如支付处理器或 Web API）可能会发生变化，应用程序使用的硬件和软件也可能在产品发布后继续改进。适应性维护的目的是确保软件不会过时。

　　适应性维护常常会产生一些附带效果，修复一些错误。例如，程序部署后出现的错误，可能就是由于无法控制的外部因素（API 有变化）所导致。

完善性软件维护

一旦软件交付用户使用，他们就会有各种各样完善和改进的建议，通常以错误报告的形式呈现。如果这些建议超出了软件原有的需求范围，那么实现该建议就属于完善性维护的范畴。

虽然完善性软件维护是对现有系统的增强，但同时也包括删除无用或过时的代码和功能。

预防性软件维护

预防性软件维护是查找软件中的问题，并在其成为错误或故障之前进行修复的过程。纠正性维护是被动行为，而预防性维护是主动行为。

区别于纠正性维护，预防性维护的优点在于可以提前安排，比如更新文档、重构代码和优化代码性能。

利用 AI 进行代码维护

AI 系统对以上四种类型的软件维护都有所帮助。软件维护和软件开发虽然分别属于两个阶段，关注的重点不同（软件维护关注修复和改进，软件开发关注创建新功能），但它们在很多具体的操作流程和方法上是相通的，这些内容在本书的前面章节中已经出现。

利用 AI 工具维护代码的具体方法包括：

- **自动检测和纠正错误**：当新代码提交到代码存储库时，AI 工具可以自动扫描代码存储库中的错误，并协助解决问题。本书第 7 章中关于自动修复漏洞的部分介绍过使用 AI 工具自动检测和修复错误。
- **预测性维护**：机器学习可用于预测潜在的系统故障并识别可能导致问题的代码。
- **代码重构**：软件越大越复杂，越有可能需要重构。参见本书第 6 章相关内容：使用 AI 工具检测代码中的潜在问题（称为代码异味）以及修复建议。
- **依赖关系管理**：AI 工具不仅可以告诉您软件的哪些依赖关系需要升级，还可以预告升级后可能造成的影响。
- **自动测试**：AI 可用于生成测试计划和测试用例，参见本书第 9 章内容。AI 还可用于分析测试结果，以帮助开发人员重点关注应用程序中的易错部分。
- **文档和知识管理**：生成式 AI 可以帮助编写、更新和翻译文档，参见本书第 10 章内容。AI 还有助于通过聊天机器人提供文档。
- **性能优化**：组合使用 AI 与分析工具，可以分析和提高软件的速度和效率，参见本书第 8 章内容。
- **用户反馈分析**：AI 可以用于分析用户反馈和使用日志，以识别常见问题和改进方向。
- **安全漏洞检测**：Snyk 等工具可以扫描代码，以查找安全漏洞以及引起安全漏洞的异常使用模式，参见本书第 7 章内容。

使用 AI 提高代码质量

编写代码后，如何知道代码是否好用？这就是软件质量概念的由来。软件质量也称为代码质量，包含两个方面：

- **功能质量**：衡量软件能否符合代码需求或规范。
- **结构质量**：衡量代码能否满足非功能性需求，例如，代码的健壮性和可维护性。

本章主要关注结构质量。高质量的代码干净、简单、高效、可靠、易于理解和编辑。

我们可以使用各种代码质量指标，以多种方式衡量代码质量。通过这些指标可以了解代码的整体健康状况，发现代码质量问题，然后采取措施解决问题。质量指标可以分为两类：定量指标和定性指标。

定量指标由衡量代码复杂性的算法确定，例如加权微功能点（WMFP），WMFP 算法对源代码进行解析，并将其分解为微功能单元，并对这些微功能进行分析并逐个评级。

定性指标涉及最佳实践和编程标准，例如效率、变量的命名方式、代码的格式、代码是否有良好的文档记录。定性指标不能完全用数字来表示。

可维护性作为一项关键的定性指标，其衡量的是在对代码进行修改时，所面临的风险水平以及操作的难易程度。可维护性高的代码，修改起来更快捷、更安全，因此维护成本更低。可维护性是一个比较主观的概念，很难用确定的数值进行衡量。但是，我们可以通过一些指标来评估，例如代码行数、代码复杂度、代码文档质量。其中最简单的方法是计算程序模块中的代码行数。如果一段源代码的行数超过平均水平，提示该功能可能过于复杂，应将其分解为多个部分。

我们可以通过重构来提高可维护性，参见本书第 6 章内容。您若想全面地理解可维护性，还需理解技术债务的概念，请继续阅读下一节内容。

理解技术债务

技术债务是指在软件开发过程中为了快速交付而采取的权宜之计（选择简单但效果一般的解决方案，而放弃需要更多时间的更好方案）所带来的后续成本。技术债务在所难免，尤其在项目的早期阶段，通常急需推进项目进度并交付概念验证。

在我刚开始从事网络开发业务时，我的老师曾教导"作为一名顾问，成功的关键是在快速、便宜、优质三者当中，只选择两个。"现实中，大多数客户会选择快速和便宜，而不是优质。这样的选择势必积累技术债务，未来迟早需要偿还。

如果技术债务不能及时偿还，就会像信用卡欠款一样不断累积利息，致使未来更改软件的难度增加。导致技术债务的主要因素包括：

- 在完全确定需求之前，就开始进行软件开发。
- 面临时间压力，要求快速交付产品。
- 若开发过程旷日持久，历经系列变更，常常会导致早期的设计决策已经变得不再合适。

- 缺乏完整的测试套件。如果没有编写适当的测试，开发人员往往会进行快速修复，这可能会增加技术债务。
- 缺乏知识。缺乏经验的开发人员可能会编写出糟糕的代码。日后，随着他们能力的提升，会意识到自己过往的错误，因为过去那些糟糕的代码会阻碍他们继续推进项目，因此有必要修改旧代码。
- 缺乏文档。代码文档编写得糟糕或不充分，不仅会导致误解源代码，还会积压一批未来需要编写的文档任务。
- 推迟必要的重构。大多数产品所有者更希望开发人员专注于交付新功能，而不是修复看似正常的糟糕旧代码。殊不知，低质量代码越多，实现新功能就会越困难。

使用 Code Climate

Code Climate（https://codeclimate.com/quality））是一个自动化代码审查工具。一旦用户将其与 GitHub 存储库关联，每次用户进行代码改动，它就会扫描源代码，并生成一份报告，展示测试覆盖率、可维护性以及预估的技术债务情况。

对于开源项目和少于四人的开发团队，Code Climate 可免费使用。请按照以下步骤注册并关联 GitHub 仓库。

1. 访问 Code Climate 的注册页面（https://codeclimate.com/quality/pricing），单击 Sign up with GitHub（使用 GitHub 注册）按钮，位于 Open Source（开源）或 Startup（启动）的下方，如图 11-2 所示。

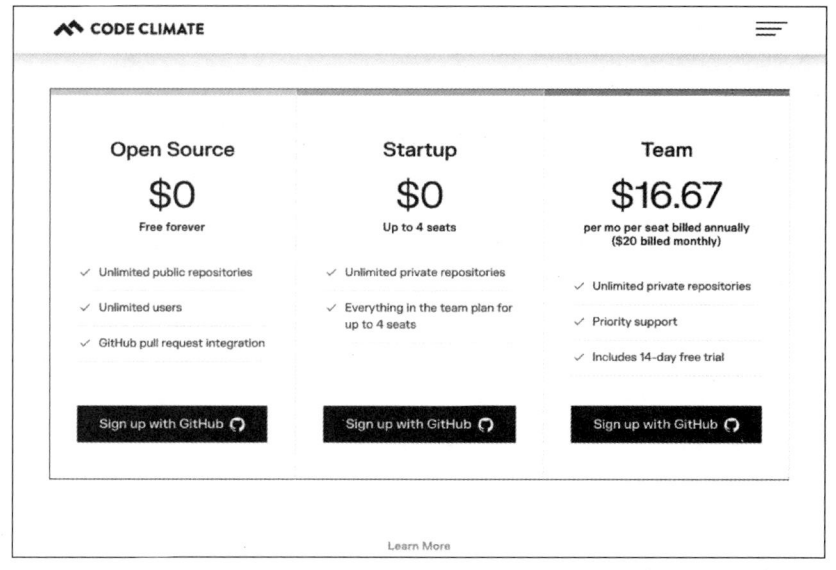

Code Climate

图 11-2　Code Climate 的定价页面

2. 按照提示，逐步完成授权 Code Climate 访问 GitHub 存储库的过程。

授权完成后，可以选择加入现有组织或添加自己的存储库，如图 11-3 所示。

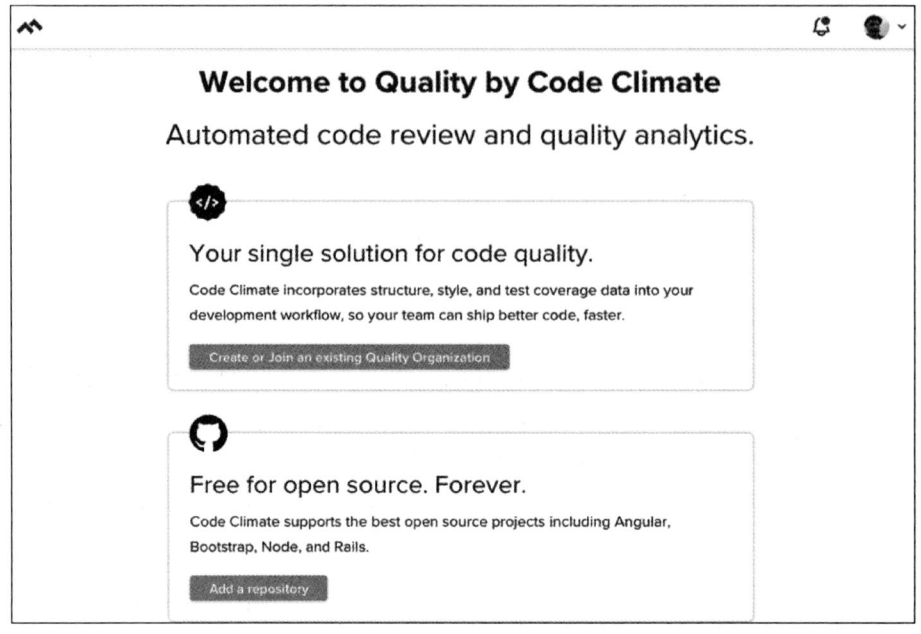

Code Climate

图 11-3　加入一个组织或添加自己的存储库

3. 单击 Add a Repository（添加存储库）按钮。

Code Climate 会显示一个存储库列表。我用来演示 Code Climate 的存储库位于 https://github.com/chrisminnick/soliloquy。存储库公开并使用 MIT 许可证发布，用户可以将其复制到自己的 GitHub 帐户，并对其进行修改。

　　虽然您可以自由使用和修改 Soliloquy，但不建议将其用于教育以外的任何目的，因为它并未完成且未经测试，并且采用了一些有问题的编程实践。如果您确实要对其进行扩展，请发一封电子邮件（chris@minnick.com）告知我！

4. 从列表中选择一个打算使用 Code Climate 进行扫描的存储库。

Code Climate 会克隆用户的代码存储库，对其进行一系列测试，然后在报告完成后弹出窗口，如图 11-4 所示。

5. 单击 See the Results（查看结果）按钮，查看报告。

我的初始报告如图 11-5 所示。

接下来，将深入解读该报告，并探讨是否可以消除其中的技术债务，使程序更易于维护。

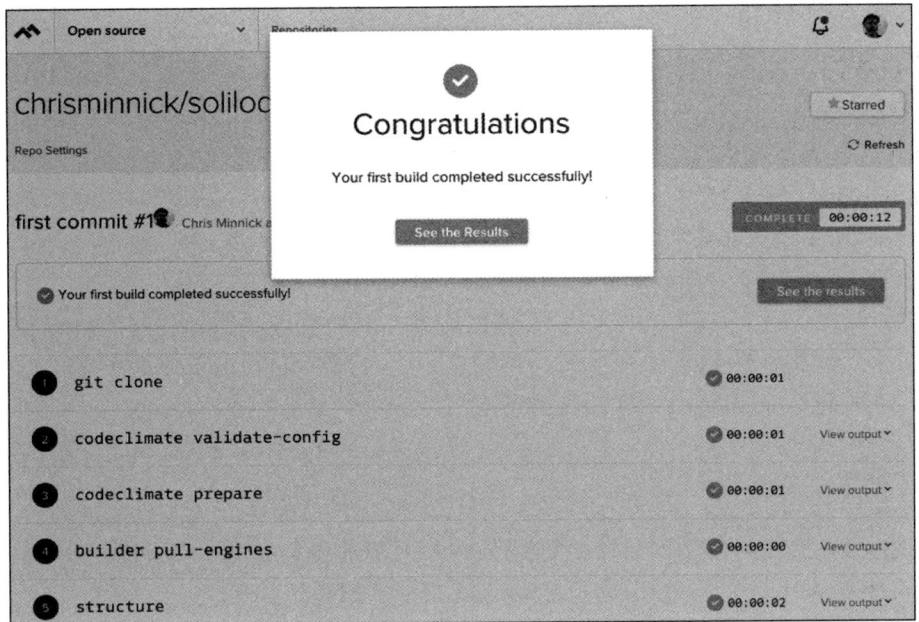

图 11-4　Code Climate 已完成初始报告

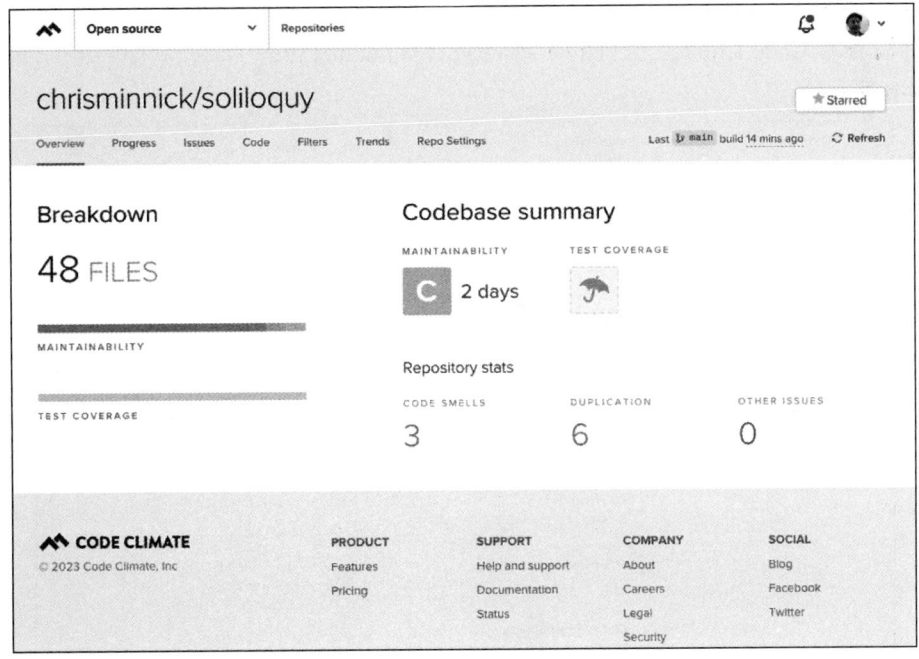

图 11-5　Code Climate 关于 Soliloquy 的初始报告

启用测试覆盖率报告

在图 11-5 的 Codebase summary（代码库摘要）下方，有一个伞状图形的 Test Coverage（测试覆盖率）按钮。该按钮周围有虚线框，显示为灰色，表示它目前处于非激活状态。

启用测试覆盖率报告需要使用一个持续集成/持续交付（CI/CD）工具，例如 GitHub Actions 或 Jenkins。搭建 CI/CD 流水线是敏捷型团队提高软件开发效率和质量的最佳实践之一，本书不对其详述，如果您想了解更多，可以访问 https://docs.codeclimate.com/docs/configuring-test-coverage，了解如何在 Code Climate 中配置测试覆盖率报告。

如果您想了解 CI/CD 的更多信息，推荐阅读 Jez Humble 和 David Farley 合著的书籍 Continuous Delivery《持续交付》。

分析代码质量指标

Code Climate 给我的存储库可维护性评分为 C，并估计我需要两天时间来解决技术债务问题。我希望在 AI 编程助手的帮助下能够提高效率，缩短工作时长。

首先，存储库评分为 C 意味着什么？Code Climate 评估满分为 10 分，考虑存储库的总体规模来计算技术债务率。依照此技术债务比率，根据修复所有问题的估计时间来评定等级从 A 到 F，C 级意味着 10%~20% 的技术债务比率。

单击顶部菜单中的 Repo Settings（存储库设置），然后单击左侧的 Maintainability（可维护性），可以查看 Code Climate 执行的十项检查。Maintainability Checks（可维护性检查）页面如图 11-6 所示。

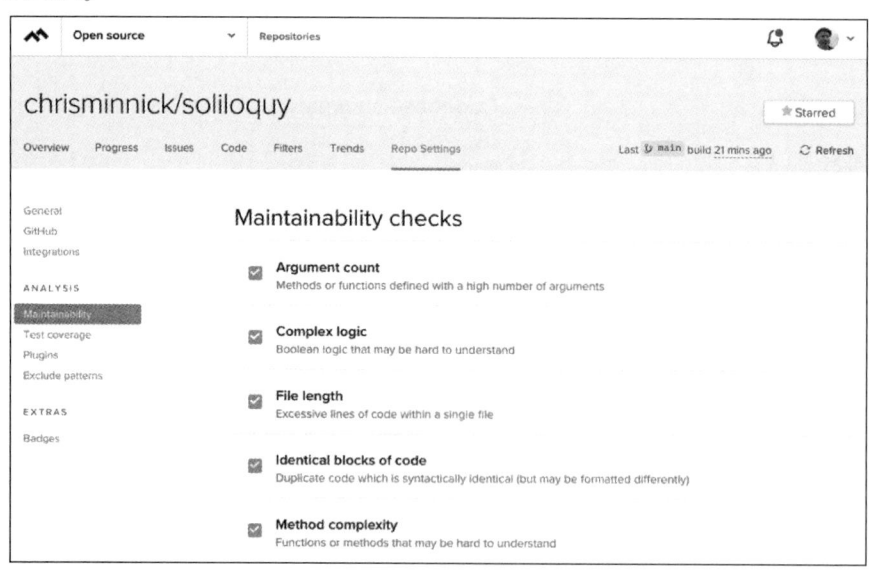

Code Climate

图 11-6　Code Climate 的可维护性检查页面

每个可维护性检查都可以设置为启用或禁用，都有默认值。在初始阶段，我建议大家都采用默认值。

查看可维护性检查并保持全部启用后，我单击 Overview（概览）链接返回到 Code Climate 主页，查看我的存储库中的问题。

使用 AI 提升代码质量

要查看存储库中发现的问题，请单击页面顶部导航中的 Issues（问题）。我的存储库存在 9 个问题，如图 11-7 所示。

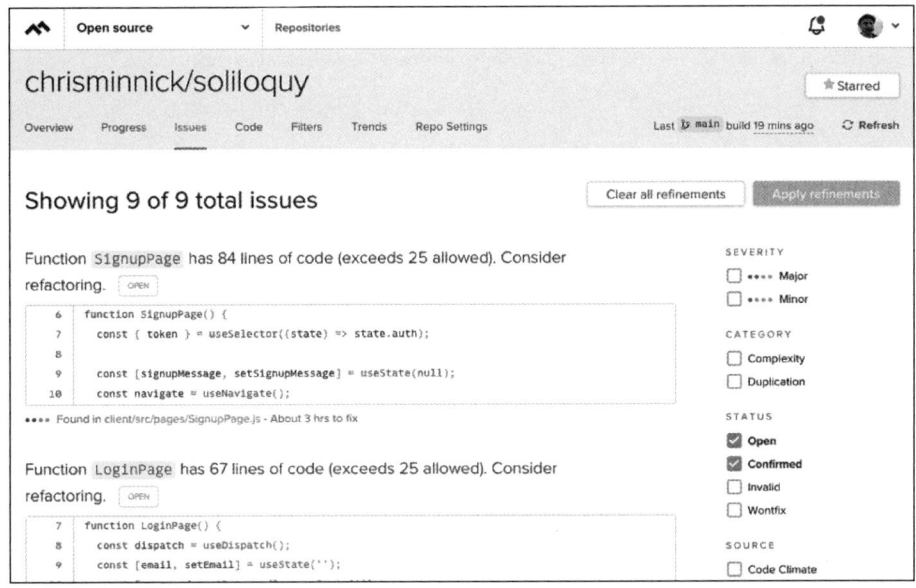

图 11-7　Code Climate 显示我的存储库存在 9 个问题

接下来，我将尽可能使用 AI 解决以上每个问题，看看能否在 Code Climate 估计的时间内将代码评分从 C 级提升到 A 级。

Code Climate 估计修复所有 9 个问题需要近 16 个小时。查看问题列表，我很确定如果不使用 AI，我自己可以轻松打败这个估计时长，但我不确定使用 AI 会花费多少时间。我将记录修复过程，并使用秒表跟踪进度。

当然，我不推荐大家盲目接受 AI 的建议来修复 Code Climate 发现的大多数问题。请记住要相信自己！

让我们启动计时器，开始干活吧！

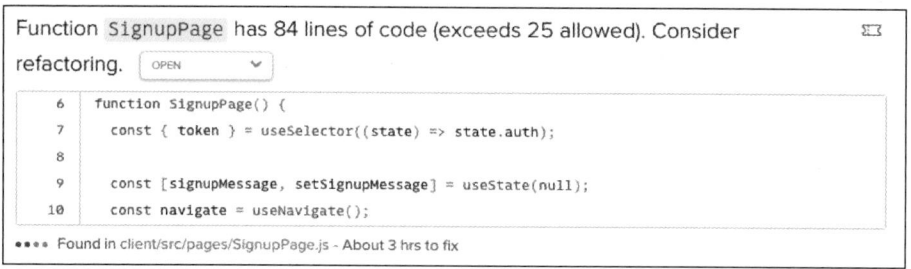

Code Climate

第一个问题（如图 11-8 所示）是 SignupPage 组件的代码行太多。Code Climate 估计修复该问题需要三个小时。

Code Climate

图 11-8　SignupPage.js 代码行太多

通过查看该组件，我认为这是一个有效问题，因此我单击问题右侧的 ticket（工单）图标，为其创建了一个工单，如图 11-9 所示。

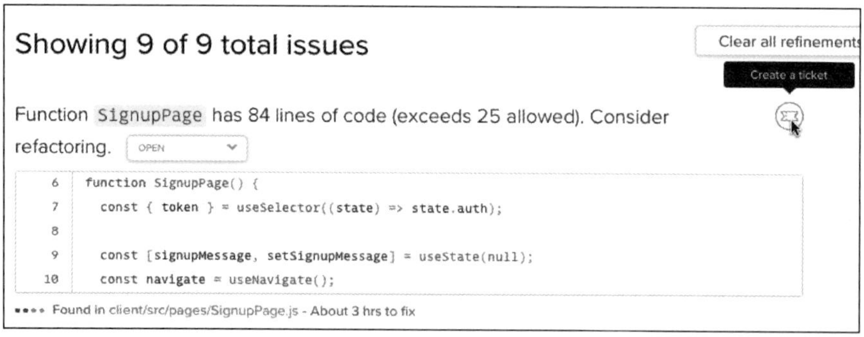

Code Climate

图 11-9　单击 ticket 图标

Code Climate 提示我设置工单系统，所以我选择了 GitHub Issues。为了将 Code Climate 与 GitHub Issues 集成，需要访问 https://github.com/settings/tokens/new 生成一个新的个人访问标记。然后我返回 Code Climate 中的 Issues（问题）页面，再次单击第一个问题旁边的 ticket（工单）图标。这一次，Code Climate 创建了一个新的 GitHub 问题，并填写了有关该问题的详细信息，如图 11-10 所示。

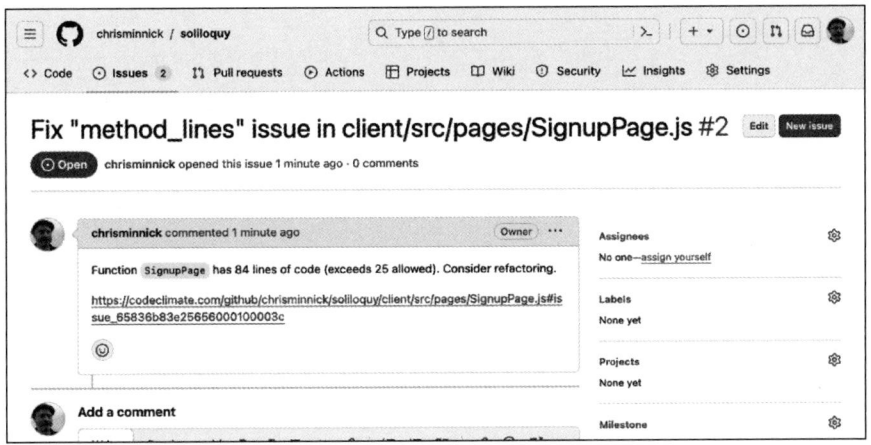

图 11-10　Code Climate 创建了一个新问题

这时，我可以浏览 Code Climate 中的完整问题列表并生成 GitHub 问题，但我决定只处理当前这一个问题，以防此次修复同时纠正了其他问题（或引发新的问题）。

我首先在 GitHub 存储库中创建一个新分支，用于重构 SignupPage 函数，然后给 Copilot Chat 发送以下提示：

```
@workspaceSignupPage.js has too many lines of code.
How can I refactor so that it has 25 lines or fewer?
@workspaceSignupPage.js 的代码行数太多。
我该如何重构,使其代码行数不超过 25 行?
```

Copilot Chat 起始表现很好，但随后在尝试读取我的测试覆盖率报告时陷入困境，并返回一个错误，如图 11-11 所示。

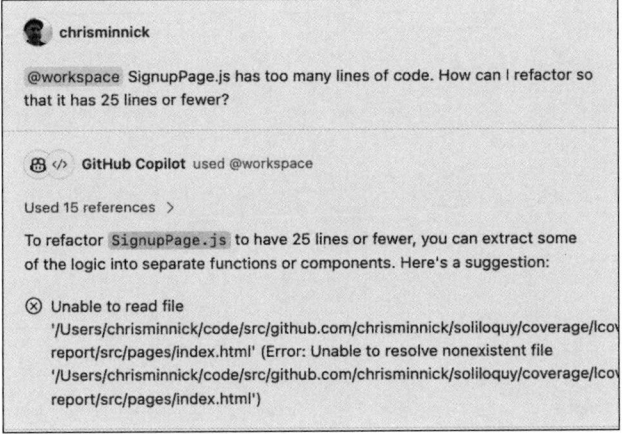

图 11-11　Copilot 的思路正确，但是走错了方向

> **提示词**
>
> @workspaceSignupPage.js 的代码行数太多。我该如何重构，使其代码行数不超过 25 行？

> **AI 生成**
>
> 为了将 SignupPage.js 的代码行数减少至 25 行或更少，你可以把部分逻辑提取出来，放到独立的函数或组件中。建议如下：
>
> 无法读取文件。
>
> （文件名）

我要求 Copilot 再试一次：

Please try that again.
请再试一次。

这次，它对如何从 SignupPage 组件中提取功能并将其放入外部文件生成了一些好建议。当我开始实施 Copilot 的建议时，意识到这些建议并不完美，但其中部分建议对我很有启发。

我完成了重构、测试、合并分支，结果发现 SignupPage 代码仍然没有少于 25 行，时间已经花费了一个小时。

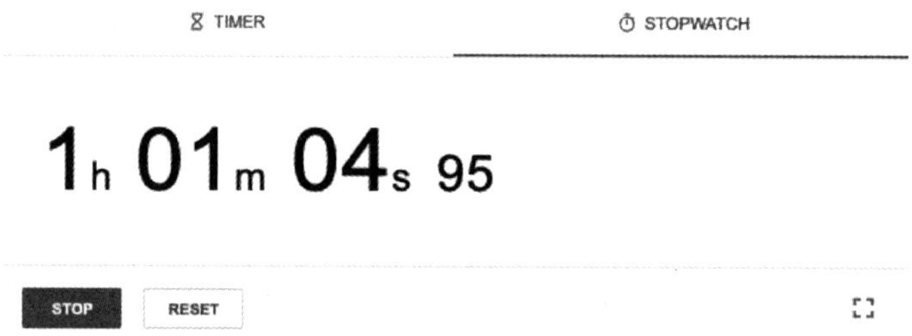

Code Climate

我再次使用 Code Climate 检查，评分已升至 B，如图 11-12 所示。

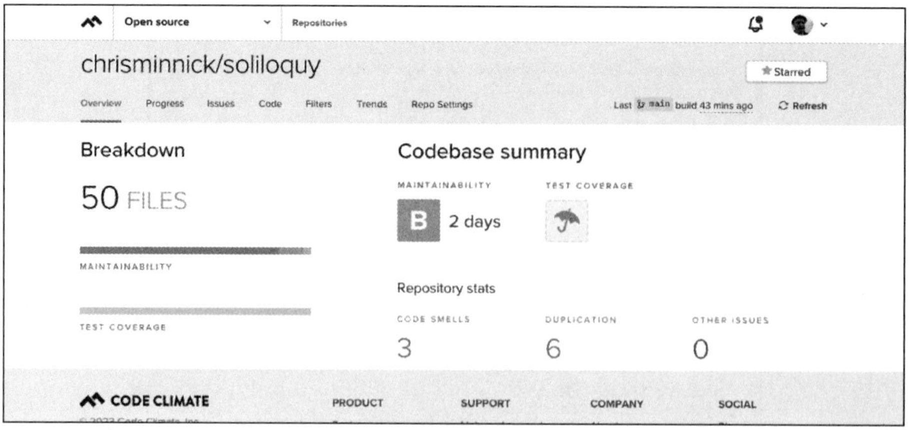

Code Climate

图 11-12 Soliloquy 变得更易于维护

回到 Issues（问题）页面，Code Climate 报告 SignupPage 组件现在有 66 行代码（我已设法删去 18 行），仍然远远超过 25 行的阈值。再次查看代码，发现几乎所有行都来自 React 组件 return 语句中的模板代码，我当机立断，将该问题的状态更改为 Invalid（无效），如图 11-13 所示。

图 11-13　在我看来，模板代码不应该纳入统计和评估

下一个问题是 LoginPage 的代码行数太多，根本原因与 SignupPage 相同：内部包含了一些功能相对独立、可以重复利用的函数，应该将这些函数提取出来，单独放在一个新的模块中。

和之前一样，我在 GitHub 中创建一个新问题，并在存储库中创建一个新分支。我询问 Copilot Chat 如何将内部函数提取到外部模块中。它给出一个不错但不太完整的建议。我在 Copilot 的建议指导下重构该组件，然后将代码提交到 GitHub 存储库，并将更改合并到存储库的主分支中。

虽然我的评分仍然是 B，但 LoginPage 减少了 12 行代码。除去 HTML 模板后，只有 9 行 JavaScript，任务完成，我将该问题标记为 Invalid（无效）。此时，我已经工作一个半小时，解决了最初九个问题中的两个。

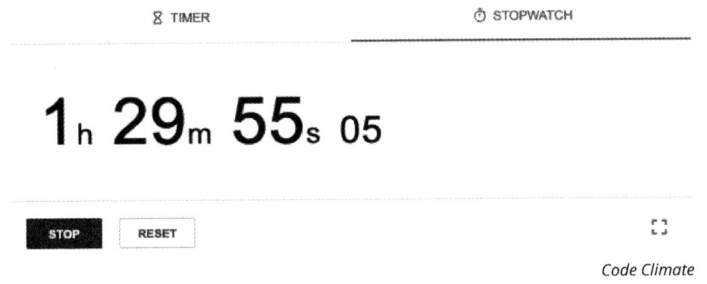

接下来的四个问题与类似代码有关。Code Climate 标记了我在登录和注册页面上的输入字段，指出它们几乎相同，实际上确实如此，差异在于一个是电子邮件字段，另一个是密码字段。这些内容我通常不会更改，但 Code Climate 将其标记为一个重大问题，因此我想看看 Copilot 对此有何建议。

我向 Copilot Chat 提示：

> The password input and the email input have virtually the same code. How would you refactor this to eliminate duplication?
> 密码输入和电子邮箱输入的代码几乎相同，你将如何重构这段代码以消除重复？

Copilot 的建议与我的想法一致：创建一个可重复使用的输入字段组件，如图 11-14 所示。

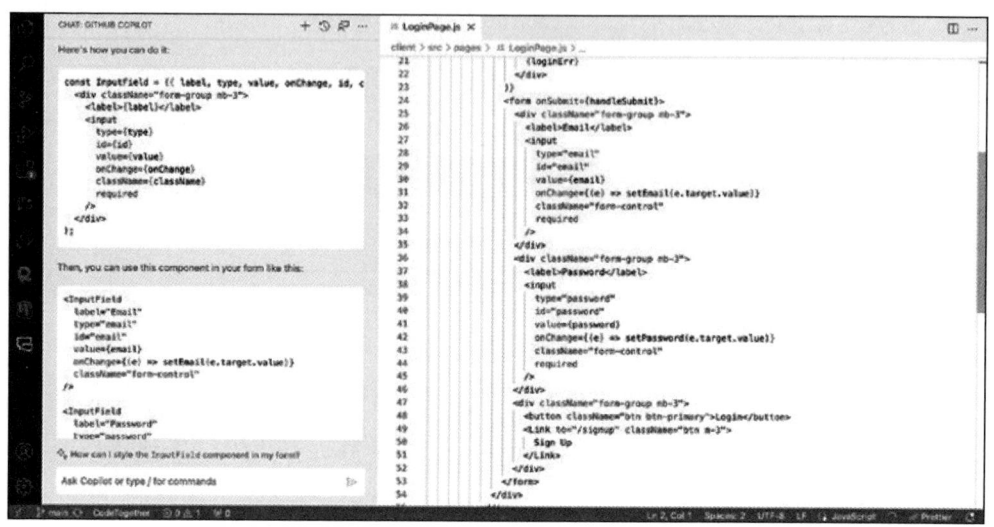

图 11-14　Copilot 建议创建一个 InputField 组件

乍一看，这个建议在我看来像是过度优化了，但它能够同时减少重复代码和样板代码的行数，因此我对其进行一些改进，并在 LoginPage 和 SignupPage 组件中实施了该建议。最终，我对与 Copilot 共同提出的解决方案表示满意，因此将其推送到存储库。

回到 Code Climate 再次查看，现在获得了 A 级评分，还有五个问题尚未解决。计时器显示，我已经工作了两个小时。

下一个问题又是重复代码。登录页面提交数据的函数与注册页面提交数据的函数，二者非常相似。

回到 Copilot，我打开包含这两个函数的文件，并给出以下提示：

> How can I remove duplicate code in this file?
> 我该如何删除此文件中的重复代码？

Copilot 回应说该文件没有重复代码，但有相似代码（确实如此）。随后，它建议创建一个通用函数来处理所有 HTTP 请求。这个建议看起来不错，于是我开始实施这个解决方案。

在实施过程中，我不幸发现许多需要重构的错误，并且我的新解决方案又引发了一些新错误，我将所有这些问题都记录在 GitHub 中。在修复完最初的问题后，我又开始修复新错误。最终，我修复了所有问题，将代码合并，推送到存储库中。计时器显示，时间已经过去 3 小时 47 分钟。

Code Climate

最终，我比 Code Climate 预估时间提前了 12 个小时，而且我还写完了本书最后一章的结尾部分，我为自己感到骄傲！回到 Code Climate，我看到了成就满满的一幕：存储库可维护性评分为 A 级，并且没有技术债务。如图 11-15 所示。

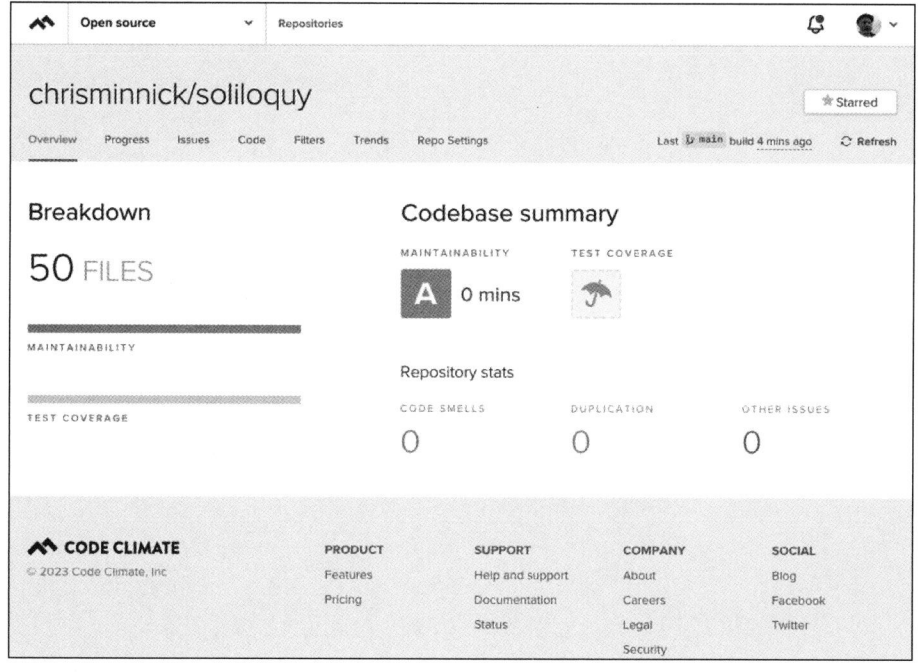

Code Climate

图 11-15 没有债务的感觉真好

第 4 部分
AI工具与资源

本部分内容：

- 了解更多 AI 工具
- 继续 AI 学习之旅

本章内容：
- 使用 CodeWhisperer、Cody 和 AlphaCode 进行编程
- 了解 Bard、Codeium 和 Claude
- 使用 Microsoft IntelliCode、Sourcery、Bugasura 和 UserWay

第 12 章
尝试十个 AI 工具

本书前几章着重介绍了当前最有用和最流行的一些 AI 编程工具，其实还有许多其他 AI 工具可用，而且新工具层出不穷。本章将再介绍十个 AI 编程工具，其中有些工具在我开始写本书时还尚未发布，有些工具可能在本书出版时已经停用，AI 日新月异的发展速度可见一斑。与时俱进的最佳方式就是尽可能多地尝试不同的工具。也许您已经找到了目前满意的工具，请继续不断尝新，因为新工具可能会更好用。

Amazon CodeWhisperer

Amazon CodeWhisperer（https://aws.amazon.com/codewhisperer），如图 12-1 所示，是一个可用于多种流行 IDE（包括 VS Code、Visual Studio、JetBrains 和 SageMaker Studio）的 AI 扩展。在安装和配置后，CodeWhisperer 会在用户编程时给出建议，类似于 Copilot。

CodeWhisperer 的独特之处在于，对于使用 AWS 的开发者特别有用，因为它了解 AWS API，可以生成与 AWS 交互的代码。CodeWhisperer 还具有安全扫描功能，可以扫描用户代码并提出修复漏洞的建议。CodeWhisperer 对个人免费，专业版每月 19 美元。

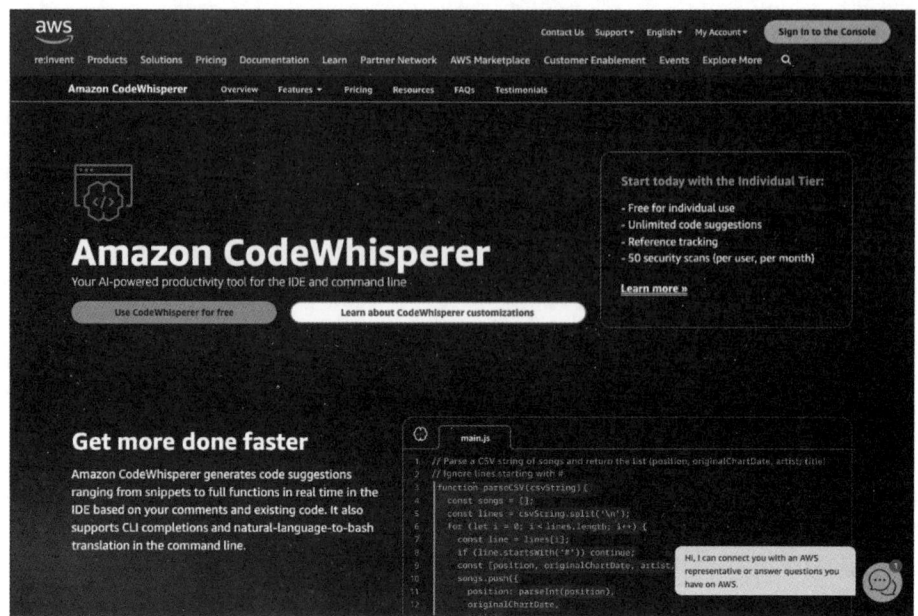

Amazon Web Services, Inc.

图 12-1　与 CodeWhisperer 对话

Sourcegraph Cody

Sourcegraph Cody（https://about.sourcegraph.com/cody），与其他编程助手一样，也可以作为 IDE 插件使用，可以在用户编程时生成代码建议，还具有聊天机器人界面，如图 12-2 所示。对于使用 Sourcegraph 代码搜索和分析工具的组织而言，Cody 有一个可取之处，它在生成建议时可以将源自多个代码库的上下文纳入考量范围。

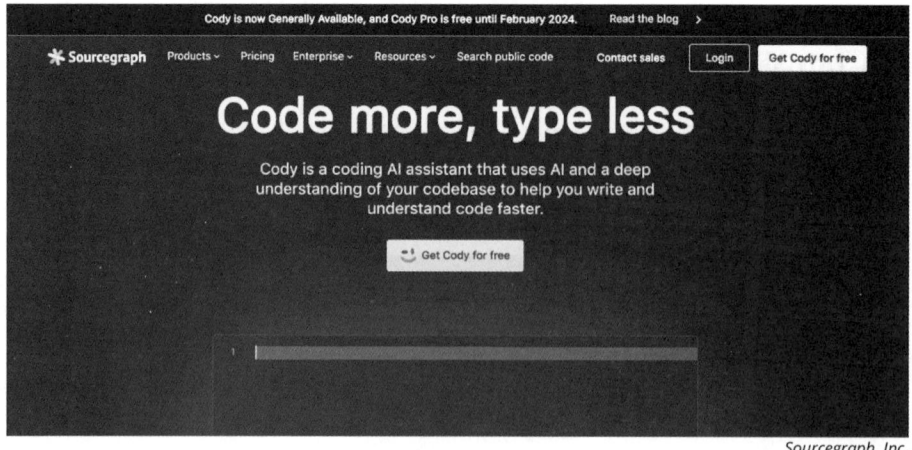

Sourcegraph, Inc.

图 12-2　使用 Cody 编程

Cody 可以提供免费版、专业版（每月 9 美元）和企业版。

DeepMind AlphaCode

在我写本书时，AlphaCode（https://alphacode.deepmind.com，图 12-3）尚未直接向开发人员开放使用。但是在您读到本书时，情况可能会发生变化。AlphaCode 是一个专注于竞争编程的 AI 系统。什么是竞争编程？它是一项智力运动，参与者根据给定规范进行编程。如果您认为这是世界上最极客、最有趣的事情，就赶快练习备战吧！DeepMind 预计，2023 年 12 月发布的 AlphaCode2 能够打败 85% 的人类竞争程序员。

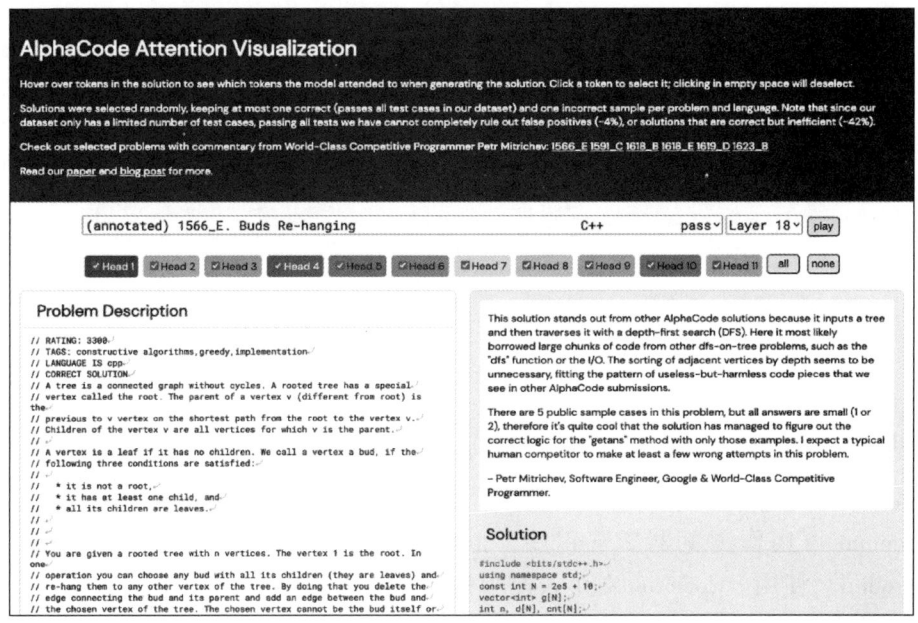

AlphaCode

图 12-3　使用 AlphaCode 解谜

Google Bard

Google 的 AI 聊天机器人 Bard（https://bard.google.com），如图 12-4 所示，可以生成 20 多种语言的代码，帮助调试和解释代码。Bard 还适用于 Google Sheets 的函数创建。Bard 拥有一些其他聊天机器人（目前）没有的功能，例如，它能够在广泛引用代码时引用其来源。此外，Bard 还可以访问 Google 搜索，因此它推荐的库和工具的当前版本信息可能比其他聊天机器人更新。Bard 目前免费。

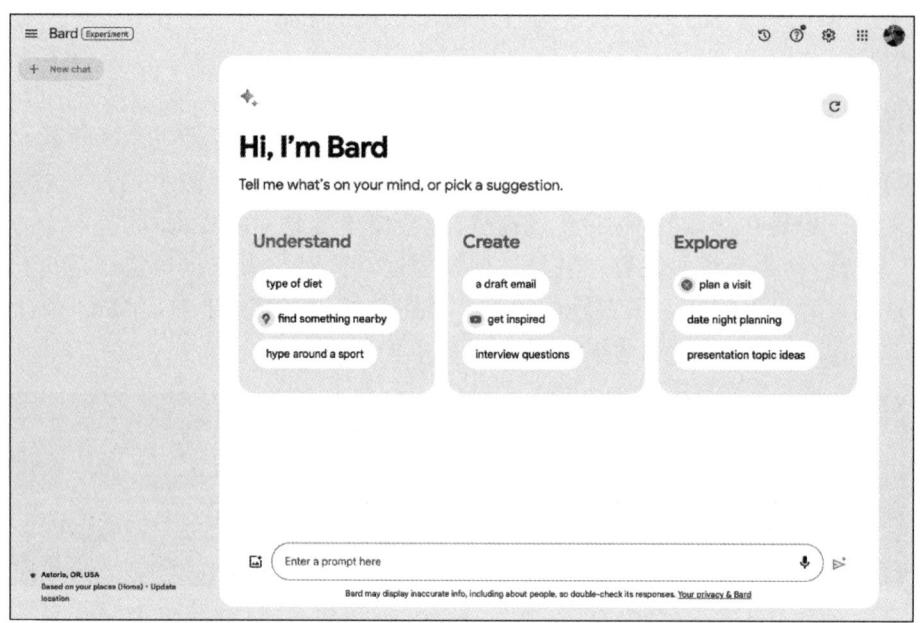

Google LLC

图 12-4　让 Bard 与您共舞

Codeium

　　Codeium 是一个编程助手和聊天机器人，可以编写、解释、重构和翻译代码，如图 12-5 所示。Codeium 可用作浏览器扩展程序，也可通过 Codeium Playground（https://codeium.com/playground）使用。Codeium 对个人使用免费，团队版收费 12 美元/人/月，还提供企业许可证，可选择自行托管 Codeium。

Claude

　　Claude（https://claude.ai），如图 12-6 所示，也是一个 AI 聊天机器人。其创建者 Anthropic 是一家致力于构建更安全 AI 系统的 AI 安全与研究公司。Claude 特别关注 AI 安全。为了保护用户的隐私，Claude 不使用用户的数据。Claude 又称"宪法型 AI"，其输出的内容受"宪法"（一套既定原则）的制约。

　　Claude 的标记限制比其他生成模型更高，这使其能够处理大量内容和复杂指令。在我对 Claude 编程能力的测试中，它的表现至少与 Copilot Chat 一样出色。Claude 目前处于公开测试阶段，可以通过网络界面以及 Anthropic 的 API 免费使用，但仅限于少数客户。

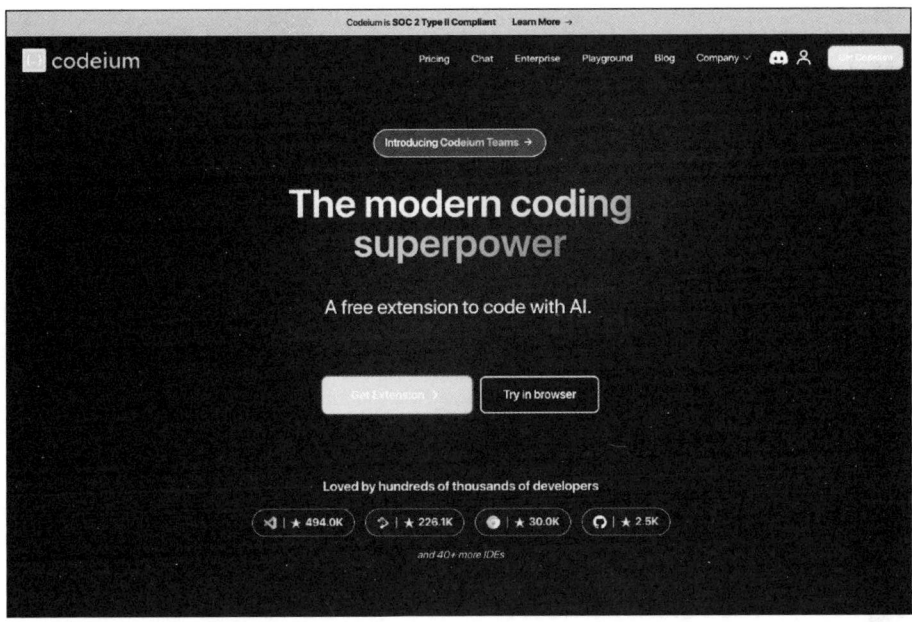

Codeium

图 12-5　使用 Codeium 编写代码

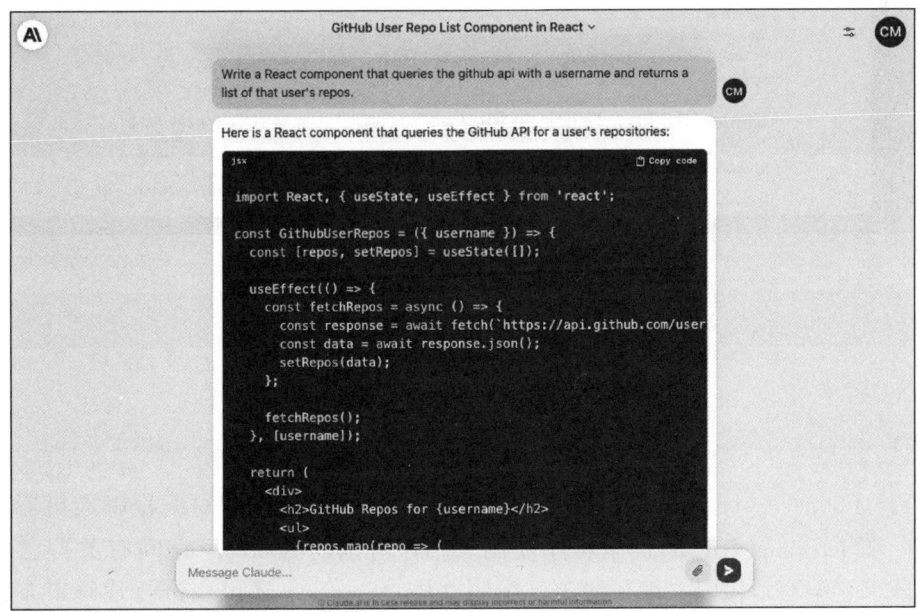

Claude

图 12-6　与 Claude 聊天

Microsoft IntelliCode

Microsoft IntelliCode 是 Microsoft Visual Studio（https://visualstudio.microsoft.com）的一部分，为 Intellisense（Microsoft 的代码完成工具）添加了生成式 AI 功能。IntelliCode 集成了 GitHub Copilot 和 Copilot Chat，可以生成与上下文相关的代码补全建议。如图 12-7 所示。

目前，IntelliCode 仅支持少数编程语言：C#、XAML、C++、JavaScript 和 TypeScript、Visual Basic。intelliCode 需要使用 Visual Studio 16.4 或更新版本。

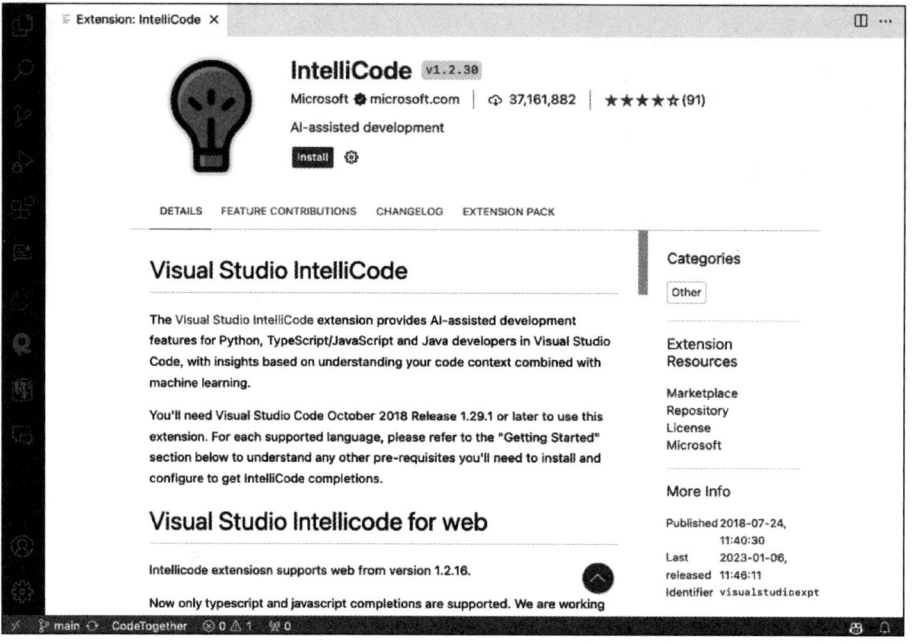

Microsoft Corporation

图 12-7　使用 Microsoft IntelliCode 定制解决方案

Sourcery

Sourcery（https://sourcery.ai），如图 12-8 所示，是一个 AI 配对编程聊天机器人，可作为 VS Code 和 JetBrains IDE 的扩展程序使用。用户可以向 Sourcery 询问有关自己代码的问题，或者请求它编写新代码、编写测试、编写文档。Sourcery 还可以进行代码审查，并提供内联建议来提高 Python 或 JavaScript 代码的可读性和可维护性。

Sourcery 对开源项目和学生免费，个人专业版每月 10 美元，团队版每个成员每月 30 美元。

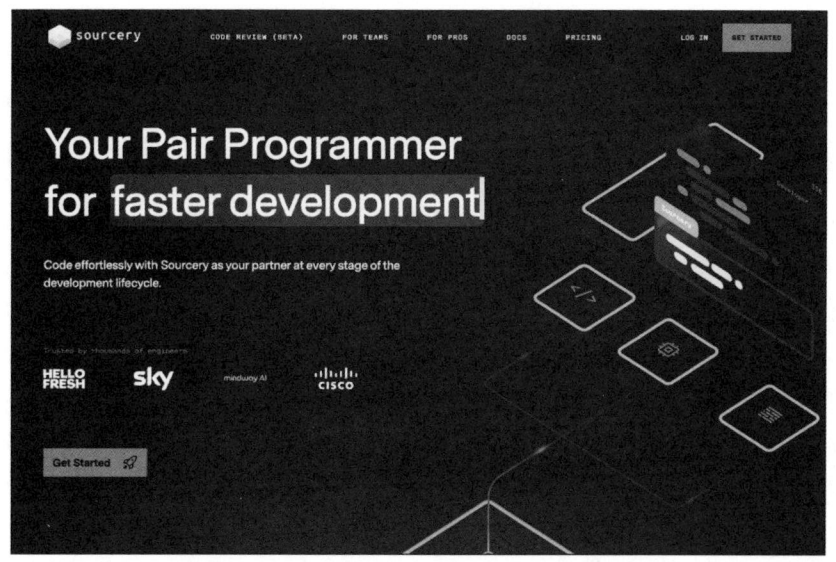

Sourcery

图 12-8　使用 Sourcery 施展咒语

Bugasura

Bugasura（https://bugasura.io）是一个 AI 驱动的错误（bug）追踪器，如图 12-9 所示。

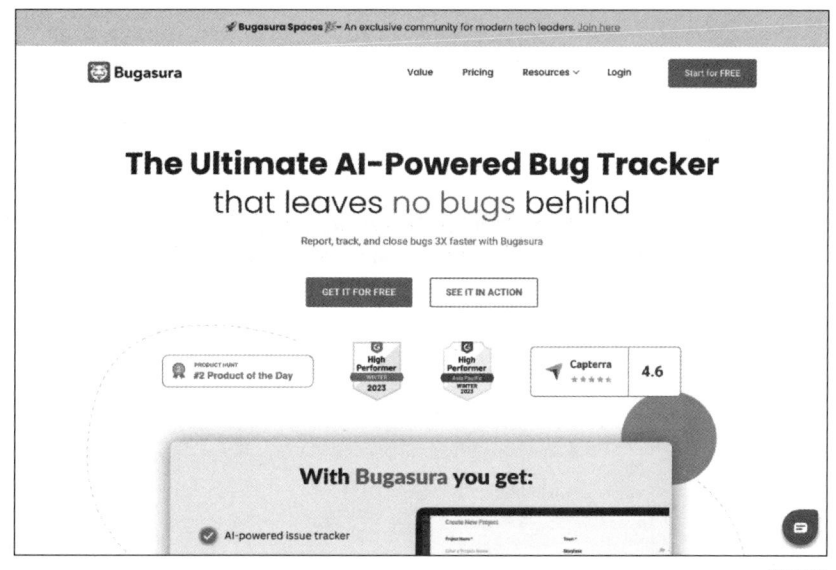

Bugasura

图 12-9　使用 Bugasura 碾压缺陷

在 Bugasura 中创建新项目时，可以上传需求文档或知识库，以便为 AI 编程助手提供产品信息，AI 将利用这些信息撰写新的错误报告。

Bugasura 可以与性能监控工具集成，也可以与 Slack、Jira、GitHub、Asana 和 Zendesk 集成。免费计划最多支持 5 名用户，付费计划为每月每用户 5 美元，最多可支持 100 名用户。

UserWay

UserWay（https://userway.org），如图 12-10 所示，是一个由 AI 驱动的网站辅助功能小部件，使网站符合 ADA（美国残疾人法案）和 WCAG（网络内容可访问性指南）标准。当用户访问您的网站时，UserWay 会分析您的网站并自动修复违反上述标准的行为。它还允许用户自定义其用户体验，用户自定义选项包括朗读网站内容、更改字体大小和文本间距、更改对比度以及突出显示链接。UserWay 提供 7 天免费试用版，以及每月或每年的付费计划。

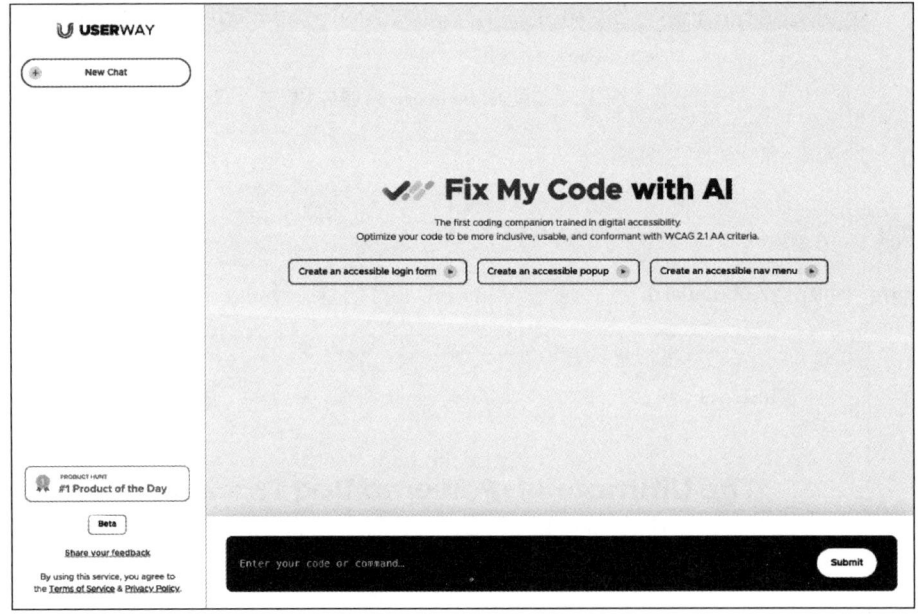

UserWay

图 12-10　使用 UserWay 解锁无障碍访问

本章内容：
- 发现 Code.org、Kaggle 和 Google Dataset Search
- 了解 edX、Edabit、StatQuest 和 AI4All 开放学习
- 探索 Gymnasium、fast.ai 和 Microsoft Learn

第 13 章
了解十个 AI 编程资源

本书的每一章内容都可以轻松扩展成一整本书。AI 编程越来越成熟，AI 的加入正在彻底改变我们编写代码的方式，未来会有更多书籍（以及课程、大学课程等）深入讲解软件开发的各个阶段如何受到 AI 工具的影响和帮助。

本章将分享十个我最喜欢的 AI 编程资源，以及该领域的最新发展动态。

Code.org 的 AI 资源

Code.org（https://code.org），如图 13-1 所示，是一个很好的非营利组织，致力于让更多人，尤其是年轻学生，接触到计算机科学。Code.org 提供的资源包括引人入胜的视频和互动课程，涵盖各种 AI 主题，例如聊天机器人和大语言模型的工作原理、机器学习的基础知识、以及 AI 在创造力和想象力中的作用。

我特别建议教师和家长观看 Code.org 资源中关于 AI 伦理和隐私，以及生成式 AI 对社会影响的课程和视频。

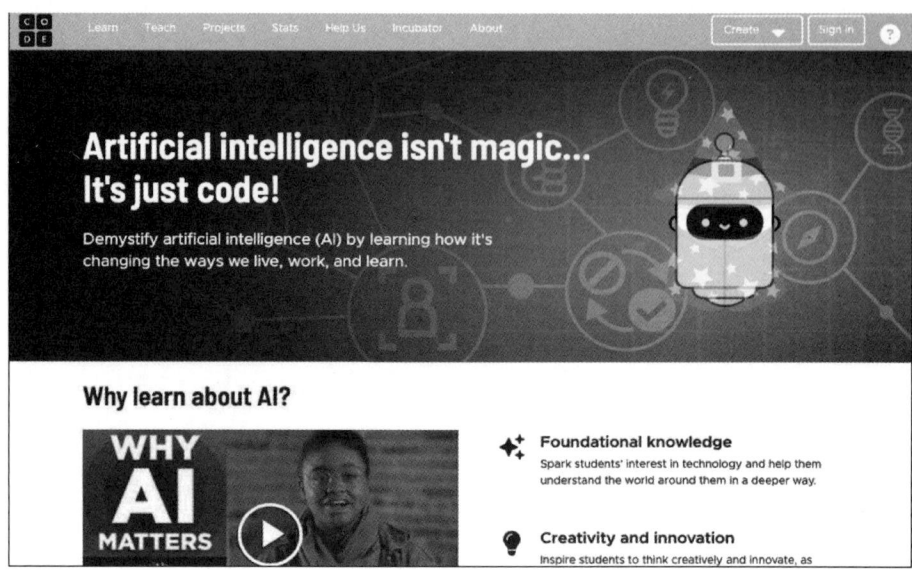

Code.org

图 13-1　利用 Code.org 的 AI 资源深入研究 AI

Kaggle

Kaggle（https://kaggle.com），如图 13-2 所示，是一个面向数据科学家和机器学习爱好

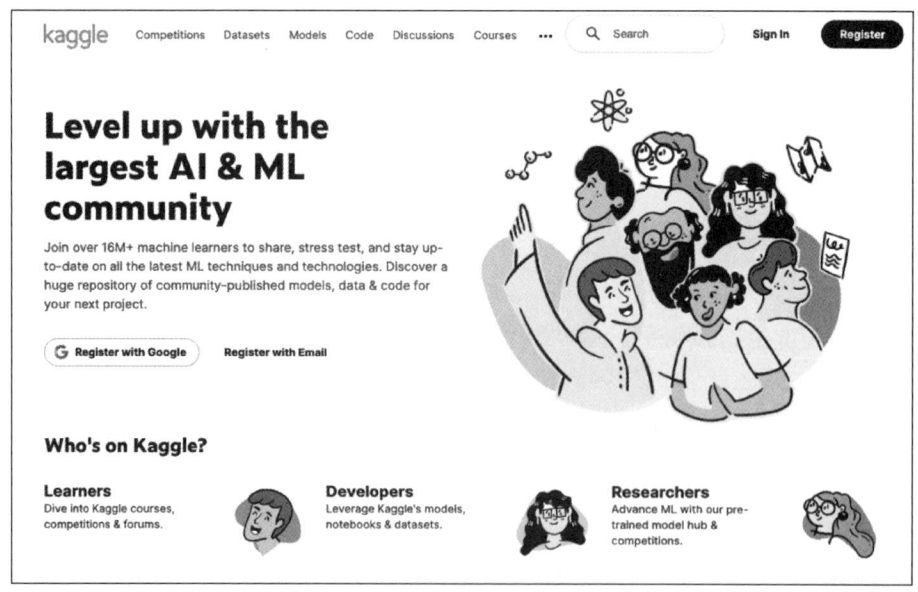

Kaggle Inc.

图 13-2　与 Kaggle 进行智能竞赛

者的平台，帮助他们测试技能、分享见解和协作解决问题。企业和组织可以向 Kaggle 社区提交挑战，供人们竞争解决。所有挑战都为人们深入学习机器学习提供了绝佳机会，有些挑战会为获胜者提供金钱奖励。

Kaggle 平台拥有丰富的机器学习资源，并提供大量公共数据集，无论对于经验丰富的数据专业人士还是新手都是必备网站。

Google Dataset Search

Google Dataset Search（https://datasetsearch.research.google.com）是一款专门为科学家、数据记者、数据爱好者以及寻找数据集的人士提供的搜索工具。用户通过简单的关键字，就可以搜索找到几乎所有相关的数据集，如图 13-3 所示。Google Dataset Search 使用数据集发布者提供的元数据，索引数千个数据集（包括大型数据集和小众数据集）。

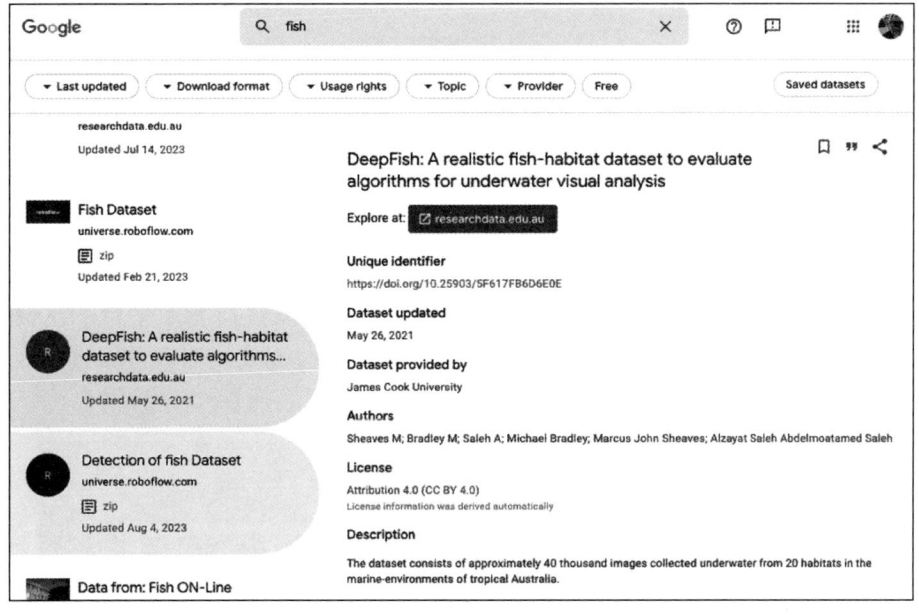

图 13-3　使用 Google Dataset Search 发现宝藏

edX

edX（https://edx.org），如图 13-4 所示，是由哈佛大学和麻省理工学院创建的在线学习平台。它提供丰富的大学课程，涉及多个领域，包括计算机科学、工程学、数据科学、人文学科等。edX 用户可以访问独立课程、专业证书课程，以及完整的学位项目课程。edX 上的许多课程都免费，但获得证书需要付费。

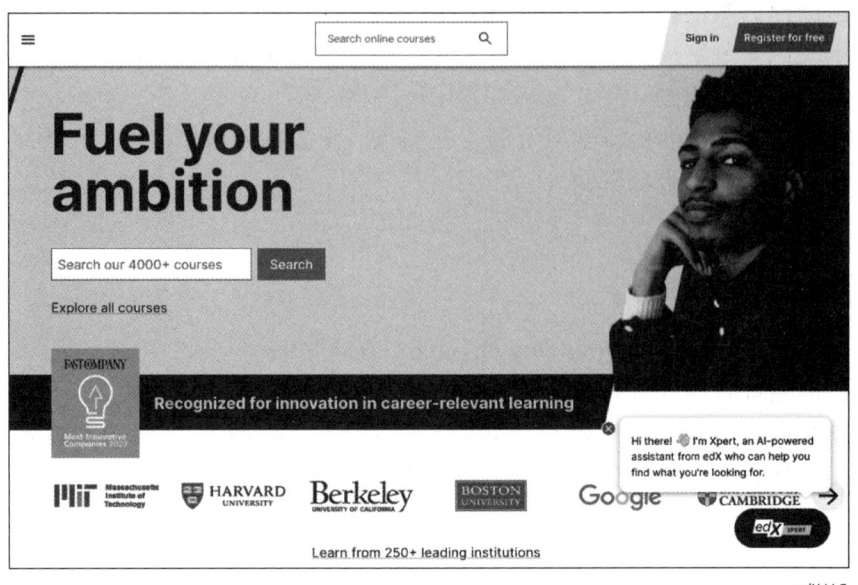

图 13-4　使用 edX，学海无涯

Edabit

Edabit（https://edabit.com）是一个通过游戏方式提高编程技能的平台。它提供了超过 10000 个交互式编程挑战，寓教于乐，如图 13-5 所示。这些挑战涵盖多种编程语言，难度各异，例如返回两个数字的总和（非常简单）、创建罗马数字转换器（非常困难）。

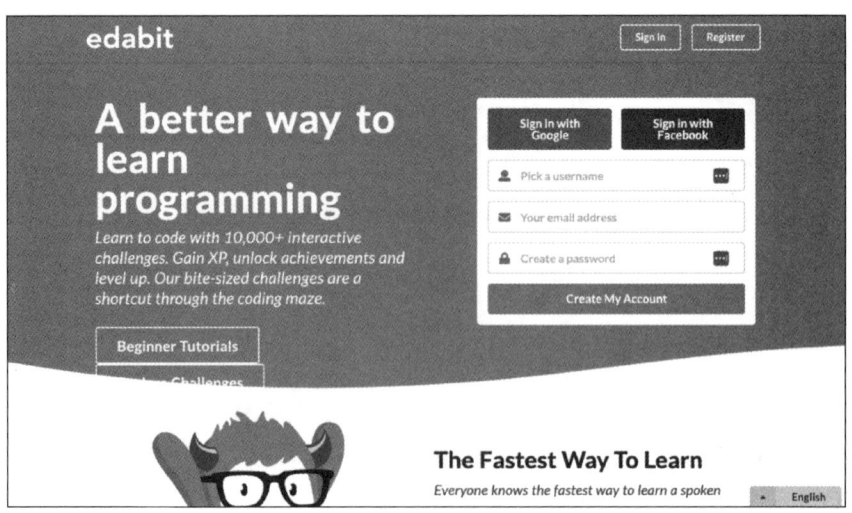

图 13-5　使用 Edabit 迎接挑战

StatQuest

StatQuest（https://youtube.com/channel/UCtYLUTtgS3k1Fg4y5tAhLbw），如图 13-6 所示，是一个热门的 YouTube 频道，采用简单又生动有趣的方式，揭开复杂统计概念和机器学习算法的神秘面纱。该频道由遗传学家 Josh Starmer 创建，每个视频都整合了图形、卡通、动画、幽默，甚至非常糟糕的歌曲，来解释数据科学的工作原理。

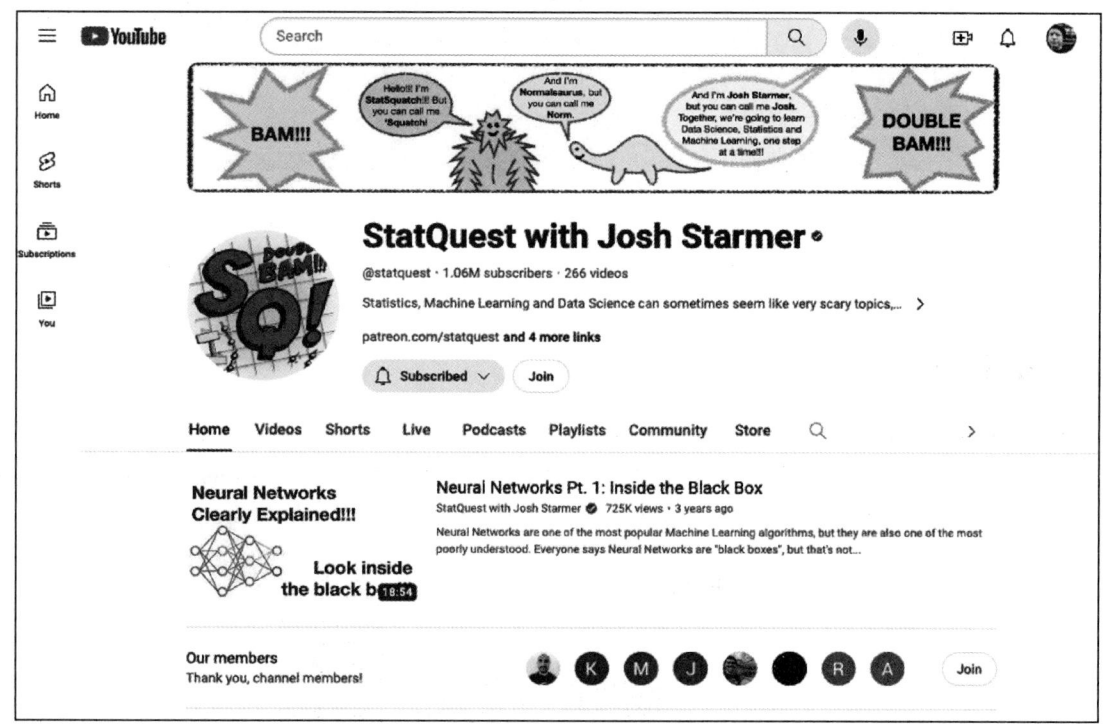

图 13-6　使用 StatQuest 揭开数据的神秘面纱

AI4All 开放学习

AI4All（https://ai-4-all.org）是一个非营利组织，致力于提高 AI 教育、研究、开发和政策方面的多样性和包容性。如图 13-7 所示。AI4All 提供一系列教育资源和模块，向学生介绍 AI 基础知识、应用以及相关的伦理考量。

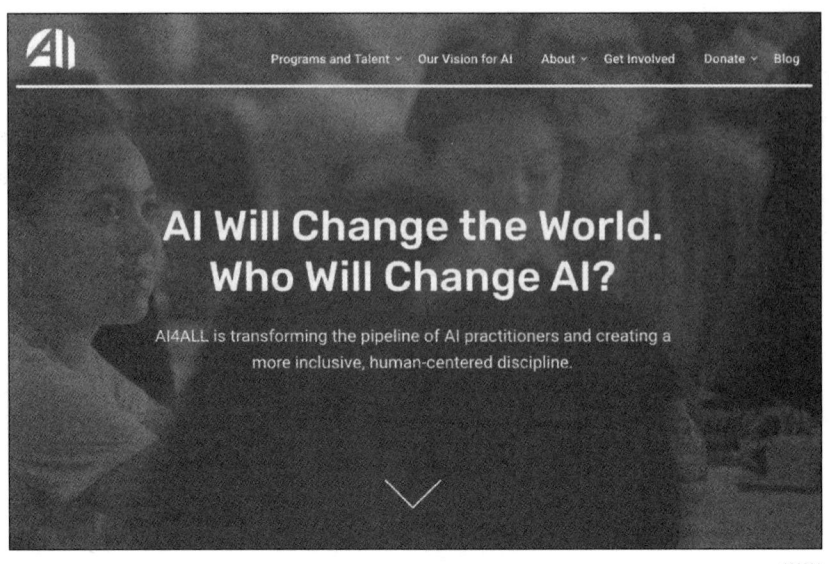

图 13-7　利用 AI4All 开放学习探索前沿

Gymnasium

Gymnasium（https://gymnasium.farama.org）是一个用于开发和比较强化学习算法的工具包，如图 13-8 所示。最初由 OpenAI 开发并命名为 OpenAI Gym，OpenAI 将其代码作为开源

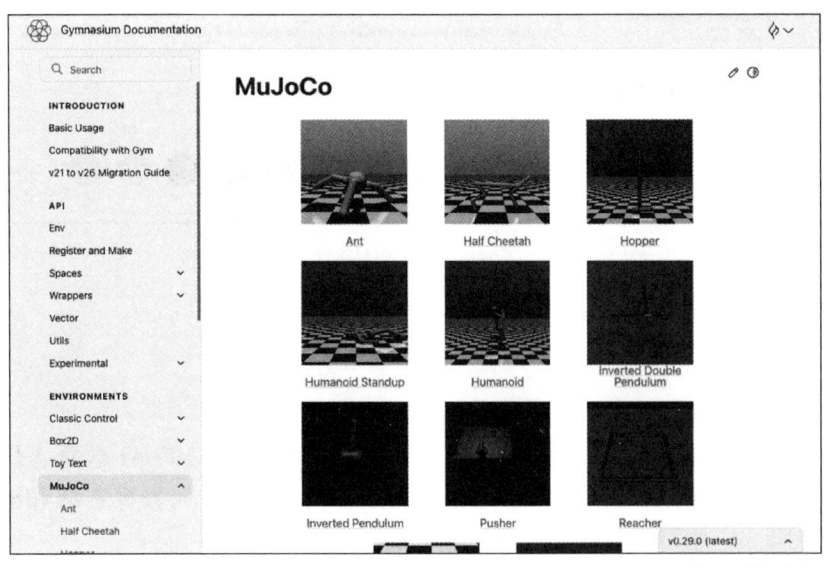

图 13-8　在 Gymnasium 中锻炼智力

软件发布。之后，OpenAI 停止了对原始 Gym 代码的维护。

Gymnasium 提供一系列从简单到复杂的模拟环境。在 AI 领域，环境是指一个特定的场景或框架，AI 可以在其中进行学习和决策。Gymnasium 中的环境示例包括基于文本的游戏、模拟机器人和 Atari 2600 游戏。

fast.ai

fast.ai 网站（https://fast.ai），如图 13-9 所示，提供有关深度学习的课程和软件。fast.ai 的理念是"让神经网络没那么酷"。"酷"通常意味着这些知识或技能难以获得或不易接近。fast.ai 认为，这种排他性与 AI 发展目标相悖，AI 应该对更多人开放。因此，他们致力于提供易于理解和使用的资源，以便更多人能够学习深度学习技术。

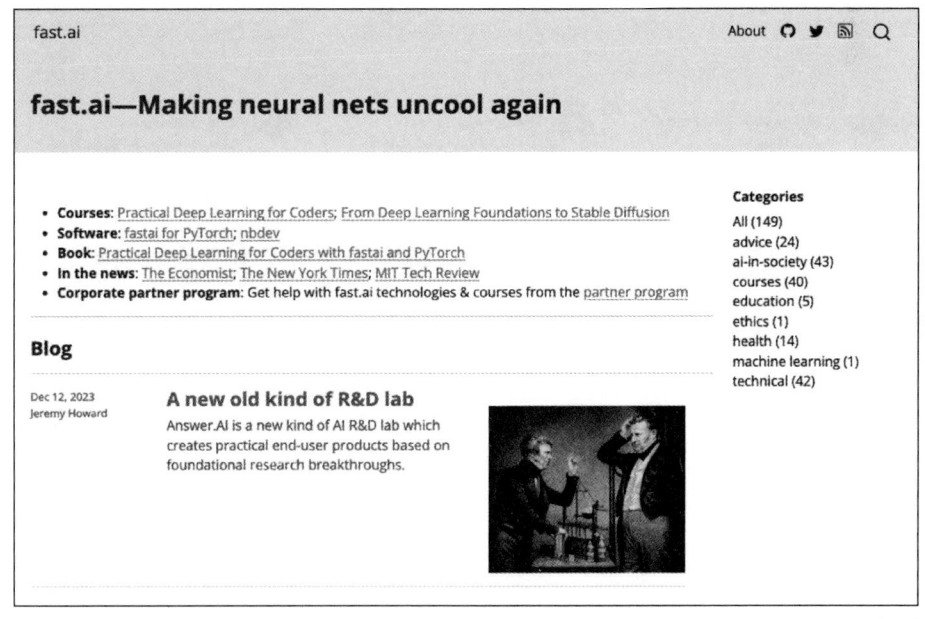

fast.ai

图 13-9　使用 fast.ai 导航神经网络

Microsoft Learn

Microsoft Learn（https://learn.microsoft.com）提供各种自学和讲师指导的培训，涵盖计算机编程和 AI 相关主题。课程按照职业路径规划安排，如图 13-10 所示。用户选定一条职业路径之后，Microsoft Learn 就会为其提供一个课程列表，并跟踪课程的完成进度。Microsoft Learn 有一个最贴心的考虑，一旦用户完成讲师指导或自定进度的课程，就有资格参加考试并获得认证，这对学习者的职业发展有很大帮助。

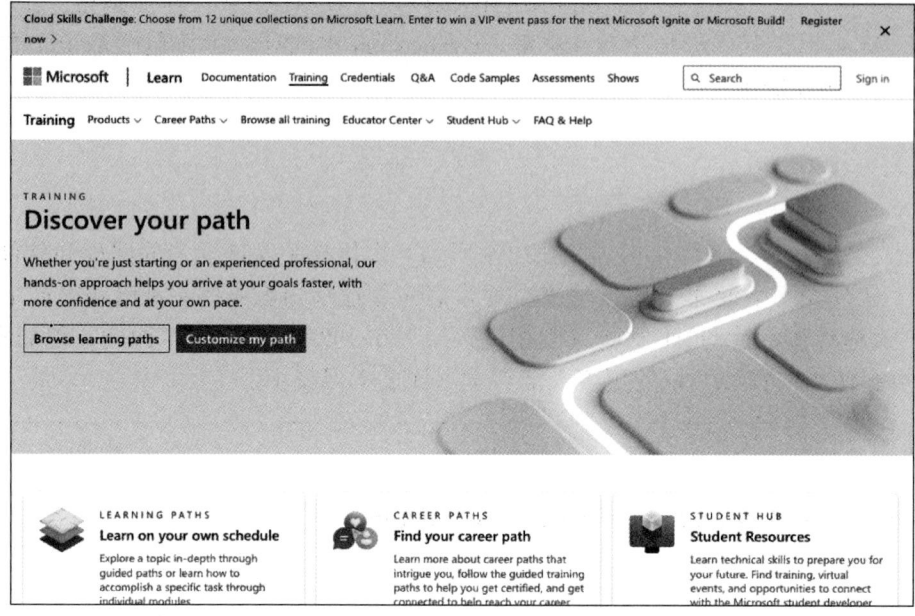

图 13-10　通过 Microsoft Learn 获得认证

作者简介

克里斯·明尼克（Chris Minnick）是一位多才多艺的专业人士，对教学、写作和创意艺术充满热情。作为一名经验丰富的教育工作者，他向全球专业人士讲授计算机编程和人工智能相关课程。他撰写了20多本专著，包括 *JavaScript All-in-One For Dummies*、*Beginning ReactJS Foundations* 和 *JavaScript for Kids For Dummies*。技术专长之外，克里斯还是一位充满激情的终身学习者、业余音乐家、业余小说家、业余画家、业余农民。

致辞

谨以此书献给我最要好的朋友们，吉尔（Jill）、昌西（Chauncey）和默里（Murray），他们比任何人都更理解我。

致谢

感谢所有在本书撰写期间帮助我、鼓励我和质疑我的朋友。书中AI生成的代码归功于网络上发布代码的所有人，希望AI能找到一种公平的方式来补偿大家。

感谢史蒂夫·海斯（Steve Hayes）在本书构思和推动出版方面发挥了至关重要的作用。感谢经纪人卡罗尔·杰伦（Carole Jelen）让我始终保持正轨不偏航。感谢编辑苏珊·平克（Susan Pink），以及技术编辑盖伊·哈特-戴维斯（Guy Hart-Davis），他们的敏锐眼光和专业判断力帮助我框定选材和完善内容。还要感谢校对员黛比·巴特勒（Debbye Butler）、制作编辑塔米尔马尼·瓦拉达拉杰（Tamilmani Varadharaj）以及威利出版社（Wiley）所有为本书出版辛勤付出的人们。

最需感谢的是各位读者，感谢你们信任我，听我描绘这个令人兴奋（也有些令人害怕）的新世界。